CONTENTIEUX

DES

CHEMINS DE FER.

CONTENTIEUX

DES

CHEMINS DE FER

OU EXPOSÉ

DE LA JURISPRUDENCE JUDICIAIRE ET ADMINISTRATIVE

EN MATIÈRE DE CHEMINS DE FER,

CONTENANT :

1º Le Texte de la loi du 15 juillet 1845 sur la police des chemins de fer,
et celui de l'ordonnance royale du 15 novembre 1846
portant règlement sur la police, la sûreté et l'exploitation des chemins de fer ;

2º Une Table chronologique des décisions judiciaires et administratives
avec renvoi aux Recueils
des Arrêts du Conseil d'État, de Sirey, du Journal du Palais et de Dalloz ;

3º L'Analyse des Statuts des Compagnies de chemins de fer ;

4º Un Appendice indiquant les dernières décisions contentieuses survenues
jusqu'au 1er octobre 1861 ;

PAR

ARMAND BLANCHE,

DOCTEUR EN DROIT,

AVOCAT,

Membre du Conseil de l'ordre des Avocats à la Cour impériale de Caen.

PARIS,

IMPRIMERIE ET LIBRAIRIE ADMINISTRATIVES DE PAUL DUPONT,
Rue de Grenelle-Saint-Honoré, 45.

1861

AVANT-PROPOS.

Les chemins de fer jouent dans le mouvement de la population, dans les conditions constitutives de l'industrie, dans les relations internationales, le rôle le plus considérable. Il est peu de sujets qui, soit au point de vue de la législation et de la réglementation, soit au point de vue de la jurisprudence, puissent offrir un intérêt plus sérieux et plus général. Il nous a paru que c'était faire une chose utile que de recueillir, de coordonner, d'analyser les nombreuses décisions déjà intervenues en cette matière devant les diverses juridictions, et d'en former un véritable Manuel du contentieux des chemins de fer.

Pour atteindre notre but, nous avons dû surtout nous

attacher à donner à notre travail un caractère pratique et suivre dans sa rédaction la méthode la plus conforme aux faits, et, par cela même, la plus favorable à la promptitude et à la sûreté des recherches. Il se divise en huit titres, relatifs : 1° à la formation des sociétés ayant pour objet l'établissement et l'exploitation des chemins de fer ; 2° aux concessions et à l'approbation des tracés ; 3° aux actions et obligations ; 4° à la construction ; 5° à l'exploitation ; 6° au personnel des agents et employés ; 7° à la police ; 8° aux droits fiscaux. Chaque titre présente, pour la plus grande facilité des recherches, les diverses subdivisions que son sujet comporte, et des sommaires placés dans chacune de ces subdivisions indiquent les questions qui y sont exposées et résolues.

Nous avons pensé que, dans un ouvrage de cette nature, les tables méritaient une attention toute particulière, et nous avons mis tous nos soins à celles qui terminent notre volume. La table alphabétique, où sont relevés tous les mots auxquels peut se rattacher une idée de contentieux, renvoie aux divers points du livre où la difficulté est traitée. La table chronologique, propre à répondre au souvenir de ceux qui connaissent une décision par sa date, dirige par ses indications les recherches que l'on pourrait désirer faire dans les grands recueils d'arrèts Sirey-Devilleneuve, Dalloz, *Journal du Palais* et le recueil des arrèts du Conseil d'État.

Nous ne voulons point donner à notre travail un mérite plus grand que ne le comportait le plan que nous nous étions tracé. Au moins exigeait-il une grande exactitude de recherches, une saine appréciation des espèces, éclairée par une expérience déjà de quelque durée. Nous n'y avons rien négligé, et nous croyons pouvoir espérer que l'accueil qui sera fait à notre publication répondra à nos efforts.

CONTENTIEUX

DES

CHEMINS DE FER.

DIVISION GÉNÉRALE.

SUBDIVISION

ou

SOMMAIRE GÉNÉRAL.

TITRE PREMIER.

Des sociétés formées pour l'établissement et l'exploitation des chemins de fer.

I. — Du pacte social et de son exécution.
II. — De l'insaisissabilité des chemins de fer.

I. — Du pacte social et de son exécution.

1. Les administrateurs d'une Société formée pour l'établissement et l'exploitation de deux chemins de fer n'ont pas le droit de restreindre l'objet de la Société à un seul chemin.

2. A qui appartiendrait le droit de changer l'objet du contrat?

II. — Insaisissabilité des chemins de fer.

3. Les chemins de fer ne peuvent être l'objet d'une expropriation forcée.

TITRE DEUXIÈME.

Des concessions et de l'approbation du tracé des chemins de fer.

___

CHAPITRE Ier. — DES CONCESSIONS.

I. — De l'interprétation des actes de concession.
II. — Des recours en cas d'inexécution des clauses de l'acte de concession.
III. — Du droit à la résiliation de l'acte de concession.
IV. — Du droit de céder à un tiers la concession.

I. — De l'interprétation des actes de concession.

4. L'interprétation d'un acte de concession appartient à l'autorité administrative.

5. Lorsqu'il est dit dans le cahier des charges de la concession d'un chemin de fer que le Conseil de préfecture connaîtra des contestations élevées sur l'interprétation et l'exécution des clauses de la concession, cette attribution de juridiction s'app'ique à la question de savoir si les concessionnaires supporteront les frais d'établissement d'un service spécial d'octroi au débarcadère du chemin de fer.

6. La Compagnie concessionnaire d'un chemin de fer peut-elle être empêchée d'opérer des transports, par la voie ordinaire, en dehors de sa ligne ?

II. — Des recours en cas d'inexécution des clauses de l'acte de concession.

7. La décision ministérielle rendue sur la réclamation d'une Compagnie, en raison de l'inexécution des clauses de la concession, ne met point obstacle à ce que les mêmes griefs soient portés devant le Conseil de préfecture.

III. — Du droit à la résiliation de l'acte de concession.

8. La Compagnie concessionnaire d'un chemin de fer ne peut attaquer devant le conseil d'État, par la voie contentieuse, sous prétexte d'une concurrence ruineuse, le décret qui règle le tarif des droits de navigation à percevoir sur un canal.

L'exécution de ce tarif ne peut donner lieu, de la part de la Compagnie, qu'à une demande en résiliation de la concession, avec dommages-intérêts, devant le Conseil de préfecture, si elle s'y croit fondée.

9. Les propriétaires d'un canal de navigation n'ont pas davantage le droit de se pourvoir devant le conseil d'État contre l'acte du Gouvernement relatif à l'établissement d'un chemin de fer dans le voisinage de ce canal.

IV. — Du droit de céder à un tiers la concession.

10. La concession d'un chemin de fer ne peut être cédée à un tiers qu'avec l'assentiment du Gouvernement.

CHAPITRE II. — DE L'APPROBATION DU TRACÉ DES CHEMINS DE FER.

Conditions de cette approbation.

11. Les conditions de l'approbation du tracé d'un chemin de fer sont celles énoncées dans le cahier des charges de la concession.

12. Aussi, pour prix de cette approbation, la Compagnie concessionnaire d'un chemin de fer ne peut pas être obligée de livrer gratuitement à l'État le terrain nécessaire à l'élargissement d'une voie publique aboutissant à la gare, si cette obligation ne résulte pas du cahier des charges.

TITRE TROISIÈME.

Des actions et obligations de chemins de fer.

I. — De la valeur des souscriptions d'actions de chemins de fer.
II. — De la vente ou négociation des récépissés provisoires de souscription d'actions.
III. — Du droit à la délivrance de titres par duplicata. — Émission par un employé subalterne d'obligations fausses. — Droit de mutation après décès.

I. — De la valeur des souscriptions d'actions de chemins de fer.

13. La souscription d'actions d'un chemin de fer non encore adjugé ne devient réciproquement obligatoire pour les souscripteurs t les administrateurs-fondateurs de la Société que par le versement des à-compte exigés.

14. Les actionnaires d'une Compagnie de chemin de fer peuvent-ils refuser de payer le montant de leurs actions, sous le prétexte que les travaux n'ont point été achevés dans le temps convenu, si le retard n'a point fait prononcer de déchéance contre la Compagnie?

Et la Compagnie a-t-elle le droit de faire vendre à la Bourse les titres des actionnaires en retard de payer ?

II. — De la vente ou négociation des récépissés provisoires de souscription d'actions.

15. La vente ou négociation par une voie commerciale quelconque des récépissés provisoires de souscription d'actions de chemins de fer est nulle.

16. Les modes de transmission du droit civil sont seuls autorisés à cet égard.

17. La vente ou cession faite, même suivant un mode de transmission

du droit civil, est nulle, si la Compagnie, qui a reçu la souscription, n'a point obtenu la concession de l'entreprise du chemin.

18. La nullité de la négociation entraîne celle des conventions accessoires ayant pour objet la garantie de la négociation elle-même.

19. La nullité attachée, par la loi du 15 juillet 1845, à la négociation des souscriptions d'actions de chemins de fer, est couverte par la ratification de l'opération depuis que les actions ont été régulièrement émises au parquet de la Bourse.

III. — Du droit à la délivrance de titres par duplicata. — Émission par un employé subalterne d'obligations fausses. — Droit de mutation après décès.

20. Un propriétaire d'actions de chemin de fer peut, dans certains cas et sous certaines conditions, demander qu'il lui soit délivré de nouveaux titres par duplicata.

21. Une Compagnie de chemin de fer peut n'être pas responsable des faits de son employé qui a frauduleusement détaché des feuilles d'obligations des registres à souche, et en a fait usage, après les avoir falsifiées.

22. Le droit proportionnel d'enregistrement pour mutation par décès n'est pas dû sur les actions d'une Compagnie de chemins de fer établie en France pour l'exploitation d'un chemin de fer étranger.

TITRE QUATRIÈME.

De la construction des chemins de fer et suites.

CHAPITRE Iᵉʳ. — DE LA CONSTRUCTION.

I. — Des conventions.
II. — Des gares et embarcadères.
III. — Établissement des lignes et confection de la voie.
IV. — Des ouvrages d'art.
V. — Des fournitures de matériaux et des salaires des ouvriers
employés à la confection des lignes.

I. — Des conventions.

23. A qui appartient l'interprétation des conventions relatives à la construction des chemins de fer?

II. — Des gares et embarcadères.

24. Peut-on établir des gares où l'on veut, et qui a le droit de déterminer leur emplacement et leur surface?

25. La décision du ministre, qui fixe la largeur de la voie publique devant un embarcadère, est-elle susceptible d'un recours ?

III. — Établissement des lignes et confection de la voie.

26. C'est à l'autorité administrative qu'il appartient de rechercher si une
compagnie est tenue d'exécuter certains travaux.

27. C'est également à l'autorité administrative qu'appartient le droit de

fixer la largeur et l'emplacement de chemins de défruitement dont l'établissement a été prescrit par un arrêté préfectoral.

28. Les moellons provenant de déblais et employés à des remblais, sans avoir été préalablement triés, ne sont point passibles du droit d'octroi à leur entrée dans les villes.

IV. — Des ouvrages d'art.

29. L'entretien ou la réparation des ouvrages d'art exécutés en dehors de leur périmètre par les Compagnies de chemins de fer, ne sont point de droit à la charge de ces Compagnies.

V. — Des fournitures de matériaux et des salaires des ouvriers employés à la confection des lignes.

§ 1. — Ces créances ont-elles un caractère privilégié ?

§ 2. — Devant quelle juridiction les demandes en payement de fournitures de matériaux ou de salaires d'ouvriers employés à la confection des lignes doivent-elles être portées ?

§ 1. — Les sommes dues pour fournitures de matériaux ou pour salaires des ouvriers employés à la confection des lignes ont-elles un caractère privilégié ?

30. Le droit de préférence accordé par le décret du 26 pluviôse an II ne s'applique pas au cas de travaux exécutés par des Compagnies de chemins de fer à leurs frais et *non aux frais de l'Etat*.

31. Et cela, alors même que l'État aurait garanti à la Compagnie un minimum d'intérêts sur un certain capital.

32. Que devrait-on décider si l'État faisait en partie les frais d'établissement du chemin ?

§ 2. — Devant quelle juridiction les demandes en payement de fournitures de matériaux ou de salaires d'ouvriers employés à la confection des lignes doivent-elles être portées ?

33. Les demandes en payement de matériaux fournis pour l'établisse-

ment d'un chemin de fer sont de la compétence des tribunaux de commerce.

34. L'action en garantie formée contre une Compagnie, à raison de fournitures faites à un entrepreneur de travaux, doit être portée devant le même tribunal que l'action principale.

35. Mais une demande en règlement de simples travaux de terrassements, n'ayant aucun caractère commercial, doit être portée devant le tribunal civil.

CHAPITRE II. — DU DROIT A DES DOMMAGES-INTÉRÊTS PAR SUITE DES TRAVAUX D'ÉTABLISSEMENT D'UN CHEMIN DE FER.

I. — Du droit en lui-même. — Par qui les dommages-intérêts sont-ils dus ? — Y a-t-il des cas où la Compagnie chargée de l'établissement d'un chemin de fer soit à l'abri d'une action à cet égard?

II. — Devant quelles juridictions les demandes en indemnité doivent-elle être portées. — Dans quels cas peut-il être dû des dommages-intérêts ?

I. — Du droit à des dommages-intérêts. — Par qui les dommages-intérêts sont-ils dus ? — Y a-t-il des cas ou une Compagnie chargée de l'établissement d'un chemin de fer soit à l'abri d'une action à cet égard ?

36. La Compagnie concessionnaire d'un chemin de fer, qui a traité de l'exécution des travaux avec des entrepreneurs spéciaux , n'en est pas moins directement responsable envers les tiers lésés, sauf son recours contre ces entrepreneurs.

37. Cette responsabilité ne s'étend pas au dommage causé par un ouvrier à un autre ouvrier, qui n'est pas l'employé immédiat de la Compagnie et qui n'est que celui de l'entrepreneur sous-traitant auquel les travaux ont été confiés.

38. Une Compagnie n'est pas davantage responsable de l'accident arrivé

par imprudence à l'un des ouvriers de l'entrepreneur sous-traitant dans l'exécution des travaux que celui-ci a soumissionnés, alors surtout que cette Compagnie ne s'est point réservé la direction de ces travaux.

39. Mais la responsabilité des Compagnies n'est pas limitée aux seuls faits, qui sont une suite immédiate de l'exécution des travaux qu'elles ont entrepris, elle s'étend au dommage que leurs ouvriers, se rendant à leurs chantiers, causent aux propriétés qu'ils traversent.

40. C'est contre la Compagnie concessionnaire d'un chemin de fer, et non contre l'État, que doit être dirigée l'action d'un acquéreur d'un domaine national, pour atteinte portée à ses droits, alors surtout que les indemnités pour tous dommages quelconques résultant des travaux doivent être supportées et payées par la Compagnie.

41. La Compagnie subrogée aux droits de l'État pour l'exécution des travaux d'établissement d'un chemin de fer n'est point passible de dommages-intérêts, spécialement à raison des entraves que la construction d'un pont sur une rivière navigable apporte à la navigation.

42. Toutefois, si elle y est astreinte par son cahier des charges, elle doit prendre, à ses frais, toutes les mesures utiles pour que la navigation se fasse, après l'achèvement des travaux, comme elle se faisait avant.

II. — **Devant quelles juridictions les demandes en indemnité doivent-elles être portées. — Dans quels cas peut-il être dû des dommages-intérêts ?**

I. — DE LA COMPÉTENCE ADMINISTRATIVE.

§ **1.** — Que faut-il pour qu'il y ait lieu à la compétence administrative ?

§ **2.** — Dans quels cas la connaissance des demandes en indemnité appartient-elle à l'autorité administrative ? Exemples.

§ **1.** — Que faut-il pour qu'il y ait lieu à la compétence administrative ?

43. L'autorité administrative n'est compétente qu'autant que les travaux exécutés par la Compagnie concessionnaire ont été autorisés par l'administration.

44. Conséquence.

§ 2. — Dans quels cas la connaissance des demandes en indemnité appartient-elle à l'autorité administrative ? — Exemples.

45. Demande en dommages-intérêts pour extraction de matériaux.

46. Il en serait autrement d'une extraction faite sans autorisation.

47. Demande pour entraves apportées à l'exploitation de carrières.

48. ...... en réparation du préjudice éprouvé par la rupture d'une digue établie par la Compagnie concessionnaire.

49. ..... en réparation ou reconstruction d'un mur séparatif de la voie ferrée et d'une propriété privée, à l'entretien duquel la Compagnie s'est engagée, et en indemnité pour retard apporté dans cette construction.

50. Toutefois, le président du tribunal civil, jugeant en référé, peut, en ce cas, ordonner provisoirement une expertise.

51. Demande en dommages-intérêts pour avaries causées à un bateau par son échouement contre des pieux plantés par la Compagnie concessionnaire dans un fleuve pour la construction d'un pont.

52. .... en raccordement d'un chemin de fer avec un chemin communal.

53. Demande afin de faire cesser l'interruption pratiquée entre des rues ou voies publiques à travers lesquelles un chemin de fer passe en tranchée ou d'obtenir des dommages-intérêts.

54. Il en est autrement d'un chemin particulier.

55. Demande en réparation du préjudice résultant du déplacement d'un chemin classé vicinal ou de l'établissement d'un passage à niveau.

56. Ce qui advient lorsque le déplacement d'une voie publique n'entraîne qu'un allongement de parcours.

57. Réclamations élevées à raison de dommages occasionnés par la construction d'un chemin de fer en ce qui concerne la salubrité publique et le service de la navigation.

II. — DE LA COMPÉTENCE DES TRIBUNAUX DE L'ORDRE JUDICIAIRE.

§ *unique.* — Dans quels cas la connaissance des demandes en indemnité appartient-elle aux tribunaux de l'ordre judiciaire ? Exemples.

58. Demande en indemnité pour le préjudice résultant de la défense faite d'exploiter une mine.

59. Demande en indemnité pour entraves à la circulation sur la voie publique.

60. .....pour le préjudice résultant de la suppression d'un passage concédé.

61. ..... pour le préjudice résultant du déplacement d'un chemin non classé vicinal et de l'interruption des communications.

62. Demande en indemnité pour fouilles pratiquées dans des terrains non désignés à cet effet et pour dépôts de matériaux sur ces terrains.

63....... pour abus ou négligence résultant de travaux publics dans des circonstances déterminées.

64.... pour avaries causées à un bateau par son échouement contre des pieux laissés autour des piles d'un pont après son achèvement.

65. Demande en indemnité pour dommage résultant du mode d'exploitation industrielle d'un chemin de fer et en suppression ou modification de constructions élevées par une Compagnie de chemin de fer en dehors du périmètre de ce chemin, sans autorisation de l'administration.

CHAPITRE III. — DE LA RÉCEPTION DES LIGNES DE FER.

66. Qui doit réclamer la réception d'une ligne de fer ?

67. Après réception, le remplacement des clôtures ne peut être ordonné sous le prétexte qu'elles seraient insuffisantes.

CHAPITRE IV. — DES CONSTRUCTIONS VOISINES DES CHEMINS DE FER.

§ *unique.* — Dans quelles conditions et à quelle distance ces constructions peuvent-elles exister ?

68. Les constructions voisines des chemins de fer ne peuvent être établies que sur un alignement préalablement donné par l'autorité administrative.

69. Elles ne peuvent être élevées à moins de 2 mètres de la voie ferrée, et il est interdit d'ouvrir des jours et issues dans les murs de clôtures placés à cette distance.

70. Toutefois, la prohibition écrite dans l'article 5 de la loi du 15 juillet 1845 n'est point applicable aux constructions voisines d'un embarcadère, pourvu qu'elles se trouvent à 2 mètres de la voie ferrée elle-même.

71. A qui appartient le droit de demander la suppression de servitudes établies sur un chemin de fer ?

TITRE CINQUIÈME.

De l'exploitation en général et de ses suites.

PREMIÈRE PARTIE.

DES DISPOSITIONS SE RATTACHANT AU SERVICE.

I. — Des gares.
II. — Des bureaux d'expédition.
III. — Des convois.

I. — Des gares.

72. L'entrée des gares ne peut être refusée aux voitures d'une entreprise de transport de voyageurs dans l'intérêt d'une autre entreprise, qui y est admise.

73. L'arrêté préfectoral fondé sur des motifs généraux de police et de sûreté publique, qui oblige une Compagnie de chemin de fer à livrer à l'usage commun de plusieurs entreprises de voitures publiques un loca₁ dépendant de l'embarcadère et qu'elle avait loué exclusivement à une entreprise spéciale, constitue un fait de force majeure dont la Compagnie ne peut pas être responsable.

II. — Des bureaux d'expédition.

74. Les Compagnies ont le droit d'établir des bureaux d'expédition de

marchandises dans l'intérieur des villes, quelque dommage qui puisse en résulter pour les commissionnaires de transport existant dans ces villes.

III. — Des convois.

§ **1**. — De la composition des convois.

§ **2**. — Du départ des convois.

§ **1**. — Composition des convois.

75. L'obligation imposée aux Compagnies de mettre dans tout convoi ordinaire de voyageurs un nombre suffisant de voitures de chaque classe est absolue.

76. L'infraction à cette obligation constitue une contravention.

77. Cette contravention existe alors même que le voyageur, sans payer un supplément de prix, a été placé dans une voiture d'une classe supérieure à celle pour laquelle il avait pris un billet.

78. La réponse faite à des voyageurs que les wagons sont pleins, constitue la contravention prévue par l'article 17 de l'ordonnance du 15 novembre 1846, à moins qu'il ne soit établi que la Compagnie se trouvait dans un cas d'excuse légale.

79. Cette contravention est imputable au Directeur seul de l'exploitation et non aux employés chargés du service.

80. Dans les trains mixtes de voyageurs et de marchandises marchant à la vitesse des trains de voyageurs, les voitures, qui portent les marchandises, doivent être pourvues de tampons à ressort, aussi bien que les voitures de voyageurs.

81. L'infraction à cette obligation constitue également une contravention punie par l'article 21 de la loi du 15 juillet 1845.

§ **2**. — Départ des convois.

82. Le service spécial organisé par une Compagnie de chemin de fer

à l'occasion d'une foire annuelle, ne rentre pas dans la classe des services ordinaires.

DEUXIÈME PARTIE.

DES TRANSPORTS.

CHAPITRE Ier. — DES CONDITIONS DE TRANSPORT.

I. — Des cahiers des charges.
II. — Des tarifs.
III. — Du tarif exceptionnel applicable aux articles pesant moins de
50 kilogrammes.

I. — Des cahiers des charges.

83. Force obligatoire des cahiers des charges.

84. A quelle autorité appartient l'interprétation des cahiers des charges des Compagnies de chemins de fer?

85. Dans le silence du cahier des charges d'un chemin de fer, un arrêté préfectoral peut imposer à une Compagnie l'obligation de laisser charger et décharger, aux frais des expéditeurs, certaines marchandises, telles que des houilles, dans les lieux de chargement et de déchargement.

86. De même une ordonnance royale pouvait, dans les mêmes circonstances, imposer à une Compagnie l'établissement de nouvelles gares.

II. — Des tarifs.

87. De la nécessité des tarifs.

88. Leur application. — Exception.

89. A quelles formalités sont soumises les modifications apportées aux tarifs?

90. Toute infraction aux tarifs, soit pour les élever, soit même pour les abaisser, donne droit à une action en dommages-intérêts, indépendamment de toute intention et de tout but malveillant.

91. De son côté, la Compagnie trompée sur la nature des marchandises à transporter par l'expéditeur, qui a tenté de se soustraire au paiement de la taxe due, a le droit d'obtenir, indépendamment du paiement de la différence de taxe, la publication du jugement de condamnation par la voie des journaux, à titre de réparation civile.

92. Celui qui se plaint de la surélévation des tarifs est sans droit pour se pourvoir contre la décision ministérielle qui l'a autorisée, s'il n'articule aucune stipulation particulière faite à son profit.

III. — Du tarif exceptionnel applicable aux articles pesant moins de 50 kilogrammes

93. Motif de ce tarif exceptionnel.

94. Le commissionnaire de transport ou intermédiaire profite-t-il du tarif exceptionnel?

95. Le tarif exceptionnel s'applique même au cas où les objets sont présentés à découvert, sous forme de colis séparés.

96. Que doit-on entendre par ces expressions : *Objets de même nature?*

97. Du droit de la Compagnie de contrôler la sincérité des déclarations des expéditeurs.

CHAPITRE II. — DES LETTRES DE VOITURE ET DES FEUILLES OU BULLETINS D'EXPÉDITION QUI ACCOMPAGNENT LES TRANSPORTS.

I. — Des lettres de voiture.
II. — Des feuilles ou bulletins d'expédition.

I. — Des lettres de voiture.

98. Indications que doivent contenir les lettres de voiture.

99. Aucune des énonciations de la lettre de voiture n'étant prescrite à peine de nullité, il peut y être suppléé par d'autres preuves.

100. La stipulation dans la lettre de voiture d'un délai excédant les délais réglementaires constitue une contravention.

101. Une Compagnie de chemin de fer peut-elle refuser le transport d'un colis, parce que la lettre de voiture lui est remise enfermée dans une enveloppe cachetée?

II. — Des feuilles ou bulletins d'expédition accompagnant les transports.

102. Leur assimilation aux lettres de voiture.

103. Formalité du timbre.

104. L'absence de signature sur ces bulletins, ou l'omission de quelques autres conditions de l'article 102 du Code de commerce, dispenserait-elle de la formalité du timbre?

105. Ne sont pas assujetties à cette formalité les feuilles d'expédition remises aux conducteurs de trains comme simples pièces comptables.

CHAPITRE III. — DES DÉLAIS DANS LESQUELS LES TRANSPORTS DOIVENT ÊTRE EFFECTUÉS.

106. Comment sont réglés les délais dans lesquels les transports doivent être effectués.

107. Les délais réglementaires peuvent-ils être abrégés, et comment doit s'entendre l'abréviation ?

108. Comment peut-il être établi qu'il a été dérogé aux délais réglementaires ?

109. Des suites de l'inexécution de la convention spéciale.

110. Lorsque deux Compagnies ont adopté un tarif commun pour les transports à petite vitesse, qui se font à la fois sur deux réseaux, y a-t-il lieu d'accorder un délai quelconque pour le transbordement des marchandises d'une ligne à l'autre ?

111. Comment doivent se calculer les délais pour les transports à opérer partie par terre, partie par la voie de fer ?

112. Les délais impartis aux Compagnies se comptent par jours francs et non par heures.

CHAPITRE IV. — DU LIEU DE LIVRAISON DES MARCHANDISES ET DES FRAIS DE CAMIONNAGE.

113. Où les marchandises doivent-elles être livrées au destinataire ?

114. Une Compagnie de chemin de fer est-elle obligée de conserver en gare, jusqu'à réclamation du destinataire, les marchandises qu'elle a transportées, lorsque la feuille d'expédition n'indique pas que la livraison sera faite en gare et n'énonce que le nom du destinataire ?

115. L'indication du nom seul du destinataire, lors de l'expédition, empêche-t-elle que le destinataire puisse effectuer lui-même le transport à domicile ?

116. Quel serait le droit du destinataire s'il avait été convenu entre l'expéditeur et la Compagnie que celle-ci ferait le transport du colis à domicile ?

TROISIÈME PARTIE.

DE LA RESPONSABILITÉ EN MATIÈRE DE TRANSPORTS.

I. — Du principe général de la responsabilité.
II. — De l'affranchissement de toute responsabilité.
III. — Quel est le sens et l'effet d'une décharge de garantie.
IV. — Cas spéciaux dans lesquels les Compagnies sont exonérées de plein droit de toute responsabilité.
V. — Des commissionnaires intermédiaires.
VI. — Étendue de la responsabilité.
VII. — Extinction de l'action en responsabilité:
VIII. — Prescription de l'action en responsabilité.

I. Du principe général de la responsabilité qui pèse sur les Compagnies de chemin de fer et pour quelles causes cette responsabilité peut se trouver engagée.

117. Raison générale de la responsabilité qui pèse sur les Compagnies.

118. Pour quelles causes la responsabilité des Compagnies peut-elle se trouver engagée?

119. Suite.

II. — De l'affranchissement de toute responsabilité.

120. Les Compagnies ne peuvent, en principe, se soustraire, par des stipulations particulières, à la responsabilité qui pèse sur elles.

121. **Exception.** — Elles peuvent exiger des expéditeurs une décharge de garantie dans les cas prévus par leurs tarifs, par exemple alors que les marchandises sont remises en *vrac ou avec un emballage défectueux.*

122. **Conséquences.** A. B. C. D. E. F.

III. — Quel est le sens et l'effet d'une décharge de garantie ?

123. Comment doit s'entendre la décharge de garantie donnée par l'expéditeur ?

124. **Effet de cette décharge.**

IV. — Cas spéciaux dans lesquels les Compagnies sont exonérées de plein droit de toute responsabilité.

125. Les Compagnies de chemin de fer sont-elles quelquefois affranchies de toute responsabilité, en dehors des cas prévus par la loi commune ? Exemples, nᵒˢ 126 et 127.

126. La Compagnie, qui n'a fait que louer ses voitures, sans s'immiscer dans leur chargement, n'est point responsable de la perte ou de l'avarie des marchandises, à moins que la perte ou l'avarie ne soit la conséquence d'un vice de la voiture ou d'une faute commise dans la conduite du convoi.

127. Et même toute responsabilité disparaît dans le cas d'incendie, quoiqu'il soit établi que l'incendie a été causé par l'imprudence de l'un des employés de la Compagnie, lorsqu'aux termes d'un règlement spécial les locataires de wagons, pour jouir de certains avantages, sont obligés de faire assurer à leurs frais contre l'incendie, pour tous risques quelconques, toutes les marchandises remises au chemin de fer, depuis leur entrée dans la gare de départ jusqu'à leur sortie de la gare d'arrivée, la Compagnie entendant n'être responsable dans aucun cas des incendies survenus soit en route, soit dans les gares, quelle qu'en fût la cause. — Dans ces circonstances, les sociétés d'assurances elles-mêmes sont sans recours contre la Compagnie du chemin de fer.

128. Une Société d'assurances est également sans recours contre la Compagnie et ne peut prétendre que le placement d'un wagon-écurie immédiatement après le tender de la locomotive constitue une faute lourde,

la déchargeant de la responsabilité de l'incendie qui aurait détruit le wagon-écurie et causé la mort des chevaux qu'il renfermait.

129. L'expéditeur, qui, pour faire fraude aux droits d'une Compagnie, ne déclare pas la nature du contenu du colis, est sans droit d'en réclamer la valeur en cas de perte.

V. — Des commissionnaires intermédiaires.

130. La Compagnie, qui s'est chargée d'un transport, est responsable des faits des commissionnaires intermédiaires qu'elle s'est substitués.

131. Cette responsabilité ne cesse pas, lorsqu'il s'agit de trains de plaisir.

132. Jugé même que cette responsabilité s'étend aux expéditions de marchandises faites de l'étranger en France.

133. Les commissionnaires intermédiaires ne sont pas, comme l'est le premier commissionnaire vis-à-vis de l'expéditeur, présumés avoir reçu les marchandises en bon état.

134. Ils ne peuvent être déclarés responsables qu'autant qu'il est prouvé que les avaries sont arrivées par leur faute.

135. Cette preuve peut résulter de présomptions graves, précises et concordantes.

VI. — Étendue de la responsabilité.

136. La responsabilité s'étend à la valeur entière des objets perdus.

137. En cas de perte des malles ou bagages d'un voyageur, les Compagnies sont-elles responsables non-seulement des effets que contenaient les malles perdues, mais encore des sommes d'argent, qui y étaient renfermées, alors que le voyageur n'a fait aucune déclaration de l'existence de ces valeurs?

138. Toutefois, la responsabilité ne s'étend pas indéfiniment à toutes sommes d'argent, et les Compagnies ne répondent pas de valeurs importantes mises dans des sacs de nuit.

139. Elles répondent de la perte des titres d'actions dont le transport leur a été confié comme papiers d'affaires.

140. Les Entrepreneurs de voitures-omnibus destinées à transporter de la gare à domicile les voyageurs et leurs bagages sont, comme tous autres Entrepreneurs de transports, responsables de la perte des objets, qui leur sont confiés.

141. En cas de retard, le droit à des dommages-intérêts existe, quoique le voyageur n'ait fait connaître ni sa qualité, ni la nature des objets contenus dans ses caisses.

142. L'indemnité à payer pour cause de retard peut être exceptionnellement limitée.

143. Si, après le refus du destinataire de recevoir les marchandises, la Compagnie les conserve, les avaries survenues depuis se partagent entre elle et l'expéditeur, lorsque ces avaries, quoique provenant d'un vice propre de la chose, eussent pu être arrêtées par un examen plus attentif et des soins plus assidus.

VII. — De l'extinction de l'action en responsabilité.

144. Comment l'action en responsabilité se trouve-t-elle éteinte ?

145. Le payement dont parle l'article 105 du Code de commerce doit émaner du destinataire et non d'un commissionnaire intermédiaire.

146. L'article 105 n'a entendu parler que d'un payement postérieur au transport.

147. Ce payement ne peut être exigé du destinataire avant la vérification que celui-ci a le droit de faire de la marchandise transportée.

148. Cette vérification peut porter non-seulement sur l'extérieur du colis, mais encore sur la marchandise qu'il contient.

149. La règle posée dans l'article 105 du Code de commerce cesse d'être applicable, s'il est établi que l'avarie n'était pas visible à l'extérieur.

150. Il en est de même si la vérification avant l'enlèvement des marchandises n'a pas eu lieu par un fait de la Compagnie.

151. Toutefois, en l'absence de circonstances de cette nature et de toute fraude ou d'infidélité de la part du commissionnaire ou du voiturier, l'article 105 interdit d'une manière absolue toute action contre le voiturier.

152. La fraude ou l'infidélité dont parle l'article 108 du Code de commerce doit s'entendre non-seulement de la fraude du voiturier lui-même, mais encore de celle de ses agents.

153. La preuve de la fraude ou de l'infidélité ne peut être une question de personne. — La fraude doit être prouvée. — Elle peut l'être par toutes les voies de droit.

154. Comment doit se faire la vérification des objets transportés au moment de la livraison au destinataire?

VIII. — De la prescription de l'action en responsabilité.

155. Quand et comment l'action en responsabilité est-elle prescrite?

156. La prescription de l'article 108 du Code de commerce ne court que du jour où l'intérêt de celui qui l'oppose l'a constitué en demeure de présenter cette exception.

157. La prescription de l'article 108 du Code de commerce doit être restreinte aux cas spécifiés dans cet article. — Elle ne s'applique pas à l'action en indemnité pour cause de retard.

QUATRIÈME PARTIE.

DES ACTIONS EN RÉPÉTITION OU RESTITUTION DE SOMMES INDUMENT PERÇUES ET DES DEMANDES EN DOMMAGES-INTÉRÊTS QUI EN SONT LA CONSÉQUENCE.

---

158. Quelle est la juridiction compétente pour statuer sur les actions en

répétition ou restitution de sommes indûment perçues par une Compagnie
de chemin de fer et sur les demandes en dommages-intérêts formées
contre elle à cette occasion?

159. Les tribunaux ordinaires ne cessent pas d'être compétents, parce
que la demande en dommages-intérêts est fondée sur ce que les tarifs ne
satisfont pas à toutes les conditions exigées pour leur légalité.

160. Il en est autrement, lorsque l'action a pour cause le préjudice résultant de l'établissement de tarifs réduits légalement.

CINQUIÈME PARTIE.

DE LA COMPÉTENCE.

I. — De quelle juridiction les Compagnies de chemins de fer
sont-elles justiciables au respect des tiers qui ont traité
avec elles?

II. — Du lieu où les Compagnies de chemins de fer doivent
ou peuvent être assignées?

III. — Devant le tribunal de quelle localité les Compagnies de chemins de fer doivent-elles ou peuvent-elles être assignées?

**I. — De quelle juridiction les Compagnies de chemin de fer sont-elles
justiciables au respect des tiers qui ont traité avec elles?**

161. La compétence exceptionnelle des juges de paix est inapplicable
aux Compagnies de chemin de fer.

162. C'est aux tribunaux de commerce qu'appartient la connaissance
des contestations entre les Compagnies et les tiers qui ont traité avec
elles.

163. Cependant la juridiction commerciale cesse d'être compétente, lorsque l'État, en vertu d'une loi, se charge de l'exploitation d'un chemin de fer.

164. Les tribunaux ordinaires ne peuvent-ils pas être exceptionnellement compétents?

II. — Du lieu où les Compagnies de chemin de fer doivent ou peuvent être assignées.

165. En principe, les Compagnies de chemin de fer doivent être assignées par exploits signifiés au siége de la Société.

166. Toutefois, l'exploit est valablement signifié au lieu où existe le principal établissement, quoique le domicile social soit fixé ailleurs.

167. L'exploit est également bien signifié au lieu où la Compagnie a établi une succursale.

168. Il en est de même de l'exploit signifié au domicile élu par une Compagnie.

169. Mais un commandement à fin d'exécution doit être signifié au siége même de la Société.

III. — Devant le tribunal de quelle localité les Compagnies de chemin de fer doivent-elles ou peuvent-elles être assignées?

170. En principe, les Compagnies de chemins de fer doivent être assignées devant le tribunal du lieu où est le siége de la Société.

171. Cependant, la Compagnie, qui a formé son principal établissement dans un lieu autre que celui du domicile social, peut être assignée devant le tribunal du lieu de cet établissement.

172. Les Compagnies peuvent également être assignées devant le tribunal du lieu où elles ont établi des succursales formant un centre de gestion et d'administration sous la direction d'un employé supérieur.

173. Une Compagnie peut même être assignée devant le tribunal du lieu où elle a une gare dans laquelle ses statuts lui imposent l'obligation de faire une élection de domicile.

174. L'article 420 du Code de procédure civile, qui consacre une exception à la règle générale de compétence en matière commerciale pour certains cas déterminés, est applicable à une Compagnie de chemin de fer.

175. Par suite, le voyageur lésé assignera valablement la Compagnie devant le tribunal du lieu où il se rendait.

176. L'article 420 est applicable même après l'exécution complète des obligations respectives des parties.

177. Mais il ne doit recevoir son application qu'autant que l'existence des circonstances qu'il énumère est reconnue par le défendeur ou établie par le demandeur.

SIXIÈME PARTIE.

DE LA MISE EN SÉQUESTRE D'UN CHEMIN DE FER.

178. Quel est l'effet de la mise en séquestre d'un chemin de fer?

TITRE SIXIÈME.

Du personnel ou des agents et employés des chemins de fer.

I. — Caractère légal des agents et gardes des chemins de fer.
— Exemptions dont ils jouissent.

II. — Traitements. — Saisie-arrêt. — Actions en payement. —
Compétence.

III. — Responsabilité des Compagnies envers leurs employés.

I. — Caractère légal des agents et gardes des chemins de fer. — Exemptions dont ils jouissent.

179. Les agents et gardes des chemins de fer, assermentés pour la surveillance et la constatation des délits sur les chemins de fer, doivent être considérés comme des agents de l'autorité.

180. Un mécanicien conducteur de locomotives n'est point un ouvrier dans le sens de l'article 5 de la loi du 25 mai 1838, sur les justices de paix.

181. Le traité qu'un mécanicien fait avec une Compagnie de chemin de fer constitue un engagement commercial, et les contestations qui peuvent s'élever à l'occasion de ce traité sont de la compétence du tribunal de commerce.

182. Les inspecteurs et agents assermentés, préposés à la surveillance d'un chemin de fer, sont exemptés du service de la garde nationale.

183. Ils ne peuvent être compris que dans la réserve.

184. La mise en séquestre d'un chemin de fer change-t-elle la condition des agents?

II. — Traitements. — Saisie-arrêt. — Actions en payement. — Compétence.

185. Le bénéfice de la loi du 21 ventôse an ix n'est point applicable aux employés des Compagnies de chemins de fer dont les traitements sont saisissables en totalité.

186. Les demandes en payement des traitements ou salaires des agents et employés sont de la compétence commerciale.

187. Ces demandes, ainsi que les contestations qui peuvent s'élever à l'occasion des engagements des agents et employés, peuvent être portées devant le tribunal du lieu où ces agents et employés remplissent leurs fonctions et touchent leurs appointements.

III. — Responsabilité des Compagnies envers leurs employés ou ouvriers.

188-189. Les Compagnies de chemins de fer sont responsables des accidents arrivés à leurs ouvriers, soit en cherchant à prévenir un danger, alors même que ceux-ci auraient agi contrairement aux règlements, soit en faisant un travail qui ne les regardait pas.

TITRE SEPTIÈME.

De la police en matière de chemins de fer.

PREMIÈRE PARTIE.

I. — Des stations et bureaux des chemins de fer et des terrains
en dépendant.
II. — Conduite et marche des trains.
III. — Accidents et sinistres arrivant pendant la marche des
trains.
IV. — Des agents de surveillance et gardes des chemins de fer.
V. — Règlements ministériels. — Arrêtés administratifs. — Obli-
gations conventionnelles.

I. — Des stations et bureaux des chemins de fer et des terrains en dépendant.

190. Quel est le caractère, au point de vue de la publicité légale, des
stations et bureaux des chemins de fer?

191. Quel est le caractère des terrains en dépendant?

II. — Conduite et marche des trains.

192. En vertu de quel ordre peut-on monter sur une locomotive?

193. L'ordre de ralentir la marche des trains aux croisements de lignes
s'applique-t-il au simple croisement de voie destiné à faciliter les manœuvres?

194. Dans quel cas doit-il être fait usage du signal d'arrêt?

195. L'emploi du signal d'arrêt n'est-il requis que dans la marche des trains?

III. — Accidents et sinistres arrivant pendant la marche des trains.

196. L'obligation imposée au chef d'un convoi de déclarer immédiatement tout accident à l'autorité locale s'applique non-seulement aux accidents arrivés sur la partie du chemin, qui traverse une gare, mais encore à ceux qui surviennent sur le surplus de la voie.

197. Pendant le stationnement d'un train, c'est au chef de gare, considéré alors comme chef de convoi, de faire cette déclaration.

IV. — Des agents de surveillance et gardes des chemins de fer.

198. Les injures adressées aux agents et gardes des chemins de fer, assermentés pour la surveillance et la constatation des délits sur les chemins de fer, à l'occasion et dans l'exercice de leurs fonctions, doivent être punies des peines prononcées par le 1er paragraphe de l'article 19 de la loi du 17 mai 1819.

199. Ces agents sont soumis au mode de poursuite et d'instruction et à la compétence exceptionnelle établis par les articles 483 et 479 du Code d'instruction criminelle, et à l'aggravation de peine édictée dans l'article 198 du Code pénal.

200. Tout agent employé sur un chemin de fer, qui n'est pas revêtu de l'uniforme ou porteur d'un signe distinctif, est en contravention.

V. — Réglements ministériels. — Arrêtés administratifs. — Obligations conventionnelles.

201. Un règlement général fait par le Ministre des travaux publics pour la police d'un chemin de fer, et l'arrêté préfectoral rendu pour en assurer l'exécution, ne peuvent tenir lieu du règlement d'administration publique exigé par la loi de concession.

202. Dès lors, l'infraction à ce règlement ministériel et à l'arrêté pré_

fecloral ne constitue pas la contravention punie par l'article 471, n° 15, du Code pénal.

203. Un règlement ministériel ou un arrêté préfectoral ne serait obligatoire, avec une sanction pénale, qu'autant qu'il s'agirait d'une mesure particulière et locale prise d'urgence.

204. D'un autre côté, pour que les arrêtés prescrivant des mesures de sûreté dans l'exploitation d'un chemin de fer soient obligatoires, il suffit qu'ils aient été notifiés au directeur de la Compagnie.

205. La violation des obligations imposées par le cahier des charges annexé à la loi de concession d'un chemin de fer ne donne lieu à une répression pénale qu'autant que cette loi contient une disposition à cet égard.

206. Il en est de même de l'infraction aux arrêtés administratifs tendant à l'exécution du cahier des charges.

DEUXIÈME PARTIE.

I. — Crimes, délits et contraventions commis soit par des agents et employés des Compagnies de chemins de fer, soit par des personnes étrangères au service de ces Compagnies.

II. — Du droit de poursuivre la répression des contraventions aux dispositions de la loi du 15 juillet 1845 sur la police des chemins de fer.

I. — Crimes, délits et contraventions commis soit par des agents et employés des Compagnies de chemin de fer, soit par des personnes étrangères au service de ces Compagnies.

207. Les faux commis sur les livres et registres tenus pour le service

privé d'une Compagnie de chemin de fer constituent des faux en écriture
de commerce.

208. L'incendie des propriétés mobilières et immobilières d'autrui causé
par des flammèches s'échappant des cheminées des locomotives constitue
le délit prévu et puni par l'article 458 du Code pénal.

209. Il en est de même des incendies occasionnés par la chute de charbons enflammés tombant de la grille sur la voie.

210. Indépendamment de la répression pénale, la Compagnie peut être
passible de dommages-intérêts envers les parties lésées.

211. La défense faite par l'article 63 de l'ordonnance du 15 novembre
1846 d'entrer dans les voitures, sans billet, s'applique au cas où le voyageur continue volontairement sa route au delà de la station à laquelle le
billet lui donnait le droit de se rendre.

212. L'employé d'un chemin de fer, chargé de percevoir des droits dus
à l'administration des douanes, se rend coupable de concussion, en recevant ce qu'il sait n'être pas dû.

213. Le conducteur de train, qui reçoit d'un employé de chemin de fer,
qui l'avait reçu lui-même en cette qualité, un sac d'argent pour le transporter, et qui ne le remet pas au destinataire, commet un abus de confiance,
et le fait du dépôt au conducteur peut être prouvé par témoins, quel que
soit le chiffre de la somme.

214. Il y a contravention à l'article 7 de la loi du 15 juillet 1845 de la
part de la Compagnie qui laisse à moins de 20 mètres de distance du bord
extérieur de la clôture de la voie des amas d'herbes coupées.

215. La disposition de l'article 21 de la loi du 15 juillet 1845, qui
punit toute contravention aux ordonnances portant règlement d'administration publique sur la police, la sûreté et l'exploitation des chemins de fer,
s'applique aux infractions qui ne concernent que la commodité des voyageurs.

216. Le fait matériel seul de l'introduction d'une personne dans l'enceinte d'un chemin de fer constitue une contravention à l'article 61 de
l'ordonnance du 15 novembre 1846.

217. Toutefois, la défense faite par l'article 61 précité ne s'applique pas
aux personnes qui tiennent des restaurants ou buffets dans des locaux dépendant des gares.

218. L'introduction d'animaux dans l'enceinte d'un chemin de fer ne constitue une contravention qu'autant qu'elle a été volontaire de la part du conducteur ou gardien de ces animaux.

219. La simple présence d'animaux dans l'enceinte d'un chemin de fer ne donne lieu qu'à leur mise en fourrière.

220. L'action pour dégâts commis dans les circonstances qui précèdent est de la compétence administrative.

221. La Compagnie de chemin de fer, qui transporte une lettre cachetée n'accompagnant aucune marchandise, se rend coupable d'immixtion dans le transport des lettres.

222. Il y a également immixtion dans le transport d'une lettre, même enfermée à l'insu de la Compagnie dans une caisse de marchandises.

223. Mais le facteur d'un chemin de fer, qui, avant de sortir de la gare, présente à la visite des préposés de l'octroi une caisse fermée renfermant une lettre, échappe à toute responsabilité personnelle.

224. En cette matière, la responsabilité incombe aux chefs de gares.

225. Il n'y a point de complicité légale dans le transport illicite des lettres.

226. La détention par une Compagnie, même pour son usage privé seul, de poids et mesures illégaux ou non vérifiés constitue une contravention.

II. — Du droit de poursuivre la répression des contraventions aux dispositions de la loi du 15 juillet 1845 sur la police des chemins de fer.

227. Le droit de poursuite appartient exclusivement à l'administration.

228. Les Compagnies de chemins de fer n'ont pas même qualité pour intervenir sur ces poursuites.

TITRE HUITIÈME.

Des droits fiscaux.

I. — Droits de timbre et d'enregistrement.

II. — Patente et droit proportionnel.

III. — Prestations en nature.

IV. — Taxe des biens de mainmorte.

V. — Droit du dixième sur le prix de transport des voyageurs.

VI — Droits d'octroi.

VII. — Droits de poste.

VIII. — Dépenses occasionnées par les mesures prises pour assurer la police des chemins de fer et la perception des droits.

I. — Des droits de timbre et d'enregistrement.

229. L'exemption des droits de timbre et d'enregistrement accordée par la loi sur l'expropriation pour cause d'utilité publique s'applique-t-elle aux contrats d'acquisition amiable faits par une Compagnie de chemin de fer de terrains non compris dans le tracé ou les dépendances de ce chemin, mais pouvant servir ultérieurement à la confection de travaux s'y rattachant?

Y a-t-il au moins lieu de surseoir à la perception de ces droits?

230. Sont soumises à la formalité de l'enregistrement les commissions délivrées par les Compagnies de chemins de fer à leurs agents et préposés, alors même que ces agents ont le pouvoir de constater par des procès-

verbaux les crimes, délits et contraventions commis sur les chemins de fer.

231. Ces agents ne peuvent être admis à prêter serment qu'après l'enregistrement des commissions qui leur sont délivrées.

232. Les bulletins indiquant les heures de départ et les prix de transports que distribuent les Compagnies de chemins de fer sont sujets au timbre.

233. La preuve de la contravention résultant de la distribution de bulletins non timbrés ne résulte pas de la représentation d'un seul exemplaire de ces billets.

II. — De la patente et du droit proportionnel.

234. Les concessionnaires de chemins de fer avec péage sont soumis à la patente et au droit proportionnel.

235. Est assujettie aux mêmes droits en France la Compagnie étrangère qui, par suite de conventions avec une Compagnie française concessionnaire d'un chemin de fer français, exploite pour son compte un tronçon de ce chemin.

236. Un service d'omnibus établi par une Compagnie de chemin de fer pour transporter les voyageurs de l'intérieur d'une ville à la gare moyennant un prix spécial indépendant de celui des places sur le chemin de fer, donne lieu au droit proportionnel.

237. Le droit proportionnel est dû par les Compagnies de chemins de fer dans les communes où elles ont des stations intermédiaires.

238. Les logements des chefs de gares et de stations sont compris dans les locaux dont la valeur locative sert à fixer l'assiette du droit proportionnel.

III. — Des prestations en nature.

239. Les Compagnies de chemins de fer ne sont point assujetties aux prestations en nature dans les communes où elles ont des stations.

IV. — De la taxe des biens de main-morte.

240. Les Compagnies de chemins de fer sont-elles tenues de cette taxe annuelle à raison du sol de ces chemins et de leurs dépendances?

241. Cette taxe est-elle due à raison des lieux affectés dans les gares aux buffets ou restaurants?

242. Les Compagnies de chemins de fer ne doivent-elles pas cette taxe pour les immeubles qu'elles possèdent en dehors de la voie ferrée et des dépendances de cette voie?

V. — Du droit du dixième sur le prix de transport des voyageurs.

243. Le droit du dixième du prix des places, imposé sur les voitures publiques par la loi du 25 mars 1817, est dû par les Compagnies de chemins de fer qui font circuler sur ces chemins des voitures servant au transport des voyageurs.

244. Quelle est la base de la perception de ce droit?

245. Dans quel cas l'impôt du dixième se perçoit sur le tiers du prix total des places.

246. Le droit du dixième peut être dû, encore bien que la distance parcourue n'excède pas un rayon de 15 kilomètres.

247. Comment doit se calculer le rayon de 15 kilomètres?

248. C'est aux tribunaux ordinaires de juger les contestations nées à l'occasion de la perception du droit du dixième.

VI. — Des droits d'octroi.

249. L'exemption des droits d'octroi admise par le règlement spécial d'une ville en faveur des établissements industriels, sur le charbon de terre employé à la préparation des produits destinés au commerce général, ne s'applique pas aux charbons consommés dans les gares de chemins de fer.

VII. — Des droits de poste.

250. L'entrepreneur de voitures publiques servant au transport des voyageurs, qui exploite, sur une route postale, un chemin de fer *américain* ou *voies ferrées desservies par des chevaux*, est tenu d'acquitter l'indemnité postale due au maître de poste, s'il relaye sans employer les chevaux de celui-ci.

VIII. — Des dépenses occasionnées par les mesures prises pour assurer la police des chemins de fer et la perception des droits.

251. Les dépenses occasionnées par les mesures prises pour assurer la police des chemins de fer sont à la charge des concessionnaires de ces chemins.

252. Le recouvrement de ces dépenses se fait comme en matière de contributions.

253. En l'absence d'une disposition expresse, qui les y assujettisse, les Compagnies concessionnaires ne sont point obligées de supporter les frais de services spéciaux d'octroi nécessités par l'entrée des chemins de fer dans les villes.

CONTENTIEUX

DES

CHEMINS DE FER

OU EXPOSÉ

DE LA JURISPRUDENCE JUDICIAIRE ET ADMINISTRATIVE

EN MATIÈRE DE CHEMINS DE FER.

TITRE PREMIER.

Des sociétés formées pour l'établissement et l'exploitation des chemins de fer.

I. — DU PACTE SOCIAL ET DE SON EXÉCUTION.
II. — DE L'INSAISISSABILITÉ DES CHEMINS DE FER.

I. — Du pacte social et de son exécution.

SOMMAIRE.

1. Les administrateurs d'une Société formée pour l'établissement et l'exploitation de deux chemins de fer n'ont point le droit de restreindre l'objet de la Société à un seul chemin.

2. A qui appartiendrait le droit de changer l'objet du contrat ?

1. En 1845, une Compagnie avait conçu le projet de relier Dieppe et Fécamp au chemin de fer de Paris au Havre. Le ministre des travaux publics fut autorisé à concéder ces embranchements, qu devaient être compris dans une seule et même concession. La concession eut lieu, et elle fut ratifiée par ordonnance royale. La concession devenue ainsi définitive, la Société elle-même se constitua définitivement.

Cette Société s'était appelée : *Compagnie des Chemins de fer de Dieppe et de Fécamp;* elle devait être gérée par dix administrateurs. Elle avait pour objet l'établissement et l'exploitation des chemins de fer d'embranchement de Dieppe et de Fécamp sur le chemin de Rouen au Havre, dans les termes de la loi qui avait autorisé la concession.

Les actions émises furent bientôt placées. Cependant, le retard d'un certain nombre d'actionnaires à faire le versement du second dixième des actions et des raisons d'intérêts avaient déterminé les administrateurs à suspendre l'exécution de la ligne de Fécamp, jusqu'à l'achèvement de celle de Dieppe ; en même temps qu'ils sollicitèrent du ministre la dispense de faire la ligne de Fécamp. Cette dispense fut refusée. Un sursis seul à l'exécution de cette ligne fut accordé, avec autorisation de ne construire qu'une seule voie au lieu de deux. Mais le temps n'améliora pas la situation ; les versements de la part des actionnaires devenaient plus difficiles. L'administration résolut donc, en assemblée générale, de s'adresser de nouveau au gouvernement pour obtenir d'être affranchie de l'obligation de faire la ligne de Fécamp.

Ce fut alors que divers habitants et commerçants de Fécamp, actionnaires de la Société, intentèrent à la Compagnie une action en restitution des sommes qu'ils avaient versées et en dommages-intérêts pour inexécution du contrat.

Cette action était-elle fondée? La Cour de Paris ne l'a pas pensé et voici comment elle raisonnait :

Bien qu'en thèse générale, aucune innovation par addition, retranchement ou changement ne puisse être apportée à la chose sociale sans le consentement de tous les associés (argument de l'article 1859, § 4, du Code Napoléon) (1), ce principe recevait cependant

---

(1) Article 1859, § 4, du Code Napoléon : « A défaut de stipulations spéciales sur le mode d'administration l'on suit les règles suivantes :

4° L'un des associés ne peut faire d'innovations sur les immeuble dépendal

une exception dans l'espèce par l'article 44 des statuts, qui donnait
à l'assemblée générale des actionnaires le droit de prononcer souverainement sur tous les intérêts de la Société dans la limite de ses
statuts. Or, il était constant, en fait, que la Société, par ses représentants légaux, avait décidé, autant qu'il était en elle, qu'elle ne
ferait pas le chemin de fer de Fécamp; que cette décision avait été
prise de bonne foi, par défaut de ressources et par mesure de bonne
administration. Ainsi, d'après la Cour, cette décision liait la minorité
des actionnaires d'après la règle du droit romain : *Refertur ad uni-
versos quod publice fit per majorem partem.* L. 160, § 1, Digeste de
regulis juris.

La Cour ajoutait qu'à la vérité, si l'assemblée générale se permettait de substituer à l'objet social un objet différent, et de transformer par là les statuts, ce changement, dans l'essence de la
Société, ne pourrait être imposé à la minorité des actionnaires contre
son gré; mais qu'ici il ne s'agissait pas d'altérer les bases constitutives de la Société, et de substituer un contrat à un autre contrat;
que la Société n'avait fait que restreindre l'étendue de ses opérations,
dans une vue de bonne administration et pour le meilleur intérêt de
tous; que le changement consistant en diminution partielle n'avait
jamais été considéré, en droit, comme un changement radical et ex-
tinctif, surtout lorsque la partie restante avait, comme dans l'espèce,
une valeur considérable, et qu'elle laissait une base importante à
l'exploitation sociale.

La Cour disait encore qu'il n'avait pas été formé deux Sociétés
distinctes pour l'établissement et l'exploitation de deux chemins
différents, mais bien une seule et même Société pour l'exploitation
d'une seule et même concession; qu'en réduisant l'étendue de ses
opérations, la Société ne sortait ni de son objet, qui est l'exploitation
de la concession, ni de son but, qui est de faire des bénéfices; qu'au
contraire elle poursuivait ce but, inséparable de toute Société, d'après

---

de la Société, même quand il les soutiendrait avantageuses à cette Société, si les
autres associés n'y consentent. »

l'article 1832 du Code Napoléon (1), en se dégageant de la partie
onéreuse de la concession, pour se renfermer dans la partie qui présentait le plus d'avantage ; qu'enfin, il est de principe qu'un associé
ne peut rien faire contre l'intérêt social, et qu'il doit même subor-
donner à cet intérêt supérieur son intérêt particulier ; que cependant
les demandeurs, préférant leur intérêt privé d'habitants de Fécamp à
leur intérêt évident comme associés, avaient intenté une action, qui
ne tendait à rien moins qu'à imposer à la Société une entreprise au-
dessus de ses facultés actuelles, à précipiter par là sa dissolution et
sa ruine, et à lui faire perdre le bénéfice de la meilleure partie de la
concession, bénéfice acquis par plusieurs millions dépensés et par
des travaux considérables.

En conséquence, leur action fut rejetée purement et simplement.
— Cour de Paris, 26 avril 1850, Fréret et consorts contre la Compagnie
des chemins de fer de Dieppe et de Fécamp.

Mais la Cour suprême, à la censure de laquelle cet arrêté fut
déféré, en pensa autrement.

En effet, des lois spéciales avaient autorisé la Compagnie anonyme, qui s'était formée en Société pour entreprendre et exploiter les
chemins de fer d'embranchement de Dieppe et de Fécamp, à exécuter indivisiblement ces deux entreprises aux conditions et dans
les délais qui s'y trouvaient déterminés, et le cahier des charges,
ainsi que les statuts sociaux, avaient défini dans le même sens l'objet
de l'association.

Or, aux termes de l'article 1134 du Code Napoléon (2), les conventions tiennent lieu de loi à ceux qui les ont faites, et l'article
1859, § 4, du même Code (3), appliquant ce principe général au

---

(1) Article 1832 du Code Napoléon : « La Société est un contrat par lequel deux
ou plusieurs personnes conviennent de mettre quelque chose en commun, dans
la vue de partager le bénéfice qui pourra en résulter. »

(2) Article 1134 du Code Napoléon : « Les conventions légalement formées
tiennent lieu de loi à ceux qui les ont faites ; elles ne peuvent être révoquées que
de leur consentement mutuel, ou pour les causes que la loi autorise ; elles doivent
être exécutées de bonne foi. »

(3) Voir page 42, note 1.

ontrat de Société, interdit à chaque associé de faire des innovations
ur les immeubles dépendant de la Société, même quand il les sou-
iendrait avantageuses, si les autres associés n'y consentent.

La chose sociale étant donc l'entreprise des deux chemins, il
l'avait pas été au pouvoir des administrateurs de la Compagnie de
)orter uniquement l'emploi des ressources sociales sur un seul, celui
le Dieppe. En cela, ils avaient méconnu la loi du contrat. Non-seule-
nent ils n'avaient pas fait un simple acte d'administration, mais, en
)renant sur eux, par les motifs qu'ils feraient ce qui, d'après les
:irconstances, était le plus avantageux à la Société, de n'exécuter
ʃu'un seul chemin, ils avaient agi comme si l'association avait été,
ès le principe, ainsi limitée. Dès lors, il n'y avait pas eu seulement
estion, mais changement de l'affaire sociale telle qu'elle avait été
onçue, et en vue de laquelle les actions qui la représentaient avaient
té émises et reçues, changement qui était de tous points inadmis-
ible. — Cour de cassation, 14 février 1853, entre les mêmes
arties. — 17 avril 1855, Gérente contre la Compagnie du chemin
e fer de Dieppe et de Fécamp.

2. Par les mêmes arrêts, la Cour de cassation décide que la ma-
orité des actionnaires elle-même n'a pas eu qualité pour engager la
inorité dissidente ou absente, en dehors du pacte social tel qu'il
vait été primitivement consenti. Il faut donc conclure de tout ce
ui précède que de semblables changements, qui altèrent l'essence
ême de la Société, ne peuvent être que l'œuvre de l'expression
nanime de l'universalité des actionnaires, et qu'en un tel cas ceux
à qui composent la minorité dissidente sont fondés à demander, en
e qui les concerne, l'annulation des statuts, et par suite la restitution
es sommes qu'ils auraient payées.

II. — Insaisissabilité des chemins de fer.

SOMMAIRE.

3. Les chemins de fer ne peuvent être l'objet d'une expropriation forcée.

3. Un arrêté du 29 décembre 1848 avait placé sous le séquestre le chemin de fer de Paris à Sceaux. A la suite de cette mesure, des créanciers de la Compagnie concessionnaire firent saisir immobilièrement le chemin. Mais l'État intervint sur la poursuite, et soutint que les chemins de fer, étant des voies publiques, ne pouvaient être l'objet d'une expropriation forcée de la part des particuliers. Sur ce soutien, l'un des poursuivants abandonna la voie d'exécution qu'il avait choisie et prétendit qu'à défaut de payement de sa créance, soit par l'État, soit par son débiteur direct, il devait rentrer en possession de sa propriété, qui avait servi à l'établissement d'une partie du chemin.

Ces deux prétentions étaient l'une et l'autre mal fondées. En effet, le concessionnaire d'un chemin de fer n'est pas le véritable propriétaire du terrain sur lequel le chemin est établi. Par leur nature de voie publique, les chemins de fer ne sont point susceptibles d'une propriété privée. Car, il est impossible d'admettre qu'une telle voie, créée pour l'usage de tous, puisse être soumise aux modifications partielles ou totales que subit la propriété privée, modifications qui peuvent résulter de ventes, donations, expropriations, etc. ; et la destruction de la moindre parcelle d'un chemin de fer détruirait la totalité de la voie, ce qui serait en opposition la plus évidente avec la création même du chemin.

Sous un autre rapport, la seule chose qui soit réellement accordée aux concessionnaires d'un chemin de fer, c'est l'autorisation de percevoir des droits de péage et des prix de transport déterminés et fixés par l'autorité et non pas un droit à la propriété du chemin. Ce serait en vain que, pour détruire cette vérité, on se prévaudrait du mot *propriété*, qui se rencontrerait dans quelques dispositions d'un cahier des charges. Ce mot, qui serait mal choisi d'ailleurs, n'aurait d'autre portée que de servir à désigner le genre spécial de possession qui appartient au concessionnaire. Ainsi, le concessionnaire d'un chemin de fer n'en étant pas propriétaire dans le sens juridique du mot, l'expropriation n'en peut être poursuivie sur lui.

D'un autre côté, il ne peut exister sur le sol d'un chemin de fer aucune hypothèque valable, ni aucun droit de résolution. Non-seulement ce point ressort de l'impossibilité qu'il y a à ce que l'exercice d'un droit privé anéantisse l'usage d'une voie publique, mais encore il est établi par la loi du 3 mai 1841 sur l'expropriation pour cause d'utilité publique, qui dispose, *d'une part*, dans son article 17 (1), que les créanciers inscrits n'auront pas la faculté de surenchérir, ce qui est un signe non équivoque de toute cessation des effets hypothécaires comme ils sont établis par le Code Napoléon (art. 2185); *d'autre part*, dans son article 18 (2), que les actions en résolution, en revendication, et autres actions réelles, n'ont d'effet que sur le prix.

Quant au privilége sur les parcelles expropriées résultant de la qualité de précédent propriétaire, ce privilége avait disparu en même temps que les immeubles avaient cessé d'être une propriété privée, et la décision du jury d'expropriation, qui n'est pas un jugement, non plus que l'ordonnance du magistrat directeur du jury, qui ne fait que rendre cette décision exécutoire, ne confèrent point aux propriétaires expropriés d'hypothèque judiciaire. Enfin, en ce qui touchait l'Etat et la prétention d'être payé par lui, il est évident que l'Etat, n'ayant pas la jouissance du chemin, ne peut, s'il n'a contracté aucun engagement particulier, être tenu, à aucuns égards, du payement des dettes du concessionnaire. — Tribunal civil de la Seine, 27 juillet 1850, l'Etat et la Compagnie du chemin de fer de Sceaux, contre Legrain et autres.

---

(1) Article 17 de la loi du 3 mai 1841 : « .... Les créanciers inscrits n'auront, dans aucun cas, la faculté de surenchérir ; mais ils peuvent exiger que l'indemnité soit fixée conformément au titre IV. »

(2) Article 18 de la loi du 3 mai 1841 : « Les actions en résolution, en revendication et toutes autres actions réelles, ne pourront arrêter l'expropriation ni en empêcher l'effet ; le droit des réclamants sera transporté sur le prix, et l'immeuble en demeurera affranchi. »

TITRE DEUXIÈME.

Des concessions et de l'approbation du tracé des chemins de fer.

CHAPITRE Ier. — DES CONCESSIONS.

I. — DE L'INTERPRÉTATION DES ACTES DE CONCESSION.

II. — DES RECOURS EN CAS D'INEXÉCUTION DES CLAUSES DE L'ACTE DE CONCESSION.

III. — DU DROIT A LA RÉSILIATION DE L'ACTE DE CONCESSION.

IV. — DU DROIT DE CÉDER A UN TIERS LA CONCESSION.

I. — De l'interprétation des actes de concession.

SOMMAIRE.

4. L'interprétation d'un acte de concession appartient à l'autorité administrative.

5. Lorsqu'il est dit dans le cahier des charges de la concession d'un chemin de fer que le conseil de préfecture connaîtra des contestations élevées sur l'interprétation et l'exécution des clauses de la concession, cette attribution de juridiction s'applique à la question de savoir si les concessionnaires supporteront les frais d'établissement d'un service spécial d'octroi au débarcadère du chemin de fer.

6. La Compagnie concessionnaire d'un chemin de fer peut-elle être empêchée d'opérer des transports, par la voie ordinaire, en dehors de sa ligne ?

4. Lorsqu'une clause de l'acte de concession d'un chemin de fer est obscure, l'interprétation appartient à l'autorité administrative et le tribunal saisi doit surseoir à statuer jusqu'à ce que l'autorité admi-

4

nistrative ait prononcé. — Cour impériale de Lyon, 1er juillet 1836, Durand et Berthon contre Compagnie du chemin de fer de Saint-Etienne.

5. Et même lorsqu'il est dit dans le cahier des charges de la concession d'un chemin de fer que le conseil de préfecture connaîtra des contestations entre l'Administration et la Compagnie sur l'interprétation et l'exécution des clauses de la concession, cette attribution de juridiction s'applique à la question de savoir si les concessionnaires supporteront les frais d'établissement d'un service spécial d'octroi au débarcardère du chemin de fer.

Ce serait en vain que, dans l'intérêt de la Compagnie concessionnaire, on soutiendrait, pour décliner la compétence du conseil de préfecture, que le cahier des charges n'attribuerait compétence à ce conseil que pour les contestations qui réuniraient le double caractère : 1° De porter sur l'interprétation et l'exécution des clauses de la concession ; 2° de s'agiter entre l'Administration et la Compagnie concessionnaire, tandis que, d'une part, aucune clause de l'acte de concession n'étant relative au service de l'octroi dans la gare du chemin de fer, il n'y aurait alors ni à interpréter, ni à exécuter une clause de l'acte de concession, et que, d'autre part, la contestation n'existerait pas entre la Compagnie et l'Administration générale.

Malgré le silence de l'acte de concession sur ce point, il ne s'agit pas moins d'une question relative à l'interprétation du cahier des charges annexé à la loi de concession intéressant l'administration, question qui, d'après la disposition du cahier des charges, doit être jugée administrativement par le conseil de préfecture. — Conseil d'Etat, 16 juillet 1840, Compagnie du chemin de fer de Paris à Saint-Germain, contre le préfet de la Seine.

6. La Compagnie concessionnaire d'un chemin de fer peut-elle être empêchée d'opérer des transports, par la voie ordinaire, en dehors de sa ligne?

La société Xavier Pflug, entreprise de roulage, déniait à la Compagnie du chemin de fer de Strasbourg à Bâle, comme lui étant interdit absolument par la législation relative aux chemins de fer, le droit d'opérer, par la voie ordinaire, des transports en dehors de son parcours et de ses stations. La cour de Colmar, accueillant cette prétention, avait fait défense à cette compagnie de transporter à l'avenir des marchandises sur les routes collatérales et incidentes placées en dehors de ce chemin, et ce, sous peine de dommages-intérêts. Mais, une telle défense générale, qui constituait une prohibition avec clause pénale, n'entrait pas évidemment dans le domaine de l'autorité judiciaire, qui ne peut prononcer que sur des faits accomplis, et violait ouvertement le texte de l'article 5 du Code Napoléon, aux termes duquel il est défendu aux juges de prononcer, par voie de disposition générale ou réglementaire, sur les causes qui leur sont soumises. — Cour de cassation, 7 juillet 1852, chemin de fer de Strasbourg à Bâle contre Pflug et compagnie.

II. — Des recours en cas d'inexécution des clauses de l'acte de concession.

SOMMAIRE.

7. La décision ministérielle rendue sur la réclamation d'une Compagnie, à raison de l'inexécution des clauses de la concession, ne met pas obstacle à ce que les mêmes griefs soient portés devant le conseil de préfecture.

7. Sur une demande d'indemnité, qui lui avait été adressée par la Compagnie fermière de l'exploitation du chemin de fer de Montpellier à Nîmes, qui se fondait sur ce que ce chemin ne lui avait pas été livré dans les conditions exprimées au cahier des charges, M. le Ministre des finances avait rendu une décision par laquelle il rejettait cette demande.

La Compagnie se pourvut contre cette décision, et le commissaire du gouvernement soutint que la réclamation de la Compagnie, soulevant une question d'exécution du cahier des charges, devait être portée devant le conseil de préfecture, auquel la loi, qui avait autorisé la concession faite à la Compagnie, attribuait la connaissance de ces questions. Il ajoutait que la décision ministérielle, qui avait déjà ranché la contestation, ne mettait nullement obstacle à ce que le

conseil de préfecture en fût saisi, le Ministre n'ayant pu vouloir statuer sur la connaissance d'un litige qui sortait de ses attributions.

Il fut, en effet, jugé que la décision attaquée ne faisait pas obstacle
à ce que la Compagnie fît valoir devant le conseil de préfecture les
droits qu'elle se croirait fondée à exercer contre l'Etat. — Conseil
d'Etat, 5 juin 1848, chemin de fer de Montpellier à Nîmes, contre Ministre des finances.

III. — Du droit à la résiliation de l'acte de concession.

SOMMAIRE.

8. La Compagnie concessionnaire d'un chemin de fer ne peut attaquer devant
le conseil d'Etat, par la voie contentieuse, sous prétexte d'une concurrence
ruineuse, le décret qui règle le tarif des droits de navigation à percevoir sur
un canal.

L'exécution de ce tarif ne peut donner lieu de la part de la Compagnie qu'à
une demande en résiliation de la concession, avec dommages-intérêts, devant
le conseil de préfecture, si elle s'y croit fondée.

9. Les propriétaires d'un canal de navigation n'ont pas davantage le droit de se
pourvoir devant le conseil d'Etat contre l'acte du Gouvernement relatif à
l'établissement d'un chemin de fer dans le voisinage de ce canal.

8. La Compagnie du chemin de Montpellier à Cette s'était pourvue
devant le conseil d'Etat en annulation d'un décret du président
de la République du 16 août 1851, qui avait réduit les droits de navigation à percevoir sur le canal des Etangs, qui forme un embranchement du canal de Lez, prétendant que cette réduction la mettait
dans l'impossibilité de soutenir la concurrence que lui faisait le propriétaire du canal de Lez, pour le transport des marchandises de
Montpellier à Cette, puisque celui-ci, obligé autrefois de payer sur le
canal des Etangs un droit de navigation de dix centimes par tonne
et par kilomètre, ne payait plus, par suite de la réduction, qu'un
demi-centime.

Mais, on a dit que le décret qui avait réglé le tarif des droits de navigation à percevoir sur le canal des Etangs était un acte d'administration rendu dans un intérêt public; qu'il n'avait été pris par l'Etat, envers la Compagnie du chemin de fer de Montpellier à Cette, aucun engagement relatif à ce tarif; que dès lors la Compagnie était sans qualité pour attaquer devant le conseil d'Etat par la voie contentieuse un acte de cette nature.

Toutefois, il a été proclamé que, si la Compagnie se croyait fondée à demander la résiliation, avec dommages-intérêts, de la concession à elle faite, cette contestation relative à l'exécution et à l'interprétation des clauses du cahier des charges annexé à la loi de concession, devait être, aux termes dudit cahier des charges, préalablement soumise au conseil de préfecture, mais ne pouvait pas être portée directement devant le conseil d'Etat. — Conseil d'Etat, 17 février 1853, Compagnie du chemin de fer de Montpellier à Cette.

9. Les propriétaires d'un canal de navigation seraient également sans qualité pour attaquer devant le conseil d'Etat, par la voie contentieuse, l'acte du Gouvernement, qui approuverait l'adjudication passée pour l'établissement d'un chemin de fer dans le voisinage de ce canal; cet acte constituant aussi un acte d'administration.—Conseil d'Etat, 22 novembre 1826, Compagnie du canal de Givors.

IV. — Du droit de céder à un tiers la concession.

SOMMAIRE.

10. La concession d'un chemin de fer ne peut être cédée à un tiers sans l'assentiment du Gouvernement.

10. La concession d'un chemin de fer peut être cédée à un tiers par celui qui l'a obtenue. Mais elle ne peut l'être valablement qu'avec l'assentiment du gouvernement.

En effet, la concession d'un chemin de fer par l'Etat à des particuliers leur est accordée en vue des garanties qu'ils présentent pour l'exécution et l'exploitation de cette entreprise d'utilité générale. Or, il serait contraire à l'ordre et à l'intérêt public qu'elle pût, sans le consentement du Gouvernement, être transmise, par ceux qui l'ont obtenue, à des tiers, qui pourraient ne pas offrir les mêmes garanties. Si donc le ministre du commerce et des travaux publics a refusé son approbation au traité de cession, ce traité doit être déclaré nul et de nul effet.—Cour de cassation, 14 février 1859, Mancel contre Jumelais et Pitois.

CHAPITRE II. — DE L'APPROBATION DU TRACÉ DES CHEMINS DE FER.

§ *unique.* — CONDITIONS DE CETTE APPROBATION.

SOMMAIRE.

11. Les conditions de l'approbation du tracé d'un chemin de fer sont celles énoncées dans le cahier des charges de la concession.

12. Aussi, pour prix de cette approbation, la Compagnie concessionnaire d'un chemin de fer ne peut pas être obligée de livrer gratuitement à l'État le terrain nécessaire à l'élargissement d'une voie publique aboutissant à la gare, si cette obligation ne résulte pas du cahier des charges.

11. Les conditions de l'approbation du tracé d'un chemin de fer sont celles énoncées dans le cahier des charges de la concession, qui fixe l'étendue des obligations de la Compagnie concessionnaire.

12. Aussi, lorsqu'il est dit dans le cahier des charges annexé à la loi de concession que tous les terrains destinés à servir d'emplacement aux chemins de fer et à toutes leurs dépendances, telles que gares de croisement et de stationnement, lieux de chargement et de déchargement, ainsi qu'au rétablissement des communications déplacées ou interrompues, et de nouveaux lits des cours d'eau, seront achetés et payés par la Compagnie; cette Compagnie n'est tenue d'acheter et de payer que les terrains destinés à servir d'emplacement aux chemins de fer et à toutes leurs dépendances, et à rétablir les communications déplacées ou interrompues. Dès lors , la décision par laquelle le Ministre des travaux publics a approuvé le tracé du chemin à la condition que (dans l'espèce de la décision que nous rapportons ici) la largeur du quai sud du bassin à flot de la ville de Dieppe serait portée de 30 à 45 mètres aux abords de la gare, n'a pu avoir pour effet de mettre à la charge de la Compagnie l'acquisition du terrain jugé nécessaire pour opérer cet élargissement. — Conseil d'Etat, 20 décembre 1855, chemin de fer de Dieppe et de Fécamp.

TITRE TROISIÈME.

Des actions et obligations de chemins de fer.

—————

I. — DE LA VALEUR DES SOUSCRIPTIONS D'ACTIONS DE CHEMINS DE FER.

II. — DE LA VENTE OU NÉGOCIATION DES RÉCÉPISSÉS PROVISOIRES DE SOUSCRIPTIONS D'ACTIONS.

III. — DU DROIT A LA DÉLIVRANCE DE TITRES PAR DUPLICATA. — ÉMISSION, PAR UN EMPLOYÉ SUBALTERNE, D'OBLIGATIONS FAUSSES. — DROIT DE MUTATION APRÈS DÉCÈS.

I. — De la valeur des souscriptions d'actions de chemins de fer.

SOMMAIRE.

13. La souscription d'actions d'un chemin de fer non encore adjugé ne devient réciproquement obligatoire, pour les souscripteurs et les administrateurs-fondateurs de la société, que par le versement des à-compte exigés.

14. Les actionnaires d'une Compagnie de chemins de fer peuvent-ils refuser de payer le montant de leurs actions, sous le prétexte que les travaux n'ont point été achevés dans le temps convenu, si le retard n'a point fait prononcer de déchéance contre la Compagnie;

Et la Compagnie a-t-elle le droit de faire vendre à la Bourse les titres des actionnaires en retard de payer ?

13. La souscription d'actions d'un chemin de fer non encore adjugé ne devient réciproquement obligatoire, pour les souscripteurs et les administrateurs-fondateurs de la société que par le versement des à-compte exigés.

Par acte passé devant notaire, à Paris, les 5 et 13 mai 1845, un projet de société avait été formé au capital de 180,000,000 de francs, représentés par 360,000 actions de 500 francs, entre Pepin-Lehalleur et autres, comme administrateurs-fondateurs d'une part, et les propriétaires des actions à créer d'autre part ; cette société ayant pour objet de soumissionner, soit l'établissement, soit l'exploitation à concéder par le Gouvernement du chemin de fer de Paris en Belgique avec ses embranchements. Les sieurs Barreau et autres avaient demandé à souscrire pour un certain nombre d'actions, et la Compagnie leur avait délivré un récépissé, en déclarant accepter leurs souscriptions. Mais, invités à les régulariser dans les termes des statuts et dans des délais, qui leur avaient été volontairement accordés, les sieurs Barreau et consorts étaient restés inactifs, et, lorsqu'ils réclamèrent la remise des actions leur revenant, ils éprouvèrent un refus fondé sur ce qu'ils n'avaient pas versé les 2/10e de leurs souscriptions, ni dans les termes des statuts, c'est-à-dire en souscrivant, ni dans les délais qui avaient pu leur être accordés; et la Société soutint que le défaut de versement avait suffi pour empêcher la formation du lien social.

Or, il était vrai que la loi du 15 juillet 1845, qui autorisait l'adjudication de la concession du chemin de fer de Paris en Belgique, avait imposé aux Compagnies soumissionnaires le dépôt de leurs statuts, le versement préalable d'une partie du capital et la représentation du registre à souche ou de l'état constatant les engagements réciproques des fondateurs et des souscripteurs, les versements reçus et la répartition du capital social. De leur côté, conformément aux prescriptions de la loi, les administrateurs-fondateurs du projet de société avaient stipulé dans les statuts que le versement des deux premiers dixièmes aurait lieu en souscrivant et sur récépissé signé de trois administrateurs.

Il était donc juste de reconnaître que c'était seulement par la souscription effectuée dans les termes des statuts que se formait, entre les fondateurs et les souscripteurs, non le lien social proprement dit, puisque la Société n'était pas encore définitivement constituée, mais l'engagement réciproque dont l'autorité exigeait la justificàtion pour apprécier la solidité des Compagnies et les admettre à concourir. Dès lors, il |ne pouvait y avoir de souscription définitive et obligatoire, et par conséquent d'engagement réciproque, sans le versement préalable des deux dixièmes; et, jusqu'à l'accomplissement de cette condition essentielle, les publications et circulaires de toutes sortes, les demandes d'actions, les admissions à souscrire, n'étaient que des préliminaires de négociation, des échanges d'intention manifestée, qui ne pouvaient former un lien sérieux entre les parties, et que celles-ci étaient, au contraire, toujours libres de modifier ou d'abandonner jusqu'au moment de la réalisation de l'engagement en la forme voulue. La loi du 15 juillet elle-même avait consacré ces principes dans l'intérêt des sociétés et des véritables souscripteurs, dans celui de la morale publique et de l'autorité responsable vis-à-vis de tous de la sincérité des adjudications, en refusant toute valeur comme tout caractère aux promesses d'actions, et même aux récépissés provisoires jusqu'après la constitution définitive de la Société.

Ainsi, après avoir, par leurs retards, paralysé la réalisation du capital et rendu douteux le concours à l'adjudication et, par suite, la formation de la Société projetée, les sieurs Barreau et consorts étaient sans droit pour forcer ultérieurement les administrateurs à recevoir leurs capitaux. Aucune mise en demeure n'était d'ailleurs nécessaire pour déterminer la résolution d'un contrat qui n'existait pas encore, et elle eût été sans intérêt comme sans résultat utile en présence des conditions et des termes de rigueur imposés par la loi aux Compagnies soumissionnaires des chemins de fer.—Cour impériale de Paris, 1ᵉʳ octobre 1845, Barreau et autres, contre compagnie Pépin-Lehalleur.

14. Les actionnaires d'une Compagnie de chemin de fer peuvent-ils refuser de payer le montant de leurs actions, sous le prétexte que les travaux n'ont point été achevés dans le temps convenu, si le retard n'a point fait prononcer de déchéance contre la Compagnie ;

Et la Compagnie a-t-elle le droit de faire vendre à la Bourse les titres des actionnaires en retard de payer ?

Il s'agissait des embranchements de Dieppe et de Fécamp sur le chemin de fer de Rouen au Havre. Le cahier des charges annexé à la loi de concession imposait. à la Compagnie concessionnaire, sous peine de déchéance, l'obligation de construire en entier les embranchements dans les trois années, à compter de la date de l'ordonnance approbative de la convention, de commencer les travaux dans l'année à compter de la même époque, et d'imprimer aux travaux une activité telle qu'ils fussent parvenus à moitié de leur achèvement vers la fin de la seconde année. Ces délais furent dépassés; des actionnaires nombreux refusèrent de verser les dixièmes échus de leurs engagements, et la Compagnie fit vendre leurs actions par un agent. de change. De là les deux questions que nous venons de poser.

Or, aux termes des statuts annexés à l'ordonnance, qui les avait approuvés, les administrateurs de la Société avaient été autorisés, en cas de non-payement, aux échéances fixées, d'un ou de plusieurs des cinq premiers dixièmes de chaque action, à faire vendre sur duplicata les actions des souscripteurs ou porteurs retardataires, après l'accomplissement des formalités prescrites pour avertir les intéressés et constater leur mise en demeure. C'était là un droit dont la Société était libre d'user, après toute mise en demeure, sans que les retardaires pussent s'excuser de leur retard, en prétendant que la Compagnie concessionnaire elle-même avait manqué à ses obligations, en n'employant pas les fonds sociaux de la manière qu'ils devaient l'être. Car, si l'inexécution définitive d'une partie de l'entreprise en vue de laquelle la Société s'est formée peut fournir aux actionnaires une raison de droit pour s'en retirer, un simple retard de se mettre à l'œuvre n'autorise aucun recours légal contre la Société.

Si, d'après le cahier des charges, la Compagnie devait exécuter les embranchements de Dieppe et de Fécamp, d'abord dans un délai de trois ans, puis de quatre ans et demi, il était dit qu'au cas où ce terme serait dépassé, le Gouvernement n'aurait qu'une simple faculté de constituer la Compagnie en déchéance. Mais le Gouvernement n'avait point usé de cette clause de rigueur. Il était donc impossible, alors que les obligations de la Compagnie étaient demeurées entières vis-à-vis de l'Etat, de qui procédait la concession, que les actionnaires eussent eu, en même temps, le pouvoir de faire tomber l'entreprise, par le non-acquittement des versements destinés à former le capital avec lequel seulement elle devait être accomplie. D'ailleurs, à l'époque de la vente des titres de l'actionnaire en retard de payement, la Compagnie était encore dans le délai qui lui avait été imparti. Elle avait donc usé de son droit, et en décider autrement, c'était violer les statuts et l'article 1134 du Code Napoléon (1), qui veut que les conventions régulièrement formées tiennent lieu de loi aux parties contractantes. — Cour de cassation, 10 mai 1859, chemin de fer de l'Ouest contre Maréchal. — Langangne et autres. — Cour impériale d'Orléans, 3 février 1860, chemin de fer de l'Ouest contre Maréchal.

II. — De la vente ou négociation des récépissés provisoires de souscription d'actions.

SOMMAIRE.

15. La vente ou négociation, par une voie commerciale quelconque, des récépissés provisoires de souscription d'actions de chemins de fer est nulle.

16. Les modes de transmission du droit civil sont seuls autorisés à cet égard.

17. La vente ou cession faite, même suivant un mode de transmission du droit civil, est nulle, si la Compagnie, qui a reçu la souscription, n'a point obtenu la concession de l'entreprise du chemin.

18. La nullité de la négociation entraîne celle des conventions accessoires ayant pour objet la garantie de la négociation elle-même.

19. La nullité attachée par la loi du 15 juillet 1845 à la négociation des sous-

---

(1) Voir page 44, note 2.

criptions d'actions de chemins de fer est couverte par la ratification de l'opération depuis que les actions ont été régulièrement émises au parquet de la
Bourse.

15. La vente ou négociation par voie commerciale des récépissés provisoires de souscriptions d'actions de chemin de fer est-elle
valable ?

Une loi du 15 juillet 1845, autre que celle de même date sur la
police des chemins de fer, porte , titre vii, dispositions générales,
article 8, que *les récépissés de souscriptions ne sont point négociables.* C'est dans les dispositions de cette loi spéciale, et surtout
dans l'esprit qui les a inspirées, que l'on doit puiser les motifs de
solution de la question générale qui précède.

Il résulte certainement de la discussion dans les deux chambres
que le législateur , justement alarmé des progrès de l'agiotage, a
voulu lui imposer un frein, sans nuire toutefois à l'entreprise des
chemins de fer, sans arrêter l'élan des capitaux vers cette industrie,
sans inquiéter le crédit public. Tel a été le double objet des
articles 8, 9 et 13 de cette loi, dont les prohibitions doivent être, par-
conséquent, strictement restreintes dans les limites qu'elle a
posées.

On pourrait donc penser que, si l'article 8 a déclaré que les
récépissés de souscription ne sont pas négociables, le législateur a
eu seulement en vue d'empêcher la circulation de ce papier par la
voie trop facile et trop prompte de l'endossement.

Cependant il faut reconnaître que la loi de 1845 va plus loin, et
qu'elle prohibe la négociation des promesses d'actions de chemins
de fer, non-seulement lorsque cette négociation a lieu par la voie
de l'endossement, mais encore lorsqu'elle a lieu par toute autre voie
commerciale. Si, dans certains passages de la discussion par-
lementaire soulevée à l'occasion des articles 10 et 13 de cette loi, il
est parlé de la négociation par voie d'endossement ; ces expressions,
dans la bouche de l'orateur, qui les a employées, n'ont eu ni pu
avoir le sens exclusif et limité d'une transmission par voie d'endossement proprement dit. En effet, l'endossement, dans son sens
strict, suppose un titre nominal créé à l'ordre d'un premier pro-

priétaire, qui peut, en remplissant les formalités prescrites par l'article 137 du Code de commerce, transmettre sa propriété à un second, et ainsi successivement. Mais, ce mode de transmission ne peut être employé que pour les titres. à l'égard desquels il est expressément autorisé par la loi. Or, en 1845, lors de la loi du 15 juillet, aucuns récépissés de souscription pour chemins de fer n'avaient encore été souscrits en cette forme, et ni la loi commerciale, ni aucune loi spéciale de chemins de fer n'avaient autorisé la souscription de récépissés ou de promesses d'actions, ni même la création d'actions définitives de chemins de fer transmissibles à ordre. Dès lors, les seuls modes de leur transmission ne pouvant se puiser que dans la loi générale commerciale ou dans le droit civil, personne, lors de la discussion de cette loi de 1845, n'avait pu avoir la pensée de prévoir et de prohiber précisément et exclusivement le seul mode de transmission qui n'existait pas en fait et qui ne pouvait exister en droit, par cela seul que cette loi eût gardé le silence. Aussi, tout le débat avait-il porté sur le sens du mot *négociation*, qui a été reconnu embrasser l'emploi de tout mode de transmission commerciale trop facile et trop favorable à la spéculation et à l'agiotage que la loi voulait prévenir. Les mots : *négociation par voie d'endossement* ont été, pour l'orateur qui les a employés, synonymes ou équivalents de ceux-ci : *négociations commerciales.*

La prohibition conçue en termes généraux comprend donc toute espèce de négociation par la voie commerciale desdits récépissés ou promesses d'actions. Elle doit s'appliquer surtout aux négociations faites dans les coulisses de la Bourse et dans la forme des opérations de Bourse, lesquelles sont plus facilement susceptibles de donner lieu à l'agiotage qu'il s'est agi d'empêcher. — Cour impérial d'Orléans, 19 février, 17 août 1848, Caillet contre Caisse commerciale du Loiret; — 16 novembre 1848, Lysniewski contre la même caisse. — Cour de cassation, 12 août 1851, Caisse commerciale du Loiret contre Caillet.

16. Mais il faut dire que les modes de transmission du droit civil sont restés autorisés, et le rapporteur de la loi l'a clairement expliqué.

En effet, le législateur ne pouvait entendre interdire d'une manière absolue la cession ou la vente de ces récépissés par les voies du droit commun. Il n'eût pu prononcer cette interdiction sans effrayer les capitalistes, sans tenir en suspens l'esprit d'association, qui seul permet de réaliser de grandes entreprises, et aussi sans porter atteinte à des droits légitimement acquis. D'ailleurs, en exigeant, par l'article 7, des Compagnies, qui se proposent de devenir adjudicataires, qu'elles aient délivré des titres premiers à leurs souscripteurs sur le versement des cinq dixièmes des actions, la loi semble avoir reconnu, au profit de ceux-ci, un droit de créance conditionnelle résultant du titre provisoire, c'est-à-dire du récépissé; et, si elle eût voulu absolument paralyser ce droit dans les mains des souscripteurs, elle eût employé une expression générale, qui eût compris tous les modes de cession ou de transport des droits incorporels. — Arrêts de la cour impériale d'Orléans déjà cités. — Cour impériale de Paris, 31 juillet 1852, Taylor contre syndic Larade.

17. La vente ou cession faite, même suivant un mode de transmission du droit civil, est nulle, si la Compagnie qui a reçu la souscription n'a point obtenu la concession de l'entreprise du chemin, encore bien qu'il y ait eu depuis l'adjudication fusion des deux Compagnies et que le vendeur fasse l'offre de remettre des actions définitives de la Compagnie adjudicataire. — Cour impériale de Paris, 20 novembre 1848, Vexel et Hardy.

18. Et comme, aux termes de l'article 2012 du Code Napoléon, le cautionnement ne peut exister que sur une obligation valable, il s'ensuit que le contrat accessoire, dont le sort ne saurait être séparé de celui de l'obligation principale, tombe avec elle; de sorte que la nullité de la négociation des récépissés ou promesses d'actions prononcée par la loi et fondée sur des motifs d'ordre public entraîne celle des conventions accessoires ayant pour objet la garantie de la négociation elle-même. — Cour impériale de Paris, 14 mars 1849, syndic Larade contre Savalette.

19. Toutefois, il convient de remarquer que si, après que les

actions ont été régulièrement émises au parquet de la Bourse, il y a
eu ratification de l'opération par les parties; la nullité dont la
négociation des récépissés provisoires ou promesses d'actions était
entachée se trouve couverte et ne peut plus être valablement opposée, à moins encore que la négociation n'ait simplement que le
caractère des jeux de bourse prohibés, la ratification ne devant produire effet que dans le cas où il s'agit d'une opération sérieuse. —
Cour impériale de Paris, 5 décembre 1849, Vancek contre Gaillard
et Rampin.

**III. — Du droit à la délivrance de titres par duplicata. — Emission,
par un employé subalterne, d'obligations fausses. — Droit de mutation après décès.**

SOMMAIRE.

20. Un propriétaire d'actions de chemins de fer peut, dans certains cas et sous
certaines conditions, demander qu'il lui soit délivré de nouveaux titres par
duplicata.

21. Une Compagnie de chemin de fer peut n'être pas responsable des faits de
son employé, qui a frauduleusement détaché des feuilles d'obligations des registres à souche et en a fait usage, après les avoir falsifiées.

22. Le droit proportionnel d'enregistrement pour mutation par décès n'est pas
dû sur les actions d'une Compagnie de chemins de fer établie en France pour
l'exploitation d'un chemin de fer étranger.

20. Le propriétaire d'actions de chemins de fer, privé, par un
cas de force majeure, de la possession des titres constatant sa propriété, est fondé à demander qu'il lui en soit délivré de nouveaux
par duplicata.

Il serait contraire à l'équité que la Compagnie que ces titres concernent pût profiter d'un accident dont son actionnaire serait alors
victime. Il suffit donc de prendre des mesures qui sauvegardent les

intérêts de la Compagnie au cas où les actions viendraient à être présentées par un nouveau porteur. Or, on évite tout inconvénient en prescrivant qu'il sera fait délivrance, par la Compagnie, de nouveaux titres nominatifs par duplicata, énonciatifs de la cause de cette délivrance, avec la stipulation que jamais la société ne sera tenue de reconnaître en même temps les titres primitifs et les titres nouveaux, et sous la condition que les dividendes afférents auxdites actions seront déposés et resteront à la caisse des dépôts et consignations jusqu'à ce que la prescription spéciale en cette matière soit acquise. — Tribunal de commerce de Paris, 14 février 1853, Broquet contre le chemin de fer de Strasbourg à Bâle.

21. La cession, par l'employé d'une Compagnie de chemin de fer, d'obligations fausses qu'il a fabriquées, en détachant frauduleusement des feuilles des registres à souche, rend-elle la Compagnie responsable vis-à-vis des tiers ?

Un sieur Courtin, employé dans les bureaux de la Compagnie du chemin de fer de Rouen au Havre, avait cédé à un sieur Chapelle huit obligations de cette Compagnie. Lorsque le cessionnaire demanda le payement des intérêts de ces obligations, la Compagnie refusa par le motif qu'elles étaient fausses. Courtin, qui avait détaché des registres à souche les huit obligations sur lesquelles se trouvait apposée à l'avance l'une des trois signatures dont elles devaient être revêtues pour être régulièrement émises, avait falsifié les deux autres signatures. Chapelle soutint que la Compagnie devait répondre des faits de son employé et qu'elle s'était au moins rendue coupable de négligence en laissant ainsi à un employé les moyens de tromper les tiers.

Mais il était établi que les rapports qui avaient existé entre Chapelle et Courtin n'avaient eu lieu que pour des affaires personnelles à ce dernier et non en raison de ses fonctions comme employé dans les bureaux du chemin de fer ; dès lors, il n'y avait pas lieu à l'application des dispositions de l'article 1384 du Code Napoléon (1). D'ailleurs tout cessionnaire suit la foi de son cédant,

----

(1) Article 1384 du Code Napoléon : « On est responsable non-seulement du dommage que l'on cause par son propre fait, mais encore de celui qui est causé

et Chapelle ne pouvait s'en prendre qu'à lui-même du préjudice résultant de la confiance qu'il avait eue en Courtin : aussi sa prétention fut-elle rejetée. — Cour impériale de Paris, 19 mai 1848, Chapelle contre le chemin de fer de Rouen au Havre,

22. Les actions d'une Compagnie de chemin de fer établie en France pour l'exploitation d'un chemin de fer étranger, léguées par un français à un autre français, ne sont point passibles du droit proportionnel d'enregistrement dû ordinairement en matière de mutation par décès.

La loi de l'impôt n'a d'empire que sur les biens situés en France. Ce principe a été explicitement consacré par un avis du conseil d'Etat du 6 vendémiaire an XIV, approuvé le 10 brumaire suivant, et portant que le droit proportionnel, pour toute transmission ou mutation de propriété à quelque titre que ce soit, est un impôt, qui ne peut atteindre les propriétés situées hors du territoire sur lequel il est établi. Les actions d'un chemin de fer situé en pays étranger constituent des droits qui ne peuvent être séparés de l'exploitation de ce chemin. En conséquence, les actions représentatives du droit à la concession et à l'exploitation d'un chemin dans ces circonstances, ayant leur objet matériel en pays étranger, doivent être réputées biens situés en pays étranger ; et, par suite, elles ne sont pas assujetties au droit proportionnel de mutation par décès.—Cour de cassation, 31 mai 1848, l'administration de l'enregistrement contre les héritiers Taphinon.

---

par le fait des personnes dont on doit répondre, ou des choses que l'on a sous sa garde.

..... Les maîtres et les commettants (sont responsables) du dommage causé par leurs domestiques et préposés dans les fonctions auxquelles ils les ont employés. »

TITRE QUATRIÈME.

De la construction des chemins de fer et suites.

CHAPITRE Iᵉʳ. — DE LA CONSTRUCTION.

I. — DES CONVENTIONS.

II. — DES GARES ET EMBARCADÈRES.

III. — ÉTABLISSEMENT DES LIGNES ET CONFECTION DE LA VOIE.

IV. — DES OUVRAGES D'ART.

V — DES FOURNITURES DE MATÉRIAUX ET DES SALAIRES DES OUVRIERS EMPLOYÉS A LA CONFECTION DES LIGNES.

I. — Des conventions.

SOMMAIRE.

23. A qui appartient l'interprétation des conventions relatives à la construction des chemins de fer?

23. Les sieurs Parent, Schaken et Borguet, chargés de travaux de terrassements et de ballastage sur le chemin de fer de Strasbourg, s'étaient engagés envers le sieur Savalète à lui tenir compte de 2 p. 0/0 sur le montant des sommes qu'ils encaisseraient à l'occasion de ces travaux, et cela en reconnaissance du concours que Savalète leur prêterait auprès de la Compagnie, ainsi que de l'obligation qu'il prenait de leur ouvrir un crédit de 50,000 francs à leur première réquisition.

Il s'agissait de savoir quel était le sens et l'étendue de la convention intervenue entre les parties. La question avait été portée devant l'autorité judiciaire et jugée sur appel par la cour de Paris, contre l'arrêt de laquelle il y avait eu pourvoi en cassation fondé sur l'unique moyen tiré de la violation du décret du 21 janvier 1854, approuvant des modifications aux statuts de la Compagnie du chemin de fer de Paris à Strasbourg, et des lois sur la séparation des pouvoirs administratif et judiciaire ; mais le pourvoi fut rejeté.

En effet, il était du devoir du juge de rechercher dans les faits et les circonstances de la cause, dans la correspondance des parties et dans les documents respectivement produits, quelle avait été l'intention des contractants et à quelles entreprises se rapportait la promesse faite au sieur Savalète par les sieurs Parent, Schaken et Borguet.

Or, il avait été reconnu et formellement constaté par l'arrêt attaqué que la convention ne portait que sur les travaux effectués par la Compagnie de Strasbourg sur la ligne directe de Paris à Strasbourg, la seule que les parties eussent en vue, et sur ses embranchements tels qu'ils existaient alors, et qu'elle ne pouvait pas s'appliquer aux travaux entrepris plus tard sur la ligne de Paris à Mulhouse, dont la concession n'avait eu lieu que postérieurement. Cette double solution, en fait, rentrait évidemment dans les attributions souveraines des juges du fond et suffisait à justifier la décision attaquée.

D'ailleurs, et à supposer que la cour eût interprété le décret du 21 janvier 1854 au point de vue de son influence sur les intérêts et sur les conventions des parties privées, elle n'aurait pas en cela excédé ses pouvoirs et ne serait pas sortie du cercle de ses attributions, car l'approbation donnée par le gouvernement aux statuts et aux conventions relatives à des entreprises d'utilité publique n'enlève pas aux tribunaux ordinaires le droit, qui leur appartient, d'apprécier et même d'interpréter ces statuts et conventions dans tout ce qui se rattache aux intérêts privés des parties. — Cour de cassation, 31 janvier 1859, Savalète C. Parent et autres.

II. — Des gares et embarcadères.

SOMMAIRE.

24. Peut-on établir des gares où l'on veut, et qui a le droit de déterminer leur emplacement et leur surface ?

25. La décision du Ministre, qui fixe la largeur de la voie publique devant un embarcadère, est-elle susceptible d'un recours ?

24. Lorsque le cahier des charges annexé à la loi de concession d'un chemin de fer fixe le point de départ de ce chemin et sa direction, fixe également le nombre des gares, qui forment le complément indispensable de tout chemin de fer, et stipule que leur emplacement et leur surface seront ultérieurement déterminés, de concert entre la Compagnie et l'administration ; l'effet de cette stipulation est d'attribuer à l'autorité administrative le pouvoir d'affecter à l'établissement des gares tels terrains que bon lui semble, pourvu qu'ils fassent partie de ceux compris par la loi de concession dans les limites du chemin, et cela alors même qu'il s'agirait de propriétés qui ne devaient, d'après les prévisions de la loi de concession, n'être traversées qu'en souterrains, tandis que, par suite de leur affectation aux gares, elles le seront à tranchées ouvertes. — Cour de cassation, 9 janvier 1839, Riant, Mignon et autres C. Compagnie du chemin de fer de Saint-Germain.

25. La décision par laquelle le Ministre des travaux publics, en approuvant le projet du tracé d'un chemin de fer, fixe la largeur que doit avoir la voie publique devant un embarcadère, est un acte purement administratif. Aussi, cet acte n'est-il pas susceptible d'être attaqué par la voie contentieuse devant le conseil d'État. — Conseil d'État, 29 décembre 1853, Compagnie du chemin de fer de Dieppe et Fécamp.

III. — Etablissement des lignes et confection de la voie.

SOMMAIRE.

26. C'est à l'autorité administrative qu'il appartient de rechercher si une Compagnie est tenue d'exécuter certains travaux.

27. C'est également à l'autorité administrative qu'appartient le droit de fixer la largeur et l'emplacement de chemins de défruitement dont l'établissement a été prescrit par un arrêté préfectoral.

28. Les moellons provenant de déblais et employés à des remblais, sans avoir été préalablement triés, ne sont pas passibles du droit d'octroi à leur entrée dans les villes.

26. Par un arrêté, le préfet du Haut-Rhin avait mis la Compagnie du chemin de fer de Strasbourg à Bâle en demeure d'exécuter divers travaux de nivellement et d'assainissement aux fossés qu'elle avait pratiqués sur le territoire de certaines communes. La Compagnie ne tint aucun compte de cet arrêté. Les travaux furent exécutés d'office et une contrainte avait été décernée contre la Compagnie, afin de recouvrer les dépenses occasionnées par ces travaux. Mais la Compagnie s'opposa à l'exécution de cette contrainte et en demanda la nullité devant le conseil de préfecture, qui se déclara incompétent, en se fondant sur ce que cette opposition tendait à l'infirmation de l'arrêté préfectoral, alors qu'il n'appartient pas aux conseils de préfecture de réformer ni de modifier soit directement, soit indirectement, les arrêtés pris par les préfets.

L'arrêté du conseil de préfecture fut annulé. En effet, aux termes de l'article 4 de la loi du 28 pluviôse an VIII, les conseils de préfecture sont chargés de prononcer sur les difficultés qui peuvent s'élever entre les entrepreneurs de travaux publics et l'administration,

concernant le sens ou l'exécution des clauses de leurs marchés (1).
Or, la contestation soulevée par la Compagnie du chemin de fer de
Strasbourg à Bâle présentait la question de savoir si, aux termes de
son cahier des charges, elle était tenue d'exécuter, sur les territoires
des communes désignées dans l'arrêté du préfet, les travaux d'assainissement prescrits par cet arrêté. Dès lors, c'était à tort que le
conseil de préfecture s'était déclaré incompétent pour statuer sur
cette contestation. — Conseil d'État, 13 ljuillet 1850, Compagnie du
chemin de fer de Strasbourg à Bâle.

27. Et lorsqu'un arrêté préfectoral, approuvé par le Ministre
des travaux publics, a prescrit aux concessionnaires d'une voie de
fer, investis de tous les droits que les lois et règlements confèrent à
l'État pour l'exécution des travaux publics, l'établissement de chemins de défruitement, afin de remettre en communication avec la
voie publique un certain nombre de propriétés qui s'en trouvent dé-
tachées, l'autorité judiciaire ne doit pas connaître des actions de ces
propriétaires dirigées devant elle contre les concessionnaires et tendant non-seulement à mettre les propriétés enclavées, par suite de
la construction du chemin de fer, en communication avec la voie
publique, mais encore à faire déterminer la largeur et l'emplacement
de ces chemins de défruitement nécessaires pour établir cette communication. C'est à l'autorité administrative seule qu'appartient le
droit de fixer la largeur et l'emplacement de ces chemins.—Conseil
d'Etat, 11 mars 1843, concessionnaires du chemin de fer de Strasbourg C. Laurentz et consorts.

28. Suivant cinq procès-verbaux, les employés de l'octroi de la
ville de Rouen avaient saisi, comme circulant dans le rayon, sans
déclaration préalable, ni acquittement des droits, un certain nombre
de wagons sortant des tunnels du chemin de fer de Rouen au Havre,

---

(1) Article 4 de la loi du 28 pluviôse an VIII : « Le conseil de préfecture prononcera.... sur les difficultés, qui pourraient s'élever entre les entrepreneurs de
travaux publics et l'Administration, concernant le sens ou l'exécution de leur
marché.... »

qui contenaient des moellons et bizets propres à la construction, mêlés à des débris de moellons et bizets exempts du droit par leur nature et leur dimension, le tout provenant des extractions faites dans lesdits tunnels. Il résultait de l'ensemble de ces circonstances que la masse des matières placées sur les wagons saisis était le résultat brut des fouilles que l'on venait d'opérer. Or, les tribunaux peuvent décider si les moellons et bizets confondus dans la masse extraite sont sujets au droit, nonobstant les déclarations des employés à cet égard, et sans violer la foi due aux procès-verbaux, puisqu'il s'agit d'une interprétation ou application du tarif.

Dans l'espèce, l'obligation de déclarer et de payer les droits imposés par le règlement de l'octroi, en vertu de l'article 36 de l'ordonnance du 9 décembre 1814 (1), à tous ceux qui récoltent, préparent ou fabriquent, dans l'intérieur du rayon de l'octroi, des objets compris au tarif, ne commençait que lorsqu'il y avait réellement production à l'intérieur d'un objet imposable. D'un autre côté, c'était seulement comme matériaux que les moellons et bizets étaient imposés par le tarif de l'octroi de Rouen, et ils n'acquéraient cette qualité que lorsqu'ils étaient séparés des terres et débris avec lesquels ils étaient confondus au moment de l'extraction, puisque, tant qu'ils y restaient mêlés, ils ne formaient qu'une partie intégrante du déblai et ne pouvaient servir à la construction. Ce n'était donc que par le triage, qui en eût été fait, qu'ils seraient devenus imposables et qu'aurait pris naissance pour les entrepreneurs l'obligation de faire les déclarations préalables et d'acquitter les droits. Mais l'introduction s'en faisant sans aucun triage et dans l'état où ils étaient extraits, ces moellons ne constituaient point une matière imposable. — Cour de cassation, 3 octobre 1845, Mackensie et Brassey C. l'octroi de Rouen; 19 novembre 1847, la ville d'Abbeville C. le chemin de fer d'Amiens à Boulogne.

---

(1) Article 36 de l'ordonnance du 9 décembre 1814 : « Toute personne qui récolte, prépare ou fabrique dans l'intérieur d'un lieu sujet des objets compris au tarif, est tenue, sous peine de l'amende prononcée par l'article 28, d'en faire la déclaration et d'acquitter immédiatement le droit, si elle ne réclame la faculté de l'entrepôt.

Les préposés.....

IV. — Des ouvrages d'art.

SOMMAIRE.

29. L'entretien ou la réparation des ouvrages d'art exécutés en dehors de leur périmètre par les Compagnies de chemins de fer ne sont point de droit à la charge de ces Compagnies.

29. Les obligations des Compagnies de chemins de fer sont déterminées à la fois et limitées par les décisions de l'autorité supérieure. Les arrêtés des préfets, qui règlent les travaux à faire, n'intervenant qu'après contradiction ou appel des tiers intéressés, forment entre ceux-ci et les Compagnies un contrat dont les conditions ne peuvent être modifiées, sauf le cas où les voies d'exécution seraient la cause d'un dommage. Lors donc que les travaux jugés nécessaires, en dehors du périmètre de l'exploitation, au rétablissement des communications déplacées ou changées par la traversée de la voie de fer, ont été indiqués avec précision, après enquête et contradiction des parties intéressées, et qu'ils ont été exécutés, l'entretien et la réparation de ces travaux ne sont point de droit à la charge de la Compagnie. Une telle obligation ne se présume point. — Cour impériale de Paris, 12 novembre 1853, Compagnie du chemin de fer d'Orléans C. commune d'Étampes.

V. — Des fournitures de matériaux et des salaires des ouvriers employés à la confection des lignes.

§ 1. Ces créances ont-elles un caractère privilégié ?

§ 2. Devant quelle juridiction les demandes en payement de fournitures de matériaux ou de salaires d'ouvriers employés à la confection des lignes doivent-elles être portées ?

§ 1. Les sommes dues pour fournitures de matériaux ou pour salaires des ouvriers employés à la confection des lignes ont-elles un caractère privilégié?

SOMMAIRE.

30. Le droit de préférence accordé par le décret du 26 pluviôse an II ne s'applique pas au cas de travaux exécutés par des Compagnies de chemins de fer, à leurs frais et *non aux frais de l'Etat.*

31. Et cela alors même que l'État aurait garanti à la Compagnie un minimum d'intérêts sur un certain capital.

32. Que devrait-on décider si l'État faisait en partie les frais d'établissement du chemin ?

30. Le droit de préférence accordé par le décret du 26 pluviôse an II sur les fonds revenant aux entrepreneurs et adjudicataires des ouvrages faits ou à faire pour le compte de la nation, tant en faveur des créances provenant du salaire des ouvriers employés par lesdits entrepreneurs, que pour les sommes dues pour fournitures de matériaux et autres objets servant à la construction des ouvrages, ne peut être invoqué par le fournisseur de matériaux employés à l'exécution des travaux d'un chemin de fer par une Compagnie et à ses frais *et non aux frais de l'Etat.*

Ce droit de préférence est un droit essentiellement exceptionnel, qu'il n'est pas permis, par conséquent, d'étendre à des cas autres que ceux pour lesquels il a été spécialement établi, et dont le bénéfice ne peut être obtenu qu'autant que se trouvent complétement réalisées toutes les conditions auxquelles le législateur a jugé convenable de le soumettre. Si ce décret confère effectivement un privilége aux ouvriers et fournisseurs de matériaux pour obtenir le payement de leurs créances préférablement aux créanciers particuliers des entrepreneurs et adjudicataires de travaux publics, il faut toutefois remarquer que ce privilége ne leur est pas indistinctement accordé d'une manière absolue par cela seul qu'il s'agit de travaux d'utilité générale. Sans doute, c'est bien là la première condition exigée pour que le privilége existe, mais il faut encore de plus celles-ci, savoir : 1° que les travaux soient exécutés *pour le compte de l'État*, c'est-à-dire aux frais de l'État; 2° que, pour les solder, il y ait des fonds déposés dans une caisse publique, qui aient été affectés à cet usage; 3° et que ces fonds destinés aux adjudicataires et entrepreneurs ne leur aient pas encore été délivrés.

En effet, toutes ces conditions se trouvant réunies, apparaît incontestablement pour les ouvriers et fournisseurs le droit d'être payés de préférence à tous autres créanciers, non par ce seul motif qu'il s'agit des biens de l'État, puisque des cas peuvent se présenter où l'État lui-même fasse exécuter des travaux sur des biens lui appartenant, sans que le privilége dont il s'agit puisse s'exercer, mais par cette raison capitale que, lorsque des fonds ont été spécialement affectés par le gouvernement au payement de certains travaux publics et qu'ils demeurent encore disponibles dans la caisse où ils ont été déposés, ils constituent véritablement un gage sur lequel les travailleurs et les fournisseurs de matériaux ont justement le droit de compter, et qu'il ne peut être permis de leur enlever. Au contraire, lorsqu'il n'y a aucune affectation préalable de fonds, toute cause de préférence disparaît, et les ouvriers eux-mêmes les plus favorisés, qui s'en sont rapportés à la foi des entrepreneurs et adjudicataires, n'ont plus alors, pour être payés, des titres plus sacrés que ceux des autres créanciers, que ceux des bailleurs de fonds, notamment, dont les deniers ont servi à l'exécution de l'entreprise.

Or, s'il n'est pas contestable que les travaux d'établissement d'une ligne de fer intéressent l'État, en ce sens qu'il s'agit de l'une de ces voies nouvelles de communication que nos lois, en raison de leur importance, ont pris soin de ranger dans la grande voirie, et qui sont, à ce titre, une dépendance du domaine public, et qu'à ce point de vue ce pourrait être le cas d'appliquer le décret de pluviôse an ii, si d'ailleurs les autres conditions qu'il exige étaient pareillement justifiées; il faut aussi reconnaître que généralement ces autres conditions font complétement défaut. Car, il n'est vrai de dire ni qu'il s'agit de travaux exécutés *pour le compte de l'Etat*, c'est-à-dire à ses frais, ni que des fonds lui appartenant aient été spécialement affectés au payement de ces travaux, ni, en troisième lieu, que les fonds ainsi affectés soient déposés dans la caisse d'un comptable public, à la destination des entrepreneurs ou adjudicataires. Rien de tout cela n'existe, puisqu'au lieu de se charger lui-même de l'exécution de ses chemins de fer, l'État a mieux aimé faire procéder à ces grands travaux par voie de concession. — Cour impériale de Poitiers, 9 mars 1859, Green et Compagnie C. Goepfert. Cour de cassation, 16 juillet 1860, entre les mêmes parties.

31. Il en doit être de même, encore bien que l'État ait garanti à la Compagnie un minimum d'intérêts sur un certain capital. Cette garantie ne peut être considérée comme une participation à la confection des travaux. Elle ne constitue qu'un engagement éventuel destiné à soutenir le crédit de la Compagnie et à inspirer de la confiance dans le succès de l'entreprise. L'État n'est point tenu, en vertu d'un tel engagement, de fournir ou d'avancer aucune somme pour la construction du chemin de fer dont la Compagnie est concessionnaire. — Voir l'arrêt de cassation qui précède.

32. Mais que devrait-on dire si l'État faisait en partie les frais d'établissement?

Par un jugement du 14 août 1856, confirmé sur appel, le tribunal civil de la Seine, dans une affaire qui concernait la mise en viabilité des rues de Paris, a décidé que le décret du 26 pluviôse an II avait eu pour but d'assurer l'exécution des deux lois des 16 frimaire et 4 pluviôse de la même année, qui venaient d'organiser provisoirement les travaux publics en France, et que de l'ensemble des trois lois il résultait que ces mots du décret du 26 pluviôse : « *les travaux « faits pour le compte de la nation* » comprenaient tous les travaux que l'État jugeait nécessaires au service public, et dont, pour cette cause, il se chargeait de faire les frais, soit en totalité, soit seulement pour partie.

Nous pensons donc que, dans l'hypothèse prévue, toutes les conditions auxquelles l'existence du droit de préférence dont il s'agit est soumise se réalisant d'ailleurs, le décret du 26 pluviôse an II serait applicable. — Cour impériale de Paris, 30 juillet 1857, syndic Leroy, de Chabrol et comp. C. Bonnasseau.

§ 2. Devant quelle juridiction les demandes en payement de fournitures de matériaux ou de salaires d'ouvriers employés à la confection des lignes doivent-elles être portées?

SOMMAIRE.

33. Les demandes en payement de matériaux fournis pour l'établissement d'un chemin de fer sont de la compétence des tribunaux de commerce.

34. L'action en garantie formée contre une Compagnie à raison de fournitures faites à un entrepreneur de travaux doit être portée devant le même tribunal que l'action principale.

35. Mais la demande en règlement de simples travaux de terrassements, n'ayant aucun caractère commercial, doit être portée devant le tribunal civil.

33. Il ne serait pas exact de dire qu'une demande formée par un propriétaire, à raison de matériaux qui auraient été extraits de son fonds et que la Compagnie se serait refusée de payer au prix convenu, n'a rien de commercial, quoique se rattachant à la construction d'un chemin de fer, parce que, d'une part, ce chemin est destiné, par la Compagnie qui en est chargée, à son propre usage ; parce que, d'autre part, la Compagnie n'est dans cette affaire que l'agent et le préposé du Gouvernement, de telle sorte que la matière est essentiellement civile, sous le rapport des personnes et des choses. Il ne serait pas plus exact de dire qu'il n'y a entreprise de construction, dans le sens de l'article 633 du Code de commerce (1), qu'autant que les constructions se font pour le compte d'autrui.

L'entreprise d'un chemin de fer, ayant pour objet le transport par terre des marchandises et des voyageurs, constitue une entreprise commerciale, et, du moment que les fournitures dont le prix est réclamé ont été faites pour arriver à la construction du chemin, du moment que ces fournitures ont un rapport direct, immédiat et né-

---

(1) Article 633 du Code de commerce : « La loi répute pareillement actes de commerce, toute entreprise de construction... »

cessaire à l'objet de l'entreprise de la Compagnie, la demande en
payement est de la compétence des tribunaux de commerce, aux
termes des articles 631 et 632 du Code de commerce, dont on ne
fait qu'une juste application. — Cour impériale de Nîmes, 10 juin
1840, Marme C. Compagnie du chemin de fer du Gard. — Cour de
cassation, 28 juin 1843, entre les mêmes parties.

34. L'action en garantie formée contre une Compagnie, à raison
de fournitures faites à un entrepreneur de travaux, doit être portée
devant le même tribunal que l'action principale, alors même que
cet entrepreneur, (que le demandeur sur l'action considérait comme
tâcheron ou préposé de la Compagnie), aurait traité en son nom et
pour son compte. — Cour impériale d'Angers, 30 mai 1849, Blet
C. Compagnie du chemin de fer de Tours à Nantes.

35. Mais une demande en règlement de simples travaux de terrassements, n'ayant aucun caractère commercial, doit être portée devant le tribunal civil.

Ce n'est pas, en effet, parce qu'il s'agit de l'entreprise de construction d'un chemin de fer que la contestation au fond est commerciale. C'est à la nature même des travaux exécutés que la contestation
emprunte son caractère. Or, des travaux de terrassements ne
rentrent dans aucune des dispositions des articles 631, 632 et 633 du
Code de commerce, et ne constituent qu'un véritable louage d'ouvrage. — Cour de cassation, 26 mars 1838, Huard C. Blum.

CHAPITRE II. — DU DROIT A DES DOMMAGES-INTÉRÊTS PAR SUITE DES TRAVAUX D'ÉTABLISSEMENT D'UN CHEMIN DE FER.

I. — DU DROIT EN LUI-MÊME. — PAR QUI LES DOMMAGES-INTÉRÊTS SONT-ILS DUS ? — Y A-T-IL DES CAS OU LA COMPAGNIE CHARGÉE DE L'ÉTABLISSEMENT D'UN CHEMIN DE FER SOIT A L'ABRI D'UNE ACTION A CET ÉGARD ?

II. — DEVANT QUELLES JURIDICTIONS LES DEMANDES EN INDEMNITÉ DOIVENT-ELLES ÊTRE PORTÉES ? — DANS QUELS CAS PEUT-IL ÊTRE DU DES DOMMAGES-INTÉRÊTS ?

I. — Du droit à des dommages-intérêts. — Par qui les dommages-intérêts sont-ils dus? — Y a-t-il des cas où la Compagnie chargée de l'établissement d'un chemin de fer soit à l'abri d'une action à cet égard.

SOMMAIRE.

36. La Compagnie concessionnaire d'un chemin de fer, qui a traité de l'exécution des travaux avec des entrepreneurs spéciaux, n'en est pas moins directement responsable envers les tiers lésés, sauf son recours contre ces entrepreneurs.

37. Cette responsabilité ne s'étend pas au dommage causé par un ouvrier à un autre ouvrier, qui n'est pas l'employé immédiat de la Compagnie et qui n'est que celui de l'entrepreneur sous-traitant auquel les travaux ont été confiés.

38. Une Compagnie n'est pas davantage responsable de l'accident arrivé par imprudence à l'un des ouvriers de l'entrepreneur sous-traitant dans l'exécution des travaux que celui-ci a soumissionnés, alors surtout que cette Compagnie ne s'est point réservé la direction de ces travaux.

39. Mais la responsabilité des Compagnies n'est pas limitée aux seuls faits, qui sont une suite immédiate de l'exécution des travaux qu'elles ont entrepris, elle s'étend aux dommages que leurs ouvriers, se rendant à leurs chantiers, causent aux propriétés qu'ils traversent.

40. C'est contre la Compagnie concessionnaire d'un chemin de fer, et non contre l'État, que doit être dirigée l'action d'un acquéreur d'un domaine national, pour atteinte portée à ses droits, alors surtout que les indemnités pour tous

6

dommages quelconques résultant des travaux doivent être supportées et payées par la Compagnie.

41. La Compagnie subrogée aux droits de l'État pour l'exécution des travaux d'établissement d'un chemin de fer n'est point passible de dommages-intérêts, spécialement à raison des entraves que la construction d'un pont sur une rivière navigable apporte à la navigation.

42. Toutefois, si elle y est astreinte par son cahier des charges, elle doit prendre à ses frais toutes les mesures utiles pour que la navigation se fasse, après l'achèvement des travaux, comme elle se faisait avant.

— *La loi naturelle*, a dit Pothier (1), *est la cause au moins médiate de toutes les obligations : car, si les contrats, délits et quasi-délits produisent des obligations, c'est primitivement parce que la loi naturelle ordonne que chacun tienne ce qu'il a promis et qu'il répare le tort qu'il a commis par sa faute.*

C'est ce principe de droit naturel qui a été formulé de la manière suivante dans les articles 1382 et 1383 du Code Napoléon : Article 1382. *Tout fait quelconque de l'homme, qui cause à autrui un dommage, oblige celui par la faute duquel il est arrivé à le réparer.* Article 1383. *Chacun est responsable du dommage qu'il a causé non-seulement par son fait, mais encore par sa négligence ou par son imprudence.*

Il suit de là que, toutes les fois qu'il existe un fait dommageable pour autrui, fait qui ne trouve pas sa justification dans l'exercice d'un droit, il en résulte nécessairement au profit de la partie lésée une action en réparation du dommage éprouvé. Or, les Compagnies de chemins de fer ne sont point généralement placées en dehors du droit commun, et, par conséquent, elles ont à répondre, comme toute autre personne, du dommage, qui est une suite de l'établissement de leurs lignes.

36. Les conventions que la Compagnie concessionnaire d'un chemin de fer a passées avec des tiers pour la confection d'une partie des ouvrages de ce chemin n'ont pu changer, vis-à-vis de tous autres intéressés, le caractère et l'étendue des obligations résultant

---

(1) Pothier, traité des obligations, tome I, n° 123, édition de 1825.

pour elle, soit des lois générales, soit de la loi spéciale et de son cahier des charges. Dès lors, c'est avec la Compagnie elle-même, et non avec les sous-traitants, qu'il doit être procédé au règlement de l'indemnité réclamée, par exemple, pour les dégradations causées à des chemins vicinaux par les transports, qui ont été effectués pour la confection des travaux à l'exécution desquels elle s'était engagée, lorsque ces transports ont eu lieu pour elle et pour l'exécution de son entreprise. — Conseil d'Etat, 28 juillet 1849, chemin de fer de Rouen au Havre C. commune de Mesnil-Panneville.

37. Mais une Compagnie ne saurait être déclarée responsable du dommage causé par un ouvrier à un autre ouvrier, qui n'est pas son employé immédiat, et qui n'est que celui de l'entrepreneur sous-traitant auquel les travaux ont été confiés.

Un jugement du tribunal correctionnel de Versailles avait condamné Solente, employé comme chef de bricole par les sieurs Mackensie et Brassey, entrepreneurs soumissionnaires des travaux de terrassements du chemin de fer de Paris à Rouen, à des dommages-intérêts envers le nommé Lefèvre, ouvrier employé aux mêmes travaux, auquel il avait fait une blessure involontairement. Le même jugement avait condamné la Compagnie du chemin de fer comme civilement responsable. Appel par la Compagnie et infirmation de ce jugement.

En effet, aux termes de l'article 1384 du Code Napoléon, la responsabilité civile ne peut s'étendre que du commettant au préposé dans les fonctions auxquelles il a été employé (1). Or, il était reconnu, d'une part, que l'auteur de la blessure n'était que le préposé de Mackensie et Brassey, de qui il recevait son salaire et dont il exécutait les ordres; et, d'autre part, que Lefèvre, placé sous les ordres de Solente, n'avait jamais traité qu'avec Mackensie et Brassey. Par conséquent, il ne pouvait étendre au delà de ces entrepreneurs la responsabilité du fait de leur préposé. — Cour impériale de Paris, 24 novembre 1842, Compagnie du chemin de fer de Paris à Rouen C. Lefèvre.

---

(1) Voir page 66, note 1.

38. Une Compagnie n'est pas davantage responsable de l'accident arrivé par imprudence à l'un des ouvriers de l'entrepreneur sous-traitant dans l'exécution des travaux que celui-ci a soumissionnés, alors surtout que cette Compagnie ne s'est point réservé la direction des travaux.

La responsabilité à laquelle l'article 1384 du Code Napoléon que nous venons de citer soumet les commettants ne dépend pas seulement de ce qu'ils ont choisi leurs préposés, mais suppose, en outre, qu'ils ont le droit de leur donner des ordres et instructions sur la manière de remplir les fonctions auxquelles ils les emploient, autorité sans laquelle il n'y a pas de véritables commettants. Lors donc qu'une Compagnie a traité à forfait avec un entrepreneur pour les travaux dans le cours desquels a péri un ouvrier employé par cet entrepreneur, et que, si la Compagnie faisait surveiller les travaux, c'était afin de s'assurer qu'ils seraient exécutés conformément aux conventions intervenues entre l'entrepreneur et elle, mais que le surveillant n'avait pas mission de donner des ordres à l'entrepreneur sur le mode d'exécution desdits travaux ; la responsabilité de l'accident pèse exclusivement sur l'entrepreneur, et ne pourrait être étendue à la Compagnie sans appliquer faussement et formellement violer ledit article 1384. — Cour de cassation, 20 août 1847, chemin de fer du Havre C. Pubelier.

39. Mais, sous un autre rapport, la responsabilité des Compagnies ne doit pas être restreinte aux seuls faits, qui sont une suite immédiate de l'exécution des travaux qu'elles ont entrepris. Elle s'étend même aux dommages que le passage de leurs ouvriers, se rendant à leurs chantiers, cause aux propriétés qu'ils traversent. Voici dans quelles circonstances la question s'est présentée.

Un sieur Thannaron était locataire d'un jardin maraîcher longeant le chemin de fer de Lyon à la Méditerranée. Les ouvriers de la Compagnie traversaient ce jardin pour se rendre à leurs chantiers. Le sieur Thannaron forma contre la Compagnie concessionnaire de ce chemin une demande en réparation du dommage que lui causaient les allées et venues de ces ouvriers. La Compagnie protesta contre cette demande et prétendit que sa responsabilité devait être limitée aux actes commis par ses ouvriers dans l'exécution de leurs travaux et ne pouvait s'étendre aux faits entièrement personnels à chacun d'eux, comme celui dont se plaignait le sieur Thannaron.

Mais ce système ne fut point admis. En effet, une Compagnie de chemin de fer ne saurait être assimilée à un simple particulier, et, en tant que substituée à l'administration pour l'exécution d'un travail d'utilité publique, elle est tenue de prendre toutes les mesures nécessaires pour empêcher que l'agglomération des nombreux ouvriers qu'elle emploie ne soit une cause de dommage pour les propriétés riveraines de la voie de fer. En un mot, une Compagnie de chemin de fer a la police de ses chantiers; elle est donc responsable de ceux des dégâts commis par ses ouvriers qu'une surveillance ordinaire de sa part aurait pu prévenir. — Conseil d'Etat, 13 décembre 1855, chemin de fer de Lyon à la Méditerranée C. Thannaron.

40. C'est contre la Compagnie concessionnaire d'un chemin de fer, et non contre l'Etat, que doit être dirigée la demande en indemnité formée par l'acquéreur ou les représentants d'un acquéreur d'un bien national, à raison de ce que, contrairement aux clauses du procès-verbal d'adjudication, les droits de vues et d'accès de l'immeuble faisant l'objet de cette adjudication seraient modifiés par l'établissement du chemin de fer, et de ce que la valeur de cet immeuble serait, en outre, dépréciée par les inconvénients, qui résultent de la trop grande proximité d'un chemin de fer; alors qu'aux termes du cahier des charges les indemnités pour tous dommages quelconques résultant des travaux doivent être supportées et payées par la Compagnie.

Une demande de ce genre avait été formée contre l'État par les dames Belle et Doazan et motivée sur ce que les droits de vue et d'accès, auxquels l'établissement du chemin de fer d'Auteuil avait porté atteinte, étaient expressément compris dans la vente nationale, qui avait été faite à leur auteur, le 2 juillet 1792, d'où il devait suivre, d'après les demanderesses, que l'État était tenu, comme vendeur, de leur garantir la pleine jouissance de ces droits.

Mais on a dit que les obligations résultant pour l'État de la qualité de vendeur de l'immeuble dont il s'agissait ne faisaient point obstacle à ce que, le cas échéant, et pour l'exécution de travaux publics, il usàt, soit par lui-même, soit par toute personne substituée en son lieu et place, des droits que lui confère la loi du 3 mai 1841, ou de tous les autres droits qui lui appartiennent, sous la réserve des indemnités, qui seraient dues aux acquéreurs. D'un autre côté, l'établissement du chemin de fer d'Auteuil avait été déclaré d'utilité publique, et, d'après la convention et le cahier des charges, les indemnités à payer aux propriétaires expropriés pour l'ouverture du chemin, ainsi que celles qui seraient dues pour dommages quelconques résultant des travaux, avaient été mises à la charge de la Compagnie concessionnaire. Dès lors, les dames Belle et Doazan n'étaient pas fondées à soutenir qu'en exécution du contrat susénoncé, elles auraient dû être maintenues par l'État dans la pleine jouissance de l'immeuble dont elles étaient propriétaires. Leur demande fut donc rejetée, et elles furent renvoyées à se pourvoir, ainsi qu'elles aviseraient, contre qui de droit. — Conseil d'État, 29 novembre 1855, Belle et Doazan.

41. La Compagnie subrogée aux droits de l'État pour l'exécution des travaux d'établissement d'un chemin de fer n'est point passible de dommages-intérêts, spécialement à raison des entraves que la construction d'un pont sur une rivière navigable apporte à la navigation.

Le service de la navigation avait été entravé par la construction du pont que la Compagnie du chemin de fer de Paris à Rouen a fait faire sur la Seine, à la hauteur du village du Manoir. Les haleurs de bateaux, obligés en cet endroit de débiller et même de stationner, avaient exigé plusieurs fois des expéditeurs des indemnités pour le surcroît de travail et la perte de temps que cet état de choses leur occasionnait. Ils avaient même traduit devant le tribunal de commerce de Rouen le sieur Maillet-Duboullay, agent de la Compagnie des bateaux accélérés normands, et obtenu contre lui un jugement qui le condamnait à leur payer une indemnité de 3 francs par deux chevaux pour la remonte et de 2 francs pour la descente. De son côté, le sieur Maillet-Duboullay avait attaqué la Compagnie concessionnaire devant le conseil de préfecture, qui avait accueilli sa demande, pour se faire indemniser de toutes les conséquences de cette condamnation, et il invoquait contre elle l'article 17 du cahier des charges, qui imposait à cette Compagnie l'obligation de prendre toutes les mesures et de payer tous les frais nécessaires pour que le service de la navigation et du flottage se fît et se continuât après l'achèvement des travaux comme il avait lieu avant l'entreprise.

Mais, sur le pourvoi de la Compagnie, il a été décidé qu'il appartient à l'administration de déterminer, dans l'intérêt général, la nature et les dispositions des ouvrages à établir dans le lit et sur les bords des rivières navigables et flottables, et que les modifications que peut subir l'état de ces rivières, par suite de ces travaux, ne peut donner ouverture contre l'État à un droit en indemnité qu'au cas où il résulterait de leur exécution un dommage direct et matériel pour des tiers.

Or, la construction du chemin de fer de Paris à Rouen était un travail d'intérêt public, dont la concession avait été faite à la Compagnie par la loi du 15 juillet 1840. Par l'effet de cette concession, et par l'article 23 du cahier des charges annexé à cette loi, la Compagnie avait été, pour l'exécution des travaux du chemin, substituée, vis-à-vis des tiers, au lieu et place de l'État et subrogée dans les droits que les lois et règlements lui confèrent. Enfin, l'article 17 du cahier des charges de la concession n'avait point pour but et ne. pouvait avoir pour effet d'imposer à la Compagnie concessionnaire une responsabilité spéciale ou des obligations plus étendues envers les tiers que celles pouvant résulter contre l'État lui-même de l'exécution des travaux.

En conséquence, c'était à tort que le conseil de préfecture avait admis la demande du sieur Maillet-Duboullay et condamné la Compagnie à lui payer une indemnité à raison des difficultés qui auraient été apportées à la navigation par la construction du pont dont il s'agissait. — Conseil d'État, 11 avril 1848, Compagnie du chemin de fer de Paris à Rouen C. Maillet-Duboullay. — 2 août 1851, Bocquié C. la même Compagnie.

42. Toutefois, lorsque avant l'entreprise d'un chemin de fer le service de la navigation se faisait aux points où des ponts ont été construits, de telle manière qu'il ne fût besoin, ni d'arrêter les bateaux, ni de détacher, pour les rattacher ensuite, les traits à l'aide desquels le halage s'effectuait, et que, pour que ce mode essentiel de navigation ne soit pas changé par la construction desdits ponts, il est nécessaire que les bateaux puissent passer par l'arche même où est placé le chemin de halage ; la Compagnie, qui est astreinte par le cahier des charges de sa concession à prendre toutes les me-sures utiles pour que la navigation se fasse, après l'achèvement des travaux, comme elle se faisait avant, est obligée de creuser, le cas échéant, et à ses frais, un nouveau chenal sous cette arche. — Conseil d'État, 8 avril 1847, Ministre des travaux publics C. chemin de fer de Paris à Rouen.

II. — Devant quelles juridictions les demandes en indemnité doivent-elles être portées ? — Dans quels cas peut-il être dû des dommages-intérêts ?

Les travaux relatifs à l'établissement des chemins de fer faisant partie des travaux publics, l'autorité administrative semblerait être seule compétente pour connaître des actions en dommages-intérêts formées par les particuliers contre les Compagnies à raison du pré-judice que leur causent les travaux.

Cependant, et quoique le fait général dans lequel le droit à des dommages-intérêts prend sa source soit unique, néanmoins, la na-ture du dommage variant selon les circonstances, on doit en tenir compte dans le choix à faire de la juridiction devant laquelle la de-mande en réparation de ce dommage doit être portée. De là une distinction nécessaire entre les actions qui sont de la compétence administrative et celles qui doivent être soumises aux tribunaux de l'ordre judiciaire.

I. — DE LA COMPÉTENCE ADMINISTRATIVE.

§ 1. Que faut-il pour qu'il y ait lieu à la compétence administrative?

§ 2. Dans quels cas la connaissance des demandes en indemnité appartient-elle à l'autorité administrative? Exemples.

§ 1. Que faut-il pour qu'il y ait lieu à la compétence administrative?

SOMMAIRE.

43 L'autorité administrative n'est compétente qu'autant que les travaux exécutés par la Compagnie concessionnaire ont été autorisés par l'Administration.

44. Conséquence.

43. Pour qu'il y ait lieu à la compétence administrative, il faut que les travaux exécutés par la Compagnie concessionnaire aient été autorisés par l'administration; sans cela, l'autorité administrative n'est pas compétente pour connaître des dommages résultant de ces travaux, et ce n'est qu'aux tribunaux civils qu'il appartiendrait de statuer sur les contestations.

En 1847, la Compagnie du chemin de fer d'Orléans détournait, pour les besoins de la gare de Coutras, les eaux du ruisseau de Moulinasse, sans que l'administration, à laquelle elle s'était adressée, lui eût accordé l'autorisation de faire cette prise d'eau. Sur la citation que lui firent donner les propriétaires, qui jusqu'alors avaient usé des eaux de ce ruisseau pour l'irrigation de leurs propriétés, la Compagnie, se fondant sur les dispositions des cahiers des charges annexés aux lois de concession et sur ce que les Compagnies concessionnaires sont investies, pour les travaux mis à leur charge, de tous les droits que les lois et règlements confèrent à l'État pour les travaux publics, soutint que le juge de paix était incompétent. Cette exception accueillie par ce magistrat fut confirmée sur appel, attendu qu'il était constant, en fait, que les travaux exécutés par la Compagnie du chemin de fer, quant à la prise d'eau dont il s'agissait, étaient une dépendance des travaux dont elle était chargée; que ces travaux rentraient dans les limites de son entreprise pour l'établissement du chemin de fer, et que le préjudice, qui pouvait en résulter pour les tiers, ne devait pas, dès lors, d'après les principes, qui régissent la matière, être de la compétence de la juridiction ordinaire.

Mais, sur le pourvoi des propriétaires, cette décision fut cassée. En effet, en l'absence, malgré la demande que la Compagnie en avait faite à l'administration, et que celle-ci n'avait point accordée, d'une autorisation d'employer lesdites eaux pour le service du chemin de fer, la prise d'eau dont il s'agissait ne pouvait être rangée dans la classe des travaux publics, et les réclamations auxquelles cette prise d'eau pouvait donner lieu, ne rentraient pas davantage dans la catégorie des contestations entre les entrepreneurs des travaux publics et les particuliers attribuée aux conseils de préfecture par l'article 4 de la loi du 28 pluviôse an viii. En l'absence de cette autorisation, l'usage des eaux dudit ruisseau entre les propriétaires, qui le bordent ou dont il traverse les propriétés, les prises d'eau opérées sur ce ruisseau et les plaintes et réclamations que ces prises d'eau pouvaient soulever, étaient réglés par les dispositions des articles 644 et 645 du Code Napoléon (1) et rentraient, aux termes de ces articles, sous la compétence des tribunaux ordinaires. — Cour de cassation, 22 août 1860, Boscq et autres C. le chemin de fer d'Orléans.

44. Par les mêmes raisons, ce serait en vain que, pour se soustraire à une poursuite correctionnelle dirigée contre lui, l'employé d'une administration de chemin de fer prévenu d'avoir inondé plusieurs propriétés voisines en encombrant un ruisseau de pierres et

---

(1) Article 644 du Code Napoléon : « Celui dont la propriété borde une eau courante, autre que celle qui est déclarée dépendance du domaine public par l'article 538 au titre de la distinction des biens, peut s'en servir à son passage pour l'irrigation de ses propriétés. — Celui dont cette eau traverse l'héritage peut même en user dans l'intervalle qu'elle y parcourt, mais à la charge de la rendre, à la sortie de ses fonds, à son cours ordinaire. »

Article 645 : « S'il s'élève une contestation entre les propriétaires auxquels ces eaux peuvent être utiles, les tribunaux, en prononçant, doivent concilier l'intérêt de l'agriculture avec le respect dû à la propriété; et, dans tous les cas, les réglements particuliers et locaux sur le cours et l'usage des eaux doivent être observés.

de planches, soutiendrait qu'il n'avait encombré le ruisseau que par suite des travaux qu'en sa qualité d'employé il était chargé de faire exécuter pour la construction du chemin, et que, du reste, il n'avait agi qu'en vertu des ordres de ses chefs.

L'article 4 de la loi du 28 pluviôse an VIII, que nous avons déjà cité (1), ne défère au jugement des conseils de préfecture les réclamations des particuliers, qui se plaignent des torts et dommages procédant du fait personnel des entrepreneurs de travaux publics, que lorsque ces réclamations conduiraient à l'appréciation du sens et de la portée d'un acte administratif. Si donc il n'est pas même excipé d'un marché, devis ou tout autre acte émané de l'administration, et qui aurait autorisé le fait incriminé, le jugement, qui statue ne présente aucune violation des règles relatives à la compétence et à la séparation des pouvoirs administratifs et judiciaires. — Cour de cassation, 23 février 1856, Mortal C. ministère public.

§ 2. Dans quels cas la connaissance des demandes en indemnité appartient-elle à l'autorité administrative ? Exemples.

SOMMAIRE.

45. Demande en dommages-intérêts pour extraction de matériaux.

46. Il en serait autrement d'une extraction faite sans autorisation.

47. Demande pour entraves apportées à l'exploitation de carrières.

48. Demande en réparation du préjudice éprouvé par la rupture d'une digue établie par la Compagnie concessionnaire.

49. Demande en réparation ou reconstruction d'un mur séparatif de la voie ferrée et d'une propriété privée, à l'entretien duquel la Compagnie s'est engagée, et en indemnité pour retard apporté dans cette construction.

---

(1) Voir p. 73, note 1.

50. Toutefois, le Président du tribunal civil, jugeant en référé, peut, en ce cas, ordonner provisoirement une expertise.

51. Demande en dommages-intérêts pour avaries causées à un bateau par son échouement contre des pieux plantés par la Compagnie concessionnaire dans un fleuve pour la construction d'un pont.

52. Demande en raccordement d'un chemin de fer avec un chemin communal.

53. Demande afin de faire cesser l'interruption pratiquée entre des rues ou voies publiques à travers lesquelles un chemin de fer passe en tranchée, ou d'obtenir des dommages-intérêts.

54. Il en est autrement d'un chemin particulier.

55. Demande en réparation du préjudice résultant du déplacement d'un chemin classé vicinal ou de l'établissement d'un passage à niveau.

56. Ce qui advient lorsque le déplacement d'une voie publique n'entraîne qu'un allongement de parcours.

57. Réclamations élevées à raison de dommages occasionnés par la construction d'un chemin de fer en ce qui concerne la salubrité publique et le service de la navigation.

45. Aux termes d'un arrêt du Conseil du 7 septembre 1755, non abrogé par l'article 2 de la loi du 28 juillet 1791, lequel ne dispose que pour le cas où les entrepreneurs de travaux d'utilité publique ne trouveraient pas dans un acte d'adjudication l'indication des terrains d'où les matériaux doivent être extraits, ces entrepreneurs sont autorisés à prendre les matériaux, qui leur sont nécessaires pour l'exécution des ouvrages dont ils sont adjudicataires, dans tous les lieux qui leur sont indiqués par les devis et adjudications desdits ouvrages. D'un autre côté, d'après la loi du 12 pluviôse an XIII, c'est aux tribunaux administratifs de statuer sur les réclamations des propriétaires contre les entrepreneurs de travaux publics et sur les indemnités qui peuvent être dues par ceux-ci à raison des terrains pris ou fouillés.

Or, la Compagnie concessionnaire, exerçant tous les droits de l'ad-

ministration, a incontestablement le droit de procéder à des adjudications dans les formes administratives, de désigner, dans les devis
des travaux à exécuter, les lieux d'extraction des matériaux. Une
pareille désignation confère aux adjudicataires l'autorisation nécessaire pour se procurer des matériaux dans les lieux désignés, et il
ne serait pas exact de dire que la Compagnie n'a reçu que la délégation des pouvoirs concernant l'exécution proprement dite du
chemin de fer et n'a point été investie du droit que les lois confèrent
à l'administration d'autoriser par les clauses d'une adjudication les
entrepreneurs à s'introduire sur le terrain d'autrui.

En conséquence, lorsqu'en fait l'entrepreneur des travaux a la
qualité d'entrepreneur de travaux publics et qu'il a reçu, dans un
acte d'adjudication, l'autorisation régulière de faire les extractions,
la réclamation faite à l'occasion de ces extractions est de la compétence du Conseil de préfecture. — Cour impériale de Poitiers, 18 janvier 1855, Maurat C. préfet de la Vienne.

46. Il en serait autrement d'une extraction de matériaux faite sans
autorisation, spécialement dans une forêt communale. Dans ce cas,
c'est devant le tribunal correctionnel et non devant l'administration
que doit être portée l'action de l'administration des eaux et forêts.—
Conseil d'État, 19 décembre 1839, préfet du Gard.

47. L'autorité administrative doit de même connaître de la réclamation formée pour entraves apportées à l'exploitation de carrières.

Lorsque des déblais ont été versés par les ouvriers d'un chemin
de fer sur un terrain contenant des carrières en exploitation et que
l'encombrement, qui en résulte, fait obstacle aux travaux d'extraction,
le propriétaire de ces carrières est fondé à réclamer une indemnité
pour le préjudice qu'ont pu lui causer ces dépôts de déblais.

Toutefois, il y a lieu de vérifier si une partie du terrain où se
trouvent les carrières n'est pas comprise dans la zone de 30 toises
(mèt. 58.47), à partir des bords du chemin de fer, dans laquelle
l'exploitation des carrières est interdite par l'arrêt du Conseil du
5 avril 1772, qui a été rendu applicable aux chemins de fer par la

loi du 15 juillet 1845. Car, s'il en est ainsi, l'indemnité due pour l'obstacle apporté à l'exploitation des carrières ne doit être allouée que pour la partie des terrains, qui est en dehors de ladite zone ; et, pour la partie placée dans l'intérieur de cette zone, l'indemnité ne doit représenter que la dépréciation que souffre le terrain considéré comme terrain de culture. — Conseil d'État, 2 avril 1857, de Poix.

48. C'est également devant le Conseil de préfecture que doit être portée la demande en réparation du préjudice éprouvé par la rupture d'une digue établie par la Compagnie concessionnaire.

Lors de l'établissement du chemin de fer de Montpellier à Cette, le lit de la rivière de la Mosson fut changé, et par suite il y eut nécessité d'établir une digue destinée à garantir les terres et à protéger les récoltes contre la violence des eaux. A ces fins, la Compagnie concessionnaire achetait le terrain nécessaire à l'établissement de la ligne de fer, le terrain nécessaire au nouveau lit de la rivière de la Mosson, avec obligation de garnir à ses frais, sur le terrain qu'elle y acquérait, le lit de la rivière, du côté gauche, avec des digues semblables à celles qui existaient au moment de l'acquisition. La Compagnie achetait encore, et par un acte séparé, deux lisières de terrain en dehors du tracé du chemin de fer à droite et à gauche de cette voie.

Après l'exécution des travaux, les inondations firent deux brèches en amont et en aval d'un pont construit sur la Mosson par la Compagnie du chemin de fer, à l'extrémité des deux lisières parallèles à la voie et en dehors des terrains expropriés pour cause d'utilité publique. Par suite du dommage qui en résulta et dont la cause était attribuée à la construction défectueuse du pont, le propriétaire lésé assigna la Compagnie devant le tribunal civil de Montpellier pour la faire condamner à lui payer 50,000 francs pour les dommages éprouvés et à réparer les brèches faites à la digue.

Mais, la Compagnie du chemin de fer, substituée à l'État pour la construction et l'érection de la voie ferrée, était un entrepreneur de travaux publics ; le préjudice dont se plaignait le réclamant dérivait, d'après lui, de la construction de certains ouvrages dépendant de la voie ; par suite, le tribunal civil était incompétent sur le chef relatif à l'indemnité réclamée, sans qu'il y eût à distinguer, à cet égard, entre l'action qui aurait pour effet direct la suppression ou la modification des travaux et celle qui aurait pour objet des dommages-intérêts pour le préjudice prétendu souffert, l'une et l'autre action devant, en définitive, aboutir par des voies différentes au même résultat, et sans qu'il y eût à distinguer davantage entre le dommage permanent et le dommage temporaire qu'éprouverait la partie réclamante, les règles de compétence étant les mêmes dans les deux hypothèses, d'après la jurisprudence de la Cour de cassation. — Cour impériale de Montpellier, 27 décembre 1856, Sabatier contre chemin de fer de la Méditerranée.

49. C'est encore à l'autorité administrative et non à l'autorité judiciaire de connaître de l'action en réparation ou reconstruction d'un mur séparatif de la voie ferrée et d'une propriété privée que la Compagnie concessionnaire s'était engagée à entretenir en bon état et celle en contrainte pour obliger cette Compagnie à faire faire les travaux; alors surtout que cette reconstruction pourrait nécessiter la reconstruction du talus de la voie ferrée elle-même sur lequel ce mur est construit.

La réfection du mur et la réfection du talus pourraient être deux opérations essentiellement indivisibles, en telle sorte que la décision, qui ordonnerait la réfection du mur, entraînerait virtuellement et nécessairement la reconstruction du talus, et statuerait ainsi sur l'exécution de travaux publics. Or, l'autorité administrative est seule compétente pour ordonner les travaux de grande voirie, tels que les talus de chemins de fer. Ce principe résulte expressément de la loi du 28 pluviôse an VIII, dont l'article 4, ainsi que nous l'avons déjà vu (1), attribue exclusivement à l'autorité administrative la connaissance des difficultés qui peuvent s'élever en matière de grande voirie et des demandes d'indemnité à raison de travaux publics. La contrainte elle-même que l'on prononcerait contre la Compagnie pour la forcer à reconstruire le mur en litige dans un délai déterminé ne serait pas

____

(1) Voir page 73, note 1.

seulement la réparation du préjudice causé, elle aurait encore pour but d'obliger la Compagnie à exécuter les travaux. Eu effet, selon les dispositions de l'article 1142 du Code Napoléon (1), toute obligation de faire se résolvant en dommages-intérêts en cas d'inexécution de la part du débiteur, condamner la Compagnie du chemin de fer à une indemnité pécuniaire, faute par elle d'exécuter les travaux demandés, ce serait, sous une forme indirecte, mais en réalité, connaître de difficultés en matière de grande voirie et d'une demande en indemnité à raison de travaux publics. — Cour impériale de Paris, 6 novembre 1858, de Trévise C. chemin de fer d'Orsay.

50. Toutefois, le président du tribunal civil, jugeant en référé, peut, sur une demande de réparations devenues nécessaires à un mur dans les circonstances énoncées au numéro qui précède, ordonner provisoirement, vu l'urgence, que le mur sera visité par expert à l'effet de constater les dégradations et leur cause ; mais, sa compétence ne va pas au delà, et notamment il ne peut condamner la Compagnie à mettre des ouvriers pour faire les travaux, qui pourront être indiqués par l'expert, faute de quoi le propriétaire voisin serait autorisé à les faire exécuter sous la direction de l'expert commis : car, aux termes des articles 1 et 2 de la loi du 15 juillet 1845, les chemins de fer concédés par l'État faisant partie de la grande voirie, et les lois et règlements sur la grande voirie étant applicables à ces chemins de fer, c'est à l'autorité administrative seule qu'il appartient, conformément à l'article 4 de la loi du 28 pluviôse an VIII, de connaître des difficultés qui peuvent s'élever à l'occasion des travaux à exécuter. — Cour impériale de Paris, 26 décembre 1857, chemin de fer d'Orsay C. de Trévise.

51. C'est également à l'autorité administrative de connaître de la demande en dommages-intérêts pour avaries causées à un bateau

---

(1) Article 1142 du Code Napoléon : « Toute obligation de faire ou de ne pas faire se résout en dommages-intérêts, en cas d'inexécution de la part du débiteur. »

par son échouement contre des pieux plantés par la Compagnie concessionnaire dans un fleuve pour la construction d'un pont.

La Compagnie du chemin de fer d'Orléans, qui avait à construire un pont viaduc sur la Loire, s'était fait autoriser par un arrêté préfectoral à planter dans le lit du fleuve des pieux destinés à prévenir les accidents pouvant résulter de la construction de ce pont nécessaire au service du chemin de fer, à la charge de surmonter les têtes de ces pieux de balises flexibles. Un jour, un bateau à vapeur, en remontant la Loire, se heurta contre ces pieux et fut assez considérament avarié. Le propriétaire de ce bateau et la Compagnie d'assurances maritimes, prétendant que l'avarie était due à ce que l'arrêté préfectoral n'avait point été ponctuellement exécuté, en ce qu'au moment de l'accident les pieux n'étaient pas surmontés des balises flexibles, assignèrent en dommages-intérêts devant le tribunal de commerce la Compagnie du chemin de fer, qui opposa l'incompétence de l'autorité judiciaire.

Le jugement du tribunal de commerce, qui avait rejeté cette exception, fut infirmé sur appel par arrêt de la Cour de Paris contre lequel il y eut pourvoi.

Dans l'intérêt des réclamants, on soutint que, s'il est vrai que la juridiction administrative soit compétente pour connaître des réclamations des particuliers, qui se plaignent des torts et dommages provenant de l'exécution des travaux publics, il a été également reconnu par la jurisprudence du conseil d'État que l'entrepreneur de travaux publics, qui s'écarte des conditions de son marché et enfreint les règles que l'administration lui a imposées, devient ou demeure justiciable des tribunaux civils à raison des dommages qu'il peut causer aux particuliers par cette infraction, considérée alors comme constituant, non pas l'exécution d'un travail public, mais une véritable voie de fait. Cependant, ce système ne prévalut pas.

En fait, il n'était pas contesté que les pieux que l'arrêté préfectoral avait autorisé à planter dans le lit de la Loire, à la charge de surmonter les têtes de ces pieux de balises flexibles, eussent été posés, en effet, aux points déterminés par cet arrêté. Il n'était pas non plus contesté que les travaux exécutés à cette occasion eussent été précisément les travaux autorisés. En outre, la demande en réparation du dommage causé par le choc du bateau contre ces pieux était fondée sur cette circonstance unique qu'au mépris des prescriptions de l'arrêté préfectoral les têtes des pieux n'étaient pas, au moment de l'accident, surmontées des balises ci-dessus spécifiées.

Or, cette infraction, si elle était prouvée, constituait un fait de négligence directement imputable à l'exécuteur des travaux. Dès lors, la demande en réparation du dommage, qui en était résulté, appartenait au conseil de préfecture, qui, d'après l'article 4 de la loi du 28 pluviôse an VIII, est appelé à prononcer sur les réclamations des particuliers, qui se plaignent des torts et dommages procédant du fait personnel des entrepreneurs et non du fait de l'administration. D'ailleurs, les travaux dont il s'agissait avaient été assimilés par les lois de concession des chemins de fer de Paris à Orléans et de Tours à Nantes aux travaux exécutés pour le compte de l'État. Il résultait de là qu'en infirmant, en cet état des faits, le jugement du tribunal de commerce de la Seine, qui s'était déclaré compétent pour apprécier au fond la demande de la Compagnie d'assurances maritimes et du propriétaire du navire, la Cour de Paris n'avait violé aucune loi et avait fait, au contraire, une juste et saine application de celle du 28 pluviôse an VIII. — Cour de cassation, 16 novembre 1858, Languet et Compagnie d'Assurances maritimes C. Chemin de fer d'Orléans.— Cour impériale de Metz, 4 mai 1859, Chemin de fer des Ardennes C. Dehambourg-Froissart.

52. Même décision relativement à une demande en raccordement d'un chemin de fer avec un chemin communal.

La Compagnie concessionnaire du chemin de fer de Lyon à Saint-Etienne était obligée par le cahier des charges de rétablir l'accès des voies de communication partout où elles se trouveraient interceptées par la voie ferrée, sans pouvoir donner aux rampes d'accession des chemins vicinaux une pente de plus de 5 centimètres par mètre. Quoi qu'il en fût, la Compagnie donna à la rampe d'accession du chemin dit *du Reclus*, sur le territoire de la commune de Saint-Paul-en-Jarret, une pente de 25 centimètres par mètre.

Ce fut avec raison que la commune porta sa demande devant le conseil de préfecture, seul compétent, aux termes de la loi du 28 pluviôse an VIII, de statuer sur les réclamations élevées par elle relativement à l'inexécution des obligations de la Compagnie en ce qui concernait le raccordement du chemin de fer et du chemin du Reclus, et de décider, après que la nature, l'emplacement et les dimensions des ouvrages nécessaires au raccordement des deux chemins auraient été déterminés par l'administration, si l'exécution de ces ouvrages était ou non à la charge de la Compagnie. — Conseil d'État, 28 novembre 1845, Commune de Saint-Paul-en-Jarret C. Compagnie du chemin de fer de Saint-Etienne à Lyon.

53. Même décision encore relativement à la demande d'un propriétaire de terrains destinés à devenir des rues ou voies publiques et qui se trouvent traversés par une voie de fer, afin de faire cesser l'interruption ou d'obtenir des dommages-intérêts.

Dans le cas particulier, il s'agissait des entraves apportées à l'exécution d'une ordonnance royale, qui avait autorisé l'ouverture de quatorze rues, dans les terrains dépendant de l'ancien Tivoli, par le chemin de fer de Paris à Saint-Germain, qui devait traverser en tranchée trois des rues projetées.

Il s'agissait évidemment d'une question de grande voirie dont la connaissance revenait à l'autorité administrative. D'un autre côté, soit que ceux qui avaient obtenu cette ordonnance royale demandassent qu'on prescrivît l'établissement de ponts à la rencontre des rues à travers lesquelles le passage du chemin de fer était admis en tranchée, soit qu'ils demandassent que la Compagnie fût tenue, dans un délai déterminé, de faire cesser d'une manière quelconque fixée par l'autorité compétente, l'interruption qu'elle avait pratiquée entre certaines rues, et qu'elle fût condamnée à lui payer une somme de.. par chaque jour de retard à partir de l'expiration du délai, qui serait imparti; l'autorité judiciaire ne pouvait, sans s'immiscer dans les attributions administratives, ordonner de pareils travaux sur ce chemin de fer, qui était une entreprise d'utilité publique soumise à la direction et à la surveillance de l'administration; elle ne pouvait non plus, sans préjuger la question de l'établissement des travaux réclamés, accorder une indemnité. — Cour impériale de Paris, 25 novembre 1839, Hagerman C. la Compagnie du chemin de fer de Saint-Germain.

54. Mais nous ferons observer ici que le propriétaire d'un chemin particulier coupé par la traversée d'une voie de fer ne peut à cet égard former sa réclamation que devant le jury d'expropriation comme réparation d'un dommage accessoire à la dépossession qu'il est obligé de subir. — Conseil d'État, 26 août 1858, Crespin C. Chemin de fer de Bordeaux à Cette.

55. S'agit-il du déplacement d'un chemin classé vicinal pour l'établissement d'une ligne de fer, la réclamation des communes intéressées, ayant pour objet, soit de contester la régularité du travail, soit d'obtenir des dommages-intérêts pour le préjudice qui en résulte, est pareillement de la compétence exclusive de l'autorité administrative.

Dans l'espèce, l'autorité préfectorale avait ordonné la suppression d'un chemin vicinal, à la charge de le remplacer par un chemin latéral dont la largeur était déterminée par l'arrêté lui-même, et le cahier des charges annexé à la loi de concession du chemin de fer donnait à l'administration le pouvoir d'autoriser le déplacement des chemins vicinaux; c'était à elle d'ailleurs qu'il appartenait de prendre les mesures nécessaires pour assurer la viabilité publique. Dès lors, soit qu'il fût question d'apprécier si le déplacement du chemin avait été régulièrement opéré, soit qu'il fût question de reconnaître si la commune, à raison de ce déplacement, avait droit à une indemnité, et de fixer, s'il y avait lieu, le chiffre de cette indemnité, l'autorité administrative était seule compétente pour prononcer sur ces questions.

Il en doit être de même lorsqu'un arrêté préfectoral prescrit, à la rencontre d'un chemin vicinal avec la voie ferrée, l'établissement d'un passage à niveau. La partie de ce chemin, qui est ainsi affectée au service de la voie, n'en conserve pas moins le caractère et la destination de voie vicinale. La commune ne subit aucune dépossession, et, dans le cas où elle prétendrait avoir droit à une indemnité pour les dommages que lui causerait l'établissement du chemin de fer,

cette demande ne pourrait être appréciée que par l'autorité administrative. — Conseil d'État, 1er mai 1858, Compagnie du chemin de fer
du Midi C. Commune de Pexiora.

56. Nous ferons observer qu'à la différence du déplacement opéré
dans les circonstances que nous avons indiquées dans le numéro qui
précède, l'allongement seul de parcours provenant d'un déplacement
de voie publique rendu nécessaire par l'exécution d'une ligne de
chemin de fer, en admettant qu'il en résulte un dommage quelconque
soit pour les particuliers, soit pour les communes, ne peut donner
lieu à une poursuite en indemnité par la voie contentieuse, parce que
le dommage n'est ni direct, ni matériel.

En effet, il appartient à l'administration d'ordonner le déplacement
ou la suppression des routes ou autres voies de communication traversées par le chemin de fer, et la Compagnie concessionnaire, en
opérant un déplacement de ce genre, agit conformément aux prescriptions de l'administration. — Conseil d'État, 26 août 1858,
Crespin C. Compagnie du chemin de fer de Bordeaux à Cette. —
1er septembre 1858, Compagnie du chemin de fer du Nord C. Commune de Bergues.

57. Enfin, c'est encore à l'autorité administrative de prononcer
sur les réclamations élevées à raison de dommages occasionnés par
la construction d'un chemin de fer en ce qui concerne la salubrité
publique ou le service de la navigation.

Le chemin de fer de Lyon à Saint-Etienne traverse un bras du
Rhône appelé la Lône de Grigny. Les travaux exécutés pour l'établissement de ce chemin avaient empêché les eaux du Rhône de pénétrer dans ce bras du fleuve, dont l'eau, en devenant stagnante, ré-
pandit des miasmes qui occasionnèrent des maladies. La commune
de Grigny s'éleva contre cet état de choses et demanda que la Compagnie du chemin de fer fût tenue de faire le nécessaire pour l'écoulement des eaux, ainsi qu'elle y était obligée par son cahier des
charges. Elle prétendit aussi que l'établissement du chemin de fer
avait envahi un port de déchargement établi dans la Lône de Grigny
et qui était nécessaire à la navigation.

Le conseil de préfecture, saisi à cet égard, reconnut avec raison qu'il lui appartenait de statuer, et il proclama le droit de la commune à obtenir de la Compagnie l'exécution d'ouvrages propres à faire cesser le dommage et à assurer la salubrité publique, ainsi que la construction d'un nouveau port en remplacement de l'ancien. — Conseil d'État, 28 juin 1837, Commune de Grigny C. la Compagnie du chemin de fer de Saint-Etienne.

II. — DE LA COMPÉTENCE DES TRIBUNAUX DE L'ORDRE JUDICIAIRE.

§ *unique.* — Dans quels cas la connaissance des demandes en indemnité appartient-elle aux tribunaux de l'ordre judiciaire ? Exemples.

SOMMAIRE.

58. Demande en indemnité pour le préjudice résultant de la défense faite d'exploiter une mine.

59. Demande en indemnité pour entraves à la circulation sur la voie publique.

60. Demande pour le préjudice résultant de la suppression d'un passage concédé.

61. Demande pour le préjudice résultant du déplacement d'un chemin non classé vicinal et de l'interruption des communications.

62. Demande en indemnité pour fouilles pratiquées dans des terrains non désignés à cet effet, et pour dépôt de matériaux sur ces terrains.

63. Demande pour abus ou négligence résultant de travaux publics dans des circonstances déterminées.

64. Demande pour avaries causées à un bateau par son échouement contre des pieux laissés autour des piles d'un pont après son achèvement.

65. Demande en indemnité pour dommage résultant du mode d'exploitation industrielle d'un chemin de fer et en suppression ou modification de constructions élevées par une Compagnie de chemin de fer en dehors du périmètre de ce chemin, sans autorisation de l'administration.

58. La demande en réparation du préjudice résultant de la défense faite d'exploiter une mine doit être portée devant l'autorité judiciaire.

Une ordonnance royale du 17 juin 1825 avait concédé la mine de houille de Couzon aux sieurs Allimand, Bernard et Cie. Un peu plus tard, le 27 juin 1826, une autre ordonnance royale accordait aux sieurs Séguin frères, Biot et Cie la concession du chemin de fer à établir de Saint-Etienne à Lyon par Saint-Amand, Rive-de-Gier et Givors. Ce chemin, passant à travers le monticule de Couzon, traversait souterrainement une partie de la mine houillère.

Les travaux faits pour l'exploitation de la mine s'avançant assez près de la voie souterraine du chemin de fer pouvaient en compromettre la sûreté et même l'existence. Le fait fut dénoncé par la Compagnie du chemin de fer au préfet de la Loire, qui, par arrêté du 25 novembre 1829, interdit aux concessionnaires de la mine de continuer leur exploitation, soit au-dessus du chemin, soit au delà de deux plans parallèles à l'axe de ce chemin et éloignés de cet axe, l'un de 30 mètres au nord, l'autre de 20 mètres au midi.

Les concessionnaires de la mine virent dans cet arrêté préfectoral une expropriation de partie de leur propriété et formèrent contre la Compagnie du chemin de fer une demande en indemnité de 300,000 francs. La Compagnie soutint qu'il n'y avait là que l'application d'une mesure de police dont elle ne pouvait avoir à répondre.

Ce soutien, repoussé d'abord par le tribunal de Saint-Etienne, qui condamna la Compagnie du chemin de fer à payer une indemnité à fixer par experts, fut accueilli sur appel par la Cour impériale de Lyon. Mais l'arrêt fut cassé par la Cour suprême, après un long délibéré en chambre du Conseil.

La loi du 21 avril 1810, *disait la Cour de cassation*, déclare que les concessions de mines en confèrent la propriété perpétuelle, disponible et transmissible, comme les autres biens immeubles, dont les concessionnaires ne peuvent être expropriés que dans les cas et, selon les formes prescrits relativement aux autres propriétés ; et tout propriétaire a droit à une juste indemnité, non-seulement lorsqu'il est obligé de subir l'éviction entière et absolue de sa propriété ; mais aussi lorsqu'il est privé de sa jouissance et de ses produits pour cause d'utilité publique.

La concession d'une mine a pour objet l'exploitation de la matière minérale qu'elle renferme. Donc, le concessionnaire auquel cette exploitation est interdite dans une partie du périmètre de la mine, pour un temps déterminé, est privé des produits de sa propriété, et éprouve une véritable éviction dont il doit être indemnisé. Le droit de surveillance, réservé par l'article 50 de la loi de 1810 (1) à l'autorité administrative, sur l'exploitation des mines, n'altère en rien le droit de propriété du concessionnaire et ne lui impose pas l'obligation de subir la perte d'une partie de sa concession pour la création d'un établissement nouveau, sans une juste indemnité.

Or, en fait, il était reconnu et constaté par l'arrêt attaqué que la concession de la mine de Couzon était antérieure à celle du chemin de fer et qu'elle ne contenait aucune clause, qui obligeât les concessionnaires de cette mine à céder, sans indemnité, une partie du terrain compris dans son périmètre pour établir le chemin de fer. D'un autre côté, il était évident que l'arrêté préfectoral du 25 novembre 1829, provoqué par la Compagnie du chemin de fer, avait été nécessité par la création de ce chemin ; que ses dispositions n'auraient pas été portées, si cette voie nouvelle et souterraine n'avait pas été établie dans la mine ; qu'ainsi, il n'était pas un acte de police relatif à l'exploitation de la mine, mais une mesure d'administration prise dans l'intérêt du chemin de fer et uniquement relative à sa consolidation. D'ailleurs, l'article 11 de la loi de 1810 (2) ne

---

(1) Article 50 de la loi du 21 avril 1810 : « Si l'exploitation compromet la sûreté publique, la conservation des puits, la solidité des travaux, la sûreté des ouvriers mineurs ou des habitations de la surface, il y sera pourvu par le préfet, ainsi qu'il est pratiqué en matière de grande voirie, et selon les lois. »

(2) Article 11 de la loi du 21 avril 1810 : « Nulle permission de recherches, ni

pouvait être appliqué aux établissements formés après la concession et notamment aux routes souterraines pratiquées dans le périmètre de la mine.

En conséquence, la Cour décida que les concessionnaires du chemin de fer, substitués tant aux droits qu'aux obligations de l'État, étaient passibles de l'indemnité due à raison d'une éviction dont ils profitaient. — Cour de cassation, 18 juillet 1837, les concessionnaires des mines de Couzon C. les propriétaires du chemin de fer de Saint-Etienne.

Sur le renvoi prononcé, l'affaire revint devant la Cour impériale de Dijon, qui, comme l'avait fait la Cour impériale de Lyon, infirma le jugement du tribunal de Saint-Etienne et renvoya purement et simplement les concessionnaires du chemin de fer de la demande formée contre eux. — Cour impériale de Dijon, 25 mai 1838.

Alors, nouveau pourvoi de la part des concessionnaires de la mine et nouvel arrêt de la Cour suprême qui, visant l'article 9 de la Charte constitutionnelle (1) et l'article 545 du Code Napoléon (2) relatifs à l'indemnité due à ceux qui sont dépossédés de leur propriété pour cause d'utilité publique, ainsi que l'article 1382 du même Code (3), d'après lequel tout fait quelconque de l'homme, qui cause à autrui un dommage, oblige celui par la faute duquel il est arrivé à le réparer, reproduit les motifs de sa décision du 18 juillet 1837 et pro-

---

concession de mine ne pourra, sans le consentement formel du propriétaire de la surface, donner le droit de faire des sondes et d'ouvrir des puits ou galeries, ni celui d'établir des machines ou magasins dans les enclos murés, cours ou jardins, ni dans les terrains attenant aux habitations ou clôtures murées, dans la distance de cent mètres desdites clôtures ou des habitations.

(1) Article 9 de la charte constitutionnelle de 1830 : « L'État peut exiger le sacrifice d'une propriété pour cause d'intérêt public légalement constaté, mais avec une indemnité préalable. »

(2) Article 545 du Code Napoléon : « Nul ne peut être contraint de céder sa propriété, si ce n'est pour cause d'utilité publique, et moyennant une juste et préalable indemnité. »

(3) Article 1382 du Code Napoléon : « Tout fait quelconque de l'homme qui cause à autrui un dommage oblige celui par la faute duquel il est arrivé à le réparer. »

clame de nouveau le droit des concessionnaires de la mine à une indemnité. — Cour de cassation, 3 mars 1841. — 3 janvier 1852, Chemin de fer de Saint-Etienne C. Fleurdelix et consorts.

Nous ferons observer qu'il importe peu que le chemin de fer ait son parcours, non souterrainement, mais à ciel ouvert. En effet, si, nonobstant la concession de la mine, les droits inhérents à la propriété de la surface restent entiers, conformément à l'article 544 du Code Napoléon (1), il ne s'ensuit pas que le propriétaire de la surface ait le droit de pratiquer des travaux nuisibles à l'exploitation dans l'étendue de son périmètre, et, s'il est vrai que les concessionnaires d'une mine soient tenus d'en consolider le plafond et de ne rien faire, qui puisse détruire la jouissance du propriétaire de la surface, il ne faut pas confondre avec cette obligation l'interdiction absolue d'exploiter la mine sous un chemin ou un édifice, ou à une distance déterminée de l'un ou de l'autre.

Enfin, la contestation s'élevant, dans l'un et l'autre cas, entre les propriétaires de la surface, redevanciers de la mine, et l'individu ou l'entreprise dans l'intérêt desquels l'interdiction d'exploiter a été prononcée, est une contestation purement civile, de la compétence des tribunaux ordinaires, ne provoquant que l'application des principes du droit commun. Elle n'est point en opposition avec les actes administratifs qui sont intervenus, et, au contraire, ces actes étant respectés et maintenus, elle a seulement pour objet d'en régler les conséquences et l'application aux intérêts privés. — Arrêt du 3 janvier 1852. — Cour impériale de Paris, 24 juillet 1857, Chemin de fer de Lyon à Genève C. Compagnie générale des asphaltes.

59. Il en est de même de la demande en indemnité pour entraves à la circulation sur la voie publique.

La Compagnie du chemin de fer de Saint-Germain, représentée depuis par la Compagnie des chemins de fer de l'Ouest, avait inter-

---

(1) Article 544 du Code Napoléon : « La propriété est le droit de jouir et disposer des choses de la manière la plus absolue, pourvu qu'on n'en fasse pas un usage prohibé par les lois ou par les règlements. »

cepté la circulation sur le pont de la rue de Stockholm, en démolissant ce pont qu'elle n'avait point rétabli.

Ce pont, qui faisait partie d'une voie publique régulièrement classée, ne pouvait, en conséquence, être supprimé qu'en vertu d'une décision de l'autorité administrative, qui aurait déclassé cette voie publique en totalité ou en partie ; et la Compagnie des chemins de fer de l'Ouest ne produisait aucune décision, qui eût prononcé la suppression de ce pont. Or, en le supprimant, la Compagnie des chemins de fer de l'Ouest n'avait pas agi en qualité d'entrepreneur de travaux publics. Dès lors, la demande d'indemnité, à raison du dommage que la Compagnie avait causé par cette suppression irrégulière, ne rentrait pas dans les contestations qui doivent être portées devant les conseils de préfecture, mais constituait une voie de fait ordinaire à raison de laquelle les propriétaires lésés devaient porter leur demande devant l'autorité judiciaire.

C'était en vain que la Compagnie des chemins de fer de l'Ouest avait cherché à se retrancher derrière une décision du Ministre des travaux publics, qui avait déclaré nécessaire de démolir une partie de ce pont qui subsistait encore ; parce que cette décision n'avait été prise qu'à cause des dangers que cet ouvrage dégradé par la Compagnie présentait pour la sécurité de l'exploitation du chemin de fer de Rouen et n'avait pas eu pour objet d'autoriser la suppression du pont en tant que voie publique. — Conseil d'État, 17 mars 1859, Compagnie du chemin de fer de l'Ouest C. Martelle.

60. La juridiction est la même pour le préjudice résultant de la suppression d'un passage concédé.

La Compagnie du chemin de fer de Saint-Etienne, en vendant certains terrains, qui lui étaient inutiles, avait concédé à l'acquéreur un passage sur la voie ferrée. Postérieurement le Grand-Central, remplacé depuis par le chemin du Bourbonnais, substitué au chemin de Saint-Etienne, fit exécuter certains travaux de rectification et de redressement de la voie autorisés par l'autorité supérieure, qui amenèrent la suppression de ce passage. Alors, le détenteur des terrains pour l'usage et l'utilité desquels le passage avait été concédé assigna devant le tribunal civil de Lyon la Compagnie du chemin de fer en rétablissement du passage, et subsidiairement en dommages-intérêts.

La Compagnie objecta que le réclamant n'avait point fait connaître son droit dans le délai fixé par l'article 21 de la loi du 31 mai 1841. Qu'ainsi son action était non recevable. Jugement, confirmé sur appel, qui, sans avoir égard à la fin de non-recevoir, ordonne, dans un délai déterminé, le rétablissement du passage à tous usages sur le point où il avait été établi, et condamne dès à présent la Compagnie, faute d'exécution dans le délai imparti, à payer 2,000 francs de dommages-intérêts.

Pourvoi en cassation par la Compagnie pour incompétence et violation de l'article 13, titre 2, de la loi des 16 et 24 août 1790, du décret du 16 fructidor an III et de l'article 4 de la loi du 28 pluviôse an VIII, enfin de la règle de la séparation des pouvoirs.

Mais, le pourvoi fut rejeté. En effet, la Compagnie concessionnaire du chemin de fer de Saint-Etienne à Lyon avait constitué, au profit de l'héritage des auteurs du détenteur actuel, un droit de passage sur la voie de fer. Ce passage avait été supprimé par suite de travaux de rectification que la Compagnie concessionnaire du chemin de fer de Paris à Lyon par le Bourbonnais, substitué aux droits et obligations de la Compagnie de Saint-Etienne à Lyon, avait bien été autorisée à exécuter sur la voie ferrée. Mais la suppression de cette servitude n'avait été la conséquence ni de l'expropriation du fonds servant, ni d'une expropriation spéciale pour cause d'utilité publique. Elle ne constituait donc pas un simple dommage à la propriété en faveur de laquelle la servitude avait été concédée, mais la dépossession d'un droit réel inhérent à cette propriété. Ainsi, l'appréciation de la demande tendant, soit à l'exécution de l'obligation contenue dans l'acte de vente originaire, soit à l'allocation de dommages-intérêts, à défaut d'exécution, n'appartenait ni aux tribunaux administratifs, ni au jury d'expropriation, et rentrait dans la compétence des tribunaux civils. — Cour de cassation, 2 février 1859, Chemin de fer de Paris à Lyon C. Flottard.

61. Si un chemin non classé vicinal se trouve déplacé par suite de l'établissement d'une voie de fer, c'est aussi devant l'autorité judiciaire que la commune doit porter sa demande en indemnité. Car l'autorité administrative est incompétente pour prononcer sur la demande en dommages-intérêts formée par la commune à raison de la prise de possession du sol d'un chemin dans ces conditions, avant l'accomplissement des formalités légales, et cette demande ne peut être appréciée que par les autorités qui, d'après la loi du 3 mai 1841, doivent autoriser la dépossession et régler l'indemnité due aux propriétaires dépossédés. — Conseil d'État, 1er mai 1858, Compagnie du chemin de fer du Midi C. commune de Pexiora.

Il en est de même si, au lieu d'être simplement déplacé, le chemin se trouve coupé de telle sorte qu'il y ait interruption complète des communications. Mais, la compétence de l'autorité judiciaire ne va pas au delà du droit de connaître de la demande en indemnité. Il ne lui appartiendrait pas notamment de statuer sur des conclusions, qui tendraient à l'enlèvement des barrières formant clôture et interrompant le parcours sur ce chemin, à la destruction de la voie ferrée et à la remise en possession de la portion du chemin réunie au chemin de fer par des décisions administratives, parce qu'il ne peut appartenir à l'autorité judiciaire d'ordonner la destruction d'ouvrages prescrits par l'administration et la destruction d'une portion de chemin occupée par la voie ferrée et affectée au service public du chemin de fer. — Conseil d'État, 15 mai 1858, Compagnie du chemin de fer du Midi C. ville de Bordeaux et autres.

62. C'est encore à l'autorité judiciaire qu'appartient exclusivement la connaissance de la demande en indemnité pour fouilles pratiquées dans des terrains non désignés à cet effet par l'administration et pour dépôts de matériaux sur ces terrains, soit que l'on considère l'entreprise dont se plaint le propriétaire de ces terrains comme constituant des voies de fait, soit qu'il ait existé des conventions entre ce propriétaire et la Compagnie concessionnaire du chemin de fer. — Conseil d'État, 15 juin 1847, Rigault C. Compagnie du chemin de fer de Versailles (rive gauche).

63. Les tribunaux ordinaires deviennent également compétents lorsqu'on leur dénonce seulement l'abus résultant de travaux publics dans des circonstances déterminées.

La Compagnie du chemin de fer de l'Est avait fait construire sur le territoire de la commune de Longeville-les-Metz, auprès de la rivière de la Moselle, une digue destinée à garantir la voie ferrée contre les inondations dans le parcours de Metz à Thionville. Un aqueduc, dont l'orifice était fermé par des vannes, devait au besoin conduire les eaux dans un bras abandonné s'étendant derrière la commune. En juin 1856, les eaux de la Moselle, venant à déborder, inondèrent une partie des terres de la commune de Moulins, en amont de la digue. La Compagnie fut attaquée devant le tribunal de première instance de Metz, en réparation du dommage éprouvé et qui n'était dû, d'après le demandeur en indemnité, qu'à la négligence de ses agents, qui n'avaient pas levé les vannes de l'aqueduc, ce qui avait ainsi fait refluer les eaux sur les terrains supérieurs.

La Compagnie opposa l'incompétence du tribunal, et le déclinatoire fut admis. Mais, sur appel, le jugement fut infirmé et la connaissance du litige réservée à l'autorité judiciaire.

En effet, dans son exploit introductif d'instance, le demandeur avait nettement articulé le fait à raison duquel il réclamait des dommages-intétêts. Il n'avait point attribué le dommage à la construction ou à l'existence de la digue, mais à la négligence des préposés de l'administration du chemin de fer, qui avaient omis de lever les vannes de décharge pratiquées dans l'aqueduc construit sous cette digue et avaient par là inondé sa propriété, ce qu'il offrait d'établir, en cas de méconnaissance, par une enquête et une expertise.

Or, s'il est incontestable que les travaux de chemin de fer ont le caractère de travaux publics, encore faut-il que le demandeur se plaigne d'un tort ou d'un dommage, qui lui serait advenu par l'effet de ces travaux, pour qu'aux termes de l'article 4 de la loi du 28 pluviôse an viii, on doive renvoyer la demande devant le conseil de préfecture, parce que dans ce cas il y aurait à déterminer le sens et la portée des actes administratifs, qui ont autorisé la confection des travaux. Mais il en est autrement, et les tribunaux ordinaires deviennent compétents toutes les fois qu'on leur défère seulement l'usage irrégulier et abusif, qui aurait été fait de certains travaux dans des circonstances déterminées. Dans ce cas, ce n'est plus la construction elle-même, qui est à apprécier, c'est un fait ordinaire du droit commun et une sorte de délit ou de quasi-délit analogue à ce qui est prévu et réglé par l'article 1382 et suivants du Code Napoléon (1). Il n'y avait donc dans la cause qu'un fait abusif dénoncé au tribunal civil de Metz, qui ne devait pas renvoyer le demandeur à d'autres juges. — Cour impériale de Metz, 26 mars 1857 ; veuve Fénot C. chemin de fer de l'Est.

64. Il ne s'agit aussi que d'un fait abusif ou de négligence, lorsque, après l'achèvement d'un pont construit par une Compagnie de chemin de fer, avec l'autorisation de l'administration, et destiné à la voie ferrée, des pieux ont été laissés autour d'une des piles de ce pont et qu'un bateau est venu se briser contre ces pieux. Le maintien de ces pieux constitue une contravention de grande voirie, et la demande en indemnité, formée par les propriétaires des marchandises perdues ou avariées lors de l'accident arrivé à ce bateau, est une demande sur laquelle il n'appartient pas à l'autorité administrative de prononcer, mais bien à l'autorité judiciaire, d'après les décrets des 16 décembre 1811 et 10 avril 1812. — Cour impériale de Rouen, 17 juin 1844, Compagnie du chemin de fer de Paris à Rouen C. Compagnie Roquié. — 12 avril 1845, même Compagnie C. Decambos. — Conseil d'Etat, 21 août 1845, entre les mêmes parties.

65. Enfin, c'est également à l'autorité judiciaire qu'il appartient de statuer sur la demande en dommages-intérêts, à raison du mode d'exploitation industrielle d'un chemin de fer, et même sur la demande en suppression ou modification de constructions élevées par une Compagnie de chemin de fer, en dehors du périmètre de ce chemin, sans l'autorisation de l'administration.

La Compagnie du chemin de fer de l'Est avait établi, sur le terrain de la gare d'Avricourt et aussi sur un terrain voisin acquis

---

(1) Voir page 105, note 3.

amiablement et annexé à la gare, douze estacades servant au déchargement à ciel ouvert des houilles, soufres et autres marchandises friables. Un propriétaire voisin trouvant que sa maison était devenue inhabitable par la poussière produite par le mode de déchargement, assigna la Compagnie devant le tribunal civil de Sarrebourg, pour obtenir des dommages-intérêts et faire ordonner la suppression des estacades ou au moins l'exécution des ouvrages propres à remédier à l'inconvénient provenant de la poussière et le changement du mode de déchargement des marchandises.

D'après les termes dans lesquels la demande était formée, le tribunal n'était évidemment pas compétent pour connaître de la demande, en tant qu'elle avait pour objet la destruction des estacades construites sur la voie ferrée et la confection d'ouvrages préservatifs à faire sur cette même voie. Mais il était compétent pour statuer sur le surplus de la demande, et notamment sur les questions : 1° de la suppression des estacades construites sur le domaine privé de la Compagnie ; 2° de la confection d'ouvrages préservatifs sur ce même domaine ; 3° du changement du mode d'exploitation et de manipulation des marchandises ; 4° du dédommagement prétendu par le propriétaire.

En effet, il était reconnu par les parties que les estacades, au nombre de douze, construites par la Compagnie concessionnaire, avaient été établies, savoir : cinq sur le terrain dépendant du domaine public, c'est-à-dire de la voie ferrée, et les sept autres sur des propriétés privativement acquises par la Compagnie même, sans aucune autorisation du gouvernement. A l'égard des cinq premières estacades, le cahier des charges annexé à la loi de concession du chemin de fer, avait subrogé la Compagnie concessionnaire dans tous les droits de l'Etat, spécialement pour les constructions à faire dans un but de chargement ou de déchargement des marchandises. A ce premier point de vue, ce qu'avait fait la Compagnie était donc censé avoir été fait par l'Etat lui-même, et avait la nature de véritables travaux publics dont le tribunal ne pouvait ordonner la destruction ; par cela même il lui était interdit de prescrire la création d'ouvrages préservatifs en ce qui concernait les cinq estacades incorporées à la voie ferrée. Mais une toute autre solution devait être rendue relativement aux sept estacades édifiées sur le domaine privé de la Compagnie concessionnaire, qui, par rapport à ces sept estacades, ne pouvait se prévaloir d'autre qualité que celle de simple industriel agissant uniquement dans un intérêt privé ; de sorte que le tribunal, à défaut d'exécution de son jugement en ordonnant la suppression, avait le pouvoir alternatif de prescrire l'établissement d'ouvrages préservatifs en ce qui concernait ces sept estacades.

Le tribunal était encore compétent relativement au changement du mode d'exploitation et de manipulation des marchandises et aux dommages-intérêts. Ces deux chefs de demande ne tendaient à rien autre chose qu'à contraindre la Compagnie concessionnaire à employer, pour l'usage des constructions qu'elle avait faites, un mode d'exploitation qui ne nuisît à personne. A cet égard, le jugement qui pouvait intervenir n'atteignait la Compagnie que dans son intérêt pécuniaire et industriel. En vain on eût prétendu qu'en fait de travaux publics les dommages-intérêts, qui peuvent être la conséquence de leur création, ne peuvent être demandés qu'administrativement. Ici, il ne s'agissait pas d'un préjudice résultant immédiatement de la construction elle-même, mais du mode et de l'usage des travaux construits.

Le tribunal de Sarrebourg et la cour impériale de Nancy l'avaient ainsi jugé : la Compagnie se pourvut contre cette décision pour violation des principes sur la séparation des pouvoirs administratif et judiciaire.

Mais les faits étaient constants. Les sept estacades auxquelles se serait appliqué le moyen invoqué ne faisaient pas partie des travaux compris dans le cahier des charges, qui avait servi de base à la concession du chemin de fer. Elles avaient été élevées depuis, en dehors du périmètre de ce chemin, sur un terrain acheté à titre purement privé et sans aucune autorisation par la Compagnie ; et il n'apparaissait pas qu'il eût été produit aucune autorisation administrative qui eût pu conférer à ces travaux le caractère de travaux publics. Une lettre du Ministre des travaux publics, que la Compagnie produisait pour la première fois devant la cour de cassation, établissait clairement et sans ambiguïté que, si l'administration ne s'était point opposée à ces travaux, elle ne les avait pas non plus autorisés ; qu'elle avait en-

8

tendu, au contraire, les laisser aux risques et périls de la Compagnie et ne lui en rembourser les dépenses, à l'expiration de sa concession, qu'autant qu'à cette époque ces travaux seraient jugés utiles à l'exploitation du chemin de fer.

Quant à la détermination du mode d'exploitation et aux dommages-intérêts, le préjudice dont se plaignait le demandeur était la conséquence, non de l'établissement du chemin de fer et du service public auquel il était affecté, mais d'un fait particulier de son exploitation industrielle, consistant dans un certain mode de déchargement des marchandises prétendu dommageable par le demandeur à sa propriété.

Un pareil litige n'avait été attribué ni par l'article 4 de la loi du 28 pluviôse an VIII, ni par aucune autre loi, à la juridiction administrative. C'était donc avec raison qu'il avait été soumis à l'autorité udiciaire, et le pourvoi fut rejeté. —Cour de cassation, 1er août 1860, Chemin de fer de l'Est C. Thirion.

CHAPITRE III. — DE LA RÉCEPTION DES LIGNES DE FER.

SOMMAIRE.

66. Qui doit réclamer la réception d'une ligne de fer?

67. Après réception, le remplacement des clôtures ne peut être ordonné sous le prétexte qu'elles seraient insuffisantes.

66. L'obligation de demander à l'administration supérieure la réception des voies ferrées avant leur exploitation incombe aux Compagnies concessionnaires, et nullement au constructeur de ces voies, qui, en cette qualité, en a fait la livraison aux Compagnies; de sorte que le défaut de réception ne pourrait être imputé au constructeur, en tant qu'il constituerait un fait de négligence pouvant servir de base légale à une condamnation.—Cour de cassation, 1er fév. 1855, Flachat.

67. Aux termes de l'art. 4 de la loi du 15 juillet 1845, l'administration a seule le droit de déterminer le mode de clôture qu'une Compagnie est tenue d'établir le long de la voie. Lors donc que la clôture qui existe entre les propriétés privées et le chemin de fer a été acceptée par l'administration, il n'y a plus lieu pour l'autorité administrative de condamner la Compagnie à modifier cette clôture, sous le prétexte qu'elle serait insuffisante et n'empêcherait pas notamment le passage des animaux de basse-cour. — Conseil d'État, 24 mai 1859, Chemin de fer de l'Ouest C. Vattier.

CHAPITRE IV. — DES CONSTRUCTIONS VOISINES DES CHEMINS DE FER.

§ *unique*. — **Dans quelles conditions et à quelle distance ces constructions peuvent-elles exister?**

SOMMAIRE.

68. Les constructions voisines des chemins de fer ne peuvent être établies que sur un alignement préalablement donné par l'autorité administrative.

69. Elles ne peuvent être élevées à moins de deux mètres de la voie ferrée, et il est interdit d'ouvrir des jours et issues dans les murs de clôture placés à cette distance.

70. Toutefois, la prohibition écrite dans l'article 5 de la loi du 15 juillet 1845 n'est pas applicable aux constructions voisines d'un embarcadère, pourvu qu'elles se trouvent à 2 mètres de la voie ferrée elle-même.

71. A qui appartient le droit de demander la suppression de servitudes établies sur un chemin de fer?

68. La loi du 15 juillet 1845, sur la police des chemins de fer, a déclaré applicables aux propriétés riveraines de ces chemins les servitudes imposées par les lois et règlements sur la grande voirie, en ce qui concerne *l'alignement*, etc., etc.

Aux termes de l'article 3 de cette loi et des autres lois et règle-ments auxquels cet article se réfère, il appartient au préfet de don-ner l'alignement pour construire le long d'un chemin de fer, et l'arrêté par lui pris à cet égard n'est point subordonné à l'approba-tion du Ministre des travaux publics. En conséquence, le proprié-taire qui a obtenu cet arrêté a pu, sans provoquer ni attendre cette approbation, user immédiatement de l'autorisation qui lui était conférée. La décision ultérieure par laquelle le Ministre des travaux publics aurait annulé l'arrêté préfectoral ne saurait avoir pour effet, quelle que puisse être d'ailleurs son autorité, d'imprimer à une construction régulièrement faite avant cette décision le caractère d'une contravention entraînant la suppression des travaux exécutés. — Conseil d'État, 16 avril 1851, Delier.

69. La même loi, par son article 5, dispose qu'aucune construction autre qu'un mur de clôture ne pourra être établie dans une distance de 2 mètres d'un chemin de fer. Cette disposition ne permet pas de douter qu'il est interdit de pratiquer des jours et issues dans un mur de cette nature. — Même arrêt.

70. Toutefois, si l'article 5 de la loi du 15 juillet 1845 interdit d'établir des constructions dans une distance de 2 mètres mesurés, soit de l'arête inférieure du talus du remblai, soit du bord extérieur des fossés du chemin, et, à défaut, d'une ligne tracée à 1 mètre 50 centimètres à partir des rails extérieurs de la voie de fer, cette disposition, prescrite dans un intérêt de police et pour la sécurité de la voie de fer, n'est pas applicable aux constructions élevées à moins de 2 mètres des bâtiments servant d'embarcadère, pourvu qu'elles se trouvent à 2 mètres de la voie de fer elle-même. — Conseil d'État, 12 mai 1853, Chauvin.

71. Quant aux demandes en suppression de servitudes que des propriétaires tenteraient d'établir sur la voie ferrée dans l'intérêt de leurs propriétés, les Compagnies de chemins de fer sont sans droit et sans qualité pour les intenter.

L'instance, qui a pour objet un droit de servitude, par conséquent un droit réel, soulève une véritable question de propriété ou de démembrement de la propriété. En pareille matière, l'action ne peut être vablement intentée et soutenue que par les personnes investies du droit de domaine ou de propriété.

Une Compagnie concessionnaire d'un chemin de fer ne peut être considérée comme investie de ce droit aux termes de la loi. D'après la disposition formelle de l'article 1er de la loi du 15 juillet 1845, les chemins de fer construits ou concédés par l'État font partie de la grande voirie, et, par suite, sont du domaine public. Vainement on chercherait, à l'occasion, à se prévaloir de certaines expressions qui se trouveraient dans le cahier des charges de la concession du chemin. Les énonciations qui se rencontreraient dans ce document seraient sans force contre les principes de la matière et les termes exprès de la loi. L'État est donc seul propriétaire des voies ferrées, et seul il a le droit d'intenter les actions en suppression de servitudes établies sur ces voies.—Cour impériale de Douai, 9 mars 1857, Compagnie du chemin de fer du Nord C. Cail et compagnie.

TITRE CINQUIÈME.

De l'exploitation en général et de ses suites.

PREMIÈRE PARTIE.

DISPOSITIONS SE RATTACHANT AU SERVICE.

I. — DES GARES.
II. — DES BUREAUX D'EXPÉDITION.
III. — DES CONVOIS.

I. — Des gares.

SOMMAIRE.

72. L'entrée des gares ne peut être refusée aux voitures d'une entreprise de transport de voyageurs dans l'intérêt d'une autre entreprise qui y est admise.

73. L'arrêté préfectoral, fondé sur des motifs généraux de police et de sûreté publique, qui oblige une Compagnie de chemin de fer à livrer à l'usage commun de plusieurs entreprises de voitures publiques un local dépendant de l'embarcadère, et qu'elle avait loué exclusivement à une entreprise spéciale, constitue un fait de force majeure dont la Compagnie ne peut être responsable.

72. La destination des chemins de fer et les expropriations pour cause d'utilité publique à l'aide desquelles ils sont établis les rendent une dépendance du domaine public, et indiquent que les Compagnies qui en sont concessionnaires n'en ont l'administration que sous l'obligation de les faire servir à l'usage de tous, sans privilége pour personne. Il est tout aussi certain que leur exploitation doit être strictement renfermée dans le parcours qui fait l'objet de la conces-sion, et ne peut dépasser les points où la voie de fer commence et finit.

Il suit de ces principes qu'il est interdit à ceux à qui ils appar-tiennent de rien faire de ce qui pourrait, en dehors de ces chemins, favoriser telle ou telle industrie au préjudice de telle autre. C'est dans cet esprit qu'ont été faites les lois sur cette matière, et la pen-sée du législateur, pour assurer à chacun une égalité parfaite dans les avantages qui doivent résulter pour tous de ces immenses voies de communication, se manifeste, indépendamment des principes généraux, d'une manière spéciale soit dans les lois de concession, soit dans les cahiers des charges imposées aux concessionnaires.

Il est donc juste de reconnaître qu'une Compagnie de chemin de fer ne peut, alors même que la loi de concession serait muette à cet égard, refuser l'entrée de sa gare aux voitures d'une entreprise de transport de voyageurs et y admettre celles d'une autre entreprise.

S'il en était autrement, il en résulterait que le privilége d'une Compagnie de chemin de fer s'étendrait non-seulement sur les lignes du chemin de fer et ses dépendances, mais même sur le parcours d'une ville entière, ses voitures ou celles d'entreprises devenues ses tributaires ayant seules le monopole du transport des voyageurs sur tous les points de la cité. — Cour impériale de Nîmes, 12 mai 1843, Bompard, Bosc et Cie. C. Chemin de fer de Nîmes à Alais. — Tribunal civil de Rouen, 30 août 1843, Omnibus de Rouen C. Chemin de fer de Paris à Rouen.

73. Il a même été décidé qu'un arrêté préfectoral fondé sur des motifs généraux de police et de sûreté publique, qui obligeait une Compagnie de chemin de fer à livrer à l'usage commun de plusieurs entreprises de voitures publiques un local dépendant de l'embarca-dère, et qu'elle avait loué exclusivement à une entreprise spéciale, constituait un fait de force majeure dont la Compagnie ne pouvait pas être responsable.

Il était établi, en fait, qu'une convention, qualifiée *contrat de louage*, avait existé entre l'administration du chemin de fer et une dame Gros, pour la jouissance exclusive d'un terrain attenant au débarcadère provisoire du chemin de fer de Bâle à Strasbourg, sis à Kœnigshoffen, et dépendant de la concession faite à la Compagnie, sur lequel ladite dame Gros avait été autorisée à construire un hangar pour la station des omnibus qu'elle exploitait, et qui devaient transporter les voyageurs de Kœnigshoffen à Strasbourg. Il était également reconnu, en fait, que la dame Gros avait joui, sans opposition ni trouble de la part de la Compagnie, de la concession ci-dessus jusqu'à l'exécution forcée d'un arrêté de M. le préfet du Bas-Rhin, rendu sur les rapports du commissaire spécial de police du chemin de fer de Strasbourg à Bâle et de l'ingénieur en chef des ponts et chaussées, et fondé sur des motifs généraux de police et de sûreté publique.

Or, la Compagnie ne pouvait empêcher l'exécution, poursuivie par l'autorité contre la dame Gros, des dispositions de l'arrêté qui la concernaient, sauf à cette dernière à se pourvoir administrativement pour obtenir que ces dispositions fussent rapportées. En conséquence, la dépossession qu'elle avait été obligée de subir et l'inexécution du contrat de louage du terrain en question n'avaient eu pour cause qu'un acte de la puissance publique non attaqué par les voies de droit, lequel constituait essentiellement un cas de force majeure; d'où il suivait que lesdites dépossession et inexécution ne pouvaient, aux termes de l'article 1148 du Code Napoléon, donner lieu à aucuns dommages-intérêts au profit de la dame Gros. — Cour de cassation, 3 mars 1847, Compagnie du chemin de fer de Strasbourg à Bâle C. Gros.

II. — Des bureaux d'expédition.

SOMMAIRE.

74. Les Compagnies ont le droit d'établir des bureaux d'expédition de marchandises dans l'intérieur des villes, quelque dommage qui puisse en résulter pour les commissionnaires de transports existant dans ces villes.

74. L'établissement légal des chemins de fer ne peut en soi donner lieu de la part des entrepreneurs de transports à une action en réparation du préjudice qui en résulterait pour leur industrie.

Ainsi, par exemple, les commissionnaires de transports existant dans les villes ne peuvent se plaindre du tort que leur ferait éprouver une Compagnie en établissant dans ces villes un bureau central pour les expéditions de marchandises à grande et petite vitesse.

En établissant un semblable bureau, la Compagnie ne fait qu'user d'un droit commun, s'il n'apparaît d'aucune disposition de loi spéciale qu'il lui en aurait été enlevé l'exercice. — Cour impériale d'Amiens, 21 janvier 1853, Chemin de fer du Nord C. Guérin.

III. — Des convois.

§ **1**. De la composition des convois.

§ **2**. Du départ des convois.

§ **1**. Composition des convois.

SOMMAIRE.

75. L'obligation imposée aux Compagnies de mettre dans tout convoi ordinaire de voyageurs un nombre suffisant de voitures de chaque classe est absolue.

76. L'infraction à cette obligation constitue une contravention.

77. Cette contravention existe alors même que le voyageur, sans payer un supplément de prix, a été placé dans une voiture d'une classe supérieure à celle pour laquelle il avait pris un billet.

78. La réponse faite à des voyageurs, que les wagons sont pleins, constitue la contravention prévue par l'article 17 de l'ordonnance du 15 novembre 1846, i moins qu'il ne soit établi que la Compagnie se trouvait dans un cas d'excuse légale.

79. Cette contravention est imputable au Directeur seul de l'exploitation, et non aux employés chargés du service.

80. Dans les trains mixtes de voyageurs et de marchandises marchant à la vitesse des trains de voyageurs, les voitures qui portent les marchandises doivent être pourvues de tampons à ressort, aussi bien que les voitures de voyageurs.

81. L'infraction à cette obligation constitue également une contravention punie par l'article 21 de la loi du 15 juillet 1845.

75. Aux termes de l'article 17 de l'ordonnance du 15 novembre 1846, tout convoi ordinaire de voyageurs doit contenir, en nombre suffisant, des voitures de chaque classe, à moins d'une autorisation spéciale du Ministre des travaux publics. De cette disposition résulte donc une obligation générale imposée aux Compagnies pour assurer aux voyageurs des moyens certains de transport dans les voitures de la classe de leur choix, à toutes les heures du départ, non-seulement à la station de départ, mais aussi à chacune des stations que les convois doivent desservir; et on ne saurait dire que l'expression *suffisant* doit être entendue en ce sens qu'il suffit, pour avoir accompli l'obligation de la loi, que l'administration du chemin de fer ait organisé le service de manière à répondre aux besoins présumés du parcours, sans qu'on puisse lui imputer à faute l'erreur involontaire qu'elle aurait pu commettre dans sa combinaison, parce que ce serait faire dépendre l'exécution de la loi du libre arbitre des compagnies. — Cour impériale d'Aix, 21 janvier 1854, Chemin de fer de Lyon à la Méditerranée. — Cour de cassation, 22 avril 1854, mêmes parties.

76. Aussi, comme en dehors de l'autorisation spéciale du Ministre dont parle l'article 17 rappelé ci-dessus, l'ordonnance n'admet d'autre exception à cette obligation que la fixation du maximum de voitures pouvant composer un convoi, dès l'instant où il est constaté que, sans qu'on puisse arguer d'une autorisation du Ministre des travaux publics pour la composition des voitures constituant le train, ou de ce que le train avait atteint son maximum de voitures, ou encore d'un cas de force majeure, c'est-à-dire d'un événement ou d'un accident impossible à prévoir, des voyageurs n'ont pu trouver place dans un convoi et dans une voiture de la classe pour laquelle il leur avait été délivré des billets, il y a contravention aux dispositions de l'article 17 de l'ordonnance du 15 novembre 1846. Ce serait mal à propos que le tribunal saisi de la répression de cette contravention refuserait d'en reconnaître l'existence, en se fondant sur ce qu'il n'y aurait eu ni mauvaise intention, ni mauvais vouloir, ni négligence de la Compagnie ou de ses employés, ni erreur assez grave dans les prévisions ou les besoins du service pour revêtir les caractères d'une faute. — Mêmes arrêts.

77. Il convient d'ajouter qu'on ne serait pas plus fondé à soutenir que l'article 17 précité n'a eu pour but que d'empêcher que des voyageurs d'une certaine classe ne soient forcés, par l'insuffisance des voitures, de prendre des billets pour une classe supérieure, et de se soumettre ainsi à un surcroît de dépenses excédant leurs moyens. La contravention ne cesse pas d'exister parce que des voyageurs de 3ᵉ classe, par exemple, ont été placés dans des voitures d'une classe supérieure, sans être tenus de payer un supplément de prix. — Cour impériale de Colmar, 23 février 1848, Chemin de fer de Strasbourg à Bâle.

78. La réponse faite à des voyageurs, qui se présentent à une gare quelconque pour partir, que tous les wagons sont pleins et que, n'ayant pas d'autres wagons, ils ne peuvent pas partir, constitue la même contravention, à moins qu'il ne soit établi que la Compagnie se trouvait dans un des cas d'excuse légale énoncés dans le n° 76 qui précède. — Cour impériale de Montpellier, 27 novembre 1854, Ministère public C. chemin de fer de Lyon à la Méditerranée.

79. Mais ce défaut de voitures suffisantes ne saurait être imputé aux employés. Ce n'est donc pas à eux de répondre de la contravention. La répression ne peut être dirigée que contre le directeur de l'exploitation du chemin de fer, qui seule a le droit de disposer du matériel de l'administration selon les besoins des localités. — Même arrêt.

80. Ce n'est pas seulement du nombre des voitures pouvant composer un train que l'on s'est préoccupé. Les mesures prescrites par l'ordonnance du 15 novembre 1846, au titre 3, ont spécialement pour but de pourvoir à la commodité et à la sûreté des voyageurs. Cet intérêt de premier ordre ne pouvait être oublié par cela que des marchandises seraient transportées en même temps que des voyageurs.

En effet, l'avant-dernier alinéa de l'article 18 de cette ordonnance rend applicable aux trains mixtes de voyageurs et de marchandises *marchant à la vitesse des voyageurs* toutes les mesures de précaution et de sûreté énumérées dans les paragraphes qui précèdent cet article.

Il n'est fait d'exception que pour les trains mixtes ne marchant pas à la vitesse des voyageurs et qui seuls échappent aux prescriptions de l'ordonnance, pour être soumis aux conditions déterminées par le Ministre sur la proposition de la Compagnie.

La distinction établie entre les deux catégories de trains mixtes ne repose pas sur une différence dans la composition de ces trains (elle est la même, *voyageurs et marchandises*), mais uniquement sur la différence de vitesse. C'est à raison de la vitesse, et pour prévenir les dangers qui peuvent en résulter, que des mesures de sûreté ont été ordonnées; conséquemment, on doit appliquer ces mesures à tous les trains marchant à la vitesse ordinaire, soit qu'ils transportent exclusivement des voyageurs, soit qu'ils transportent tout à la fois des voyageurs et des marchandises.

Or, l'article 22 de l'ordonnance du 15 novembre 1846 prescrit une mesure de sûreté et de commodité, en exigeant que les voitures soient liées entre elles par des tampons à ressort. La généralité de ses termes résiste à l'interprétation restrictive que l'on voudrait en faire. Car cet article ne dit pas : *Les voitures servant au transport des voyageurs*, mais : *Les voitures entrant dans la composition des trains de voyageurs.*

D'ailleurs, de la combinaison du texte de l'article 22, qui parle des voitures *entrant dans la composition des trains de voyageurs*, avec l'article 18 de la même ordonnance, qui assimile, par son sixième paragraphe, ces trains avec les trains mixtes de voyageurs et de marchandises marchant à la vitesse des voyageurs, il résulte que la prescription relative aux tampons à ressort est virtuellement applicable à l'un comme à l'autre de ces trains. Une telle interprétation des dispositions spéciales de l'ordonnance réglementaire est d'autant plus rationnelle que la vitesse des trains est la même, et la sûreté des voyageurs étant, par suite, exposée aux mêmes chances et aux mêmes dangers, il est impossible de supposer que l'ordonnance n'ait pas exigé, dans la composition des deux trains, les mêmes mesures de prudence et les mêmes précautions. Dès lors, il faut dire que, dans un train mixte de voyageurs et de marchandises marchant à la vitesse des voyageurs, les voitures qui portent les marchandises doivent être pourvues de tampons à ressort, aussi bien que les voitures de voyageurs. — Cour impériale d'Orléans, 24 juin 1851, Chamisso C. Compagnie du chemin de fer d'Orléans à Bordeaux. — Cour de cassation, 19 février 1852, mêmes parties.

81. L'infraction à cette obligation constitue également une contravention dont la répression est prévue par l'art. 21 de la loi du 15 juillet 1845, et qui peut entraîner contre celui qui l'a commise la condamnation à une peine d'amende de 16 à 3,000 francs. — Mêmes arrêts.

§ 2. Départ des convois.

SOMMAIRE.

82. Le service spécial organisé par une Compagnie de chemin de fer, à l'occasion d'une foire annuelle, ne rentre pas dans la classe des services ordinaires.

82. Aux termes de l'article 43 de l'ordonnance du 15 novembre 1846, des affiches placées dans les stations font connaître au public les heures de départ des convois ordinaires de toute sorte, les stations qu'ils doivent desservir, les heures auxquelles ils doivent arriver à chacune des stations et en partir. Quinze jours, au moins, avant d'être mis à exécution, les ordres de service sont communiqués en même temps aux commissaires impériaux, au préfet du département et au Ministre des travaux publics, qui peut prescrire les modifications nécessaires pour la sûreté de la circulation ou pour les besoins du public.

Mais le service spécial organisé par une Compagnie de chemin de fer, à l'occasion d'une foire annuelle, ne rentre pas dans la classe des services ordinaires.

L'ordonnance réglementaire sur la police, la sûreté et l'exploitation des chemins de fer, du 15 novembre 1846, contient, dans son titre 4, relatif au départ, à la circulation et à l'arrivée des convois, deux dispositions essentiellement distinctes et qui règlent deux cas tout à fait différents.

La sûreté publique étant intéressée dans la fixation des heures de départ des convois qui composent le service quotidien d'un chemin de fer, ce service devant être organisé de telle sorte que, chaque jour, les personnes qui ont à le parcourir soient assurées de trouver, lorsqu'elles se présentent, les moyens de transport qui leur ont été promis, et l'intérêt public exigeant que les Compagnies d'exploitation des chemins de fer donnent, dans chaque sens et à des heures de départ commodes, un nombre de convois en rapport avec le nombre des voyageurs qui circulent et avec l'importance des relations établies, on comprend facilement que la loi n'ait pas voulu s'en rapporter exclusivement, pour l'appréciation de ces besoins, à l'initiative de ces Compagnies, et qu'elle les ait obligées à soumettre, quinze jours à l'avance, leurs ordres de service *ordinaire* de toute sorte au contrôle des divers agents de surveillance désignés par elle, et surtout au Ministre des travaux publics, auquel elle a accordé le droit de prescrire les modifications nécessaires pour la sûreté de la circulation ou pour les besoins du public; c'est là l'objet des dispositions de l'article 43 que nous avons données plus haut.

Au contraire, en dehors de ce service *ordinaire*, et lorsque des circonstances exceptionnelles et spéciales amènent une Compagnie de chemin de fer à ajouter à son service quotidien un ou plusieurs convois *extraordinaires*, nécessités par une affluence plus considérable de voyageurs ou par un encombrement de marchandises, il eût été superflu, et la plupart du temps impraticable, d'obliger cette Compagnie à l'observation rigoureuse des formalités ci-dessus indiquées, et il a dû suffire, pour un cas semblable, d'imposer à la Compagnie l'obligation de donner avis, dans le plus bref délai, de l'expédition de ces convois *extraordinaires*, au commissaire spécial de police préposé à la surveillance particulière de la ligne ; c'est ce qui a été fait au moyen de l'article 30 de l'ordonnance. — Cour impériale de Nîmes, 23 novembre 1848, Chemin de fer de Montpellier.

DEUXIÈME PARTIE.

DES TRANSPORTS.

CHAPITRE Ier. — DES CONDITIONS DE TRANSPORT.

I. — DES CAHIERS DES CHARGES.
II. — DES TARIFS.
III. — DU TARIF EXCEPTIONNEL APPLICABLE AUX ARTICLES PESANT MOINS DE 50 KILOGRAMMES.

I. — Des cahiers des charges.

SOMMAIRE.

83. Force obligatoire des cahiers des charges.

84. A quelle autorité appartient l'interprétation des cahiers des charges des Compagnies de chemins de fer ?

85. Dans le silence du cahier des charges d'un chemin de fer, un arrêté préfectoral peut imposer à une Compagnie l'obligation de laisser charger et décharger, aux frais des expéditeurs, certaines marchandises, telles que des houilles, dans les lieux de chargement et de déchargement.

86. De même, une ordonnance royale pouvait, dans les mêmes circonstances, imposer à une Compagnie l'établissement de nouvelles gares.

83. Les cahiers des charges, annexés aux lois et décrets de concession des chemins de fer, sont obligatoires et ont force de loi pour et contre les Compagnies concessionnaires, relativement aux conditions des transports, qui leur sont confiés, et les modifications des tarifs portés aux cahiers des charges acquièrent le même caractère respectivement obligatoire, quand elles ont été régulièrement approuvées et publiées. — Cour de cassation, 19 janvier 1858, Chemin de fer d'Orléans C. Guéridon.

84. Le droit d'interprétation des cahiers des charges des Compagnies de chemins de fer appartient tantôt à l'autorité administrative, tantôt à l'autorité judiciaire. Il y a lieu de faire à cet égard une distinction.

S'il s'agit de travaux à faire et si la Compagnie concessionnaire est investie, pour l'exécution de ces travaux, de tous les droits que les lois et les règlements confèrent à l'administration elle-même pour les travaux de l'Etat, c'est à l'autorité administrative seule qu'il appartient d'interpréter les dispositions des cahiers des charges annexés à la concession du chemin de fer. — Conseil d'Etat, 10 mars 1848, Brunet et autres C. Compagnie du chemin de fer de Paris à Rouen.

S'il s'agit, au contraire, de l'application de certains articles qu'on soutiendrait avoir consacré des droits au profit des tiers et imposé à la Compagnie des obligations que celle-ci aurait méconnues pour le passé, et qu'elle doit, à l'avenir, être tenue d'exécuter, l'interprétation de ces dispositions, invoquées comme constituant des droits particuliers et des obligations déterminées, appartient au pouvoir judiciaire, seul compétent pour statuer sur les demandes en dommages-intérêts réclamés à raison de l'atteinte prétendue portée pour le passé, ou qui serait portée à l'avenir à ces droits particuliers par l'inexécution d'obligations légales. — Tribunal des conflits, 3 janvier 1851, Compagnie du chemin de fer d'Amiens à Boulogne C. Compagnie du chemin de fer du Nord. — Même tribunal, même date, Lebeau et consorts C. Compagnie du chemin de fer du Nord.

85. Dans le silence du cahier des charges d'un chemin de fer, un arrêté préfectoral peut imposer à la Compagnie l'obligation de laisser charger, décharger, aux frais des expéditeurs, certaines marchandises telles que des houilles, dans les lieux de chargement et de déchargement.

Il est incontestable que les obligations des Compagnies concessionnaires des chemins de fer sont spécialement régies par le cahier des charges et les actes administratifs, qui déterminent et règlent la concession qui leur est faite. Mais, lorsqu'il résulte du cahier des charges relatif à la concession d'un chemin qu'il n'a été imposé à la Compagnie concessionnaire d'autre obligation que celle d'effectuer sur la ligne les transports pour lesquels ce chemin a été établi, et que le coût desdits transports est le seul auquel se réfère le tarif annexé au cahier des charges, des arrêtés administratifs décident valablement que la Compagnie sera tenue de laisser charger et décharger sur la longueur des lieux de chargement et de déchargement, et que les chargements et déchargements s'opéreront aux frais des expéditeurs, soit qu'ils les fassent eux-mêmes, soit qu'ils les fassent faire par les agents de la Compagnie, au moyen d'arrangements avec elle. Ces arrêtés, qui se bornent ainsi à suppléer au silence du cahier des charges et au tarif y annexé, relativement aux prix de chargement et de déchargement, ne changent ni ne modifient les éléments constitutifs de la concession et sont pris dans les limites des attributions administratives. — Cour de cassation, 1er décembre 1847, de Rochetaillé C. le Chemin de fer de Saint-Étienne.

86. Il en est de même d'une ordonnance royale qui, dans les mêmes circonstances, mettait à la charge d'une Compagnie les dépenses d'établissement de nouveaux ports secs ou gares, et lui imposait ainsi une obligation qui ne résultait pas pour elle de son cahier des charges. En effet, la déclaration d'utilité publique de l'établissement de nouvelles gares ou ports secs, la détermination de leur emplacement et la fixation de l'origine des distances sur lesquelles devra être calculée la perception du tarif dû à la Compagnie concessionnaire, sont des mesures de pure administration, prises par l'autorité compétente dans les limites des pouvoirs qui lui sont attribués par les règlements sur la matière. Toutefois, ces mesures ne font point obstacle à ce que la Compagnie porte devant le conseil de préfecture toutes les réclamations fondées sur des droits qu'elle prétendrait résulter de l'acte de concession.—Conseil d'Etat, 31 mai 1848, Chemin de fer de Saint-Étienne.

II. — Des tarifs.

SOMMAIRE.

87. De la nécesité des tarifs.

88. Leur application. — Exception.

89. A quelles formalités sont soumises les modifications apportées aux tarifs?

90. Toute infraction aux tarifs, soit pour les élever, soit même pour les abaisser, donne droit à une action en dommages-intérêts, indépendamment de toute intention et de tout but malveillants.

91. De son côté, la Compagnie trompée sur la nature des marchandises à transporter par l'expéditeur qui a tenté de se soustraire au payement de la taxe due a le droit d'obtenir, indépendamment du payement de la différence de taxe, la publication du jugement de condamnation par la voie des journaux, à titre de réparation civile.

92. Celui qui se plaint de la surélévation des tarifs est sans droit pour se pourvoir contre la décision ministérielle qui l'a autorisée, s'il n'articule aucune stipulation faite à son profit.

87. Les actes de concession de chemins de fer ne confèrent aux concessionnaires que la faculté de percevoir les prix portés aux tarifs, et les tarifs ne peuvent être complétés qu'en vertu d'un acte, soit du pouvoir de qui émane la concession, soit de l'autorité déléguée à cet effet.

Or, lorsque le transport des voyageurs n'est compris dans aucun des articles du tarif annexé à l'acte de concession, la Compagnie concessionnaire ne peut effectuer ce transport sans que l'autorité compétente en ait réglé les conditions et le prix. Dans ce cas, le Ministre des travaux publics peut provisoirement déterminer les conditions et les tarifs de ce service. — Conseil d'Etat, 10 janvier 1845, Compagnie du chemin de fer d'Orléans à Beaucaire.

88. Quant à l'application des tarifs, il est admis exceptionnellement qu'une réduction, tant sur le prix des places fixé pour les voyageurs que sur les taxes du tarif général pour le transport des bagages, est accordée aux militaires voyageant isolément, porteurs d'une feuille de route.

Ce privilége doit continuer de leur être accordé, sous l'un et l'autre rapport, qu'ils voyagent seuls ou accompagnés de leur famille.

Ainsi, le militaire, porteur d'une feuille de route, qui voyage en chemin de fer avec sa femme et ses enfants, et présente au contrôle de l'administration tous ses bagages en bloc comme lui appartenant, a le droit d'obtenir d'abord le dégrèvement du poids accordé par voyageur, ensuite la réduction exceptionnelle sur l'excédant de ce poids, sans que l'administration puisse diviser fictivement l'excédant en autant de parts qu'il y a de membres dans sa famille, pour ne faire porter le privilége de la réduction que sur la part afférente au militaire lui-même.

Le père de famille doit être cru sur parole, en affirmant la propriété de ses bagages; car, on ne saurait raisonnablement exiger qu'il fît la division matérielle des effets concernant chaque membre de sa famille, pour présenter à part ce qui lui est personnel, la nature des choses ne se prétant pas à un pareil fractionnement. —

Cour impériale d'Aix, 3 janvier 1855, Ministère public C. Compagnie du chemin de fer de Lyon à la Méditerranée.

89. Les chemins de fer créés par la puissance publique pour le service général et au prix de charges imposées à la propriété et à tous les citoyens ne peuvent donner lieu à la perception de tarifs autres que ceux qui ont été spécialement et expressément déterminés par les autorités compétentes. — Cour de cassation, 10 janvier 1849, Chemin de fer de Montpellier à Nîmes C. Lamoureux, et Chemin de fer du Gard C. Bernard et autres.

Ce principe résulte manifestement de l'article 49 de l'ordonnance du 15 novembre 1846, ainsi conçu : « Lorsque la Compagnie voudra apporter quelques changements aux prix autorisés, elle en donnera avis au Ministre des travaux publics, aux préfets des départements traversés et aux commissaires royaux. Le public sera en même temps informé par des affiches des changements soumis à l'approbation du Ministre. A l'expiration du mois à partir de la date de l'affiche, lesdites taxes pourront être perçues, si, dans cet intervalle, le Ministre des travaux publics les a homologuées. Si des modifications à quelques-uns des prix affichés étaient prescrites par le Ministre, les prix modifiés devront être affichés de nouveau et ne pourront être mis en perception qu'un mois après la date de ces affiches. » Et le non-affichage ou même la non-justification ni du fait ni de la date de l'affichage des modifications que les tarifs ont subies expose la Compagnie à une action en dommages-intérêts, fondée sur ce que les tarifs ne satisfont pas à toutes les conditions exigées pour leur légalité. — Cour de cassation, 7 juillet 1852, Chemin de fer de Strasbourg à Bâle C. Pfleeg et Cᵉ.

Il convient d'ajouter que, même après l'accomplissement des formalités prescrites par cet article, les modifications apportées à un tarif ne peuvent être appliquées qu'après avoir été rendues exécutoires par des arrêtés des préfets des départements traversés par le chemin de fer, si le cahier des charges impose cette condition à la Compagnie.

On ne pourrait admettre que la clause à ce relative, qui a revêtu le caractère d'une disposition législative, eût été abrogée par l'article 49 de l'ordonnance du 15 novembre 1846 : non-seulement cette ordonnance ne contient rien d'où l'on puisse induire cette abrogation par les faits qui l'ont précédée, mais, de plus, il est constant que la condition dont nous parlons se retrouve dans tous les cahiers des charges annexés aux concessions de chemins de fer postérieures à la promulgation de cette ordonnance. — Cour de cassation, 21 janvier 1857, Chemin de fer de l'Est C. Ancel.

D'un autre côté, le principe qui interdit tout changement aux tarifs réguliers, en dehors des formalités prescrites par l'article 49 de l'ordonnance du 15 novembre 1846, est absolu et n'admet aucune exception, quel que soit le caractère de la modification.

En effet, tous changements apportés à des tarifs, soit pour les élever, soit pour les abaisser, intéressent l'ordre public et ne peuvent, dès lors, être introduits qu'avec l'assentiment de l'autorité publique chargée de concilier, par le règlement des tarifs, les droits et intérêts collectifs ou privés qui sont atteints par leur détermination. — Cour de cassation, arrêts du 10 janvier 1849, déjà cités. — *Adde* même cour, même date, Chemin de fer du Gard C. Lamouroux. — 19 juin 1850, Maillet-Duboullay C. Chemin de fer de Rouen.

Il a même été jugé que si, par décision ministérielle, un tarif *maximum* a été arrêté provisoirement pour le transport des voyageurs, sans détermination d'un minimum, il ne résulte pas de là, pour la Compagnie, le droit d'abaisser à elle seule, sans formalité ni autorisation, les tarifs arrêtés en vertu de cette décision et portés à la connaissance du public, avec lequel la Compagnie avait, par le fait de leur publication, contracté l'obligation de s'y conformer, tant qu'il n'y serait pas régulièrement dérogé. — Cour de cassation, arrêts déjà cités, 10 janvier 1849, Chemin de fer du Gard C. Bernard et autres. — 19 juin 1850, Maillet-Duboullay C. Chemin de fer de Rouen.

Le changement, même légalement autorisé, n'est pas davantage possible, quoiqu'il ne s'agisse que de réductions partielles accordées à une entreprise particulière.—Cour de cassation, 28 juin 1851. Ministère public C. Chemin de fer de Tours à Nantes

90. Toute infraction aux tarifs, soit pour les élever, soit même pour les abaisser, donne droit à une action en dommages-intérêts de la part de la partie lésée. Ce fait de la Compagnie constitue une faute, et les tiers auxquels l'infraction a pu porter préjudice peuvent en réclamer la réparation aux termes de l'article 1382 du Code Napoléon (1), indépendamment de toute intention et de tout but malveillants de sa part. — Cour de cassation, 10 janvier 1849, Lamouroux. — 19 juin 1850, Maillet-Duboullay, arrêts déjà cités; et, lorsque l'abaissement du tarif a été déterminé de concert entre deux Compagnies, ces deux Compagnies peuvent être condamnées solidairement au payement des dommages-intérêts alloués. — Cour de cassation, 10 janvier 1849, Lamouroux.

91. De son côté, et à plus forte raison, la Compagnie trompée, sur la nature de la marchandise à transporter, par l'expéditeur qui a tenté ainsi de se soustraire au payement de la taxe due, est fondée à obtenir, indépendamment du payement de la différence de taxe encourue réellement, l'insertion du jugement de condamnation dans les journaux à titre de réparation civile. Car, les dommages-intérêts, en matière de fraude, doivent être la réparation complète du préjudice qu'elle cause, et, il n'y aurait pas réparation de la fraude même, si celui qui a voulu bénéficier d'une différence de taxe en était quitte en la payant. La fraude dont il s'agit ici exige des frais continuels de surveillance, et il est juste qu'elle soit déjouée plutôt aux frais des fraudeurs qu'à ceux de la Compagnie contre laquelle on tente de l'exercer.

Cette fraude dirigée contre une Compagnie, qui est en relation de tous les jours avec le commerce entier, gagnerait comme une contagion dans une certaine classe de personnes, si elle réussissait, et deviendrait générale, en rendant la concurrence impossible à ceux qui n'en useraient pas. S'il y a un intérêt public à la prévenir, l'intérêt privé de la Compagnie y est aussi engagé, et, à cet égard, la publication du jugement par la voie des journaux, destinée à empêcher une des plus désastreuses conséquences de la fraude com-

---

(1) Voir page 105, note 3.

mise, rentre dans les réparations auxquelles la Compagnie lésée a droit. — Tribunal de commerce de Marseille. — Cour impériale d'Aix, 24 mars 1860, Frischkneckt C. Chemin de fer de la Méditerranée.

92. Celui qui se sert principalement d'un chemin de fer pour l'écoulement de ses produits ne peut, en alléguant l'intérêt qu'il avait à ce que les tarifs de ce chemin ne fussent point surélevés arbitrairement, se pourvoir devant le conseil d'Etat contre la décision ministérielle qui a accueilli la demande de la Compagnie et autorisé la surélévation.

En effet, aux termes de la loi du 9 août 1839, l'administration a été autorisée à statuer provisoirement sur les modifications que les Compagnies concessionnaires de chemins de fer concédés jusqu'alors pourraient demander aux tarifs réglés par les cahiers des charges, et le réclamant, qui n'articule aucune stipulation faite à son profit, est sans qualité pour attaquer devant le conseil d'Etat la décision provisoire prise par le Ministre des travaux publics.—Conseil d'Etat, 31 mai 1848, Compagnie des fonderies et forges de l'Ardèche et de la Loire C. Chemin de fer de Saint-Étienne.

**III. — Du tarif exceptionnel applicable aux articles pesant
moins de 50 kilogrammes.**

SOMMAIRE.

93. Motif de ce tarif exceptionnel.

94. Le commissionnaire de transport ou intermédiaire profite-t-il du tarif exceptionnel ?

95. Le tarif exceptionnel s'applique même au cas où les objets sont présentés à découvert, sous forme de colis séparés.

96. Que doit-on entendre par ces expressions : *Objets de même nature ?*

97. Du droit de la Compagnie de contrôler la sincérité des déclarations des expéditeurs.

93. On comprend que les petits colis, par leur nature, leur nombre, leur valeur réelle ou d'affection, aient pu paraître au législateur devoir subir une surtaxe qui, par cela même, permettrait de tarifer au plus bas les grandes expéditions du commerce.

94. Aussi, avait-il été jugé qu'un commissionnaire de transports ne pouvait échapper à cette surtaxe, en réunissant un nombre plus ou moins considérable de ces petits colis pour n'en former qu'un seul ballot pesant plus de 50 kilogrammes et adressé à une même personne (un correspondant ou préposé).

En effet, la surtaxe dont il s'agit frappe tous paquets, colis ou excédants de bagages pesant isolément moins de 50 kilogrammes, à moins que ces paquets, colis ou excédants de bagages ne fassent partie d'envois pesant ensemble au delà de 50 kilogrammes d'objets expédiés par une même personne à une même personne et d'une même nature.

Or, le commissionnaire de transport ne se trouve pas en réalité dans ces conditions. Les envois faits par lui peuvent bien peser ensemble au delà de 50 kilogrammes ; mais ils ne se composent pas d'objets expédiés par une même personne à une même personne, parce que les paquets et colis qu'il réunit sous une seule enveloppe proviennent de divers expéditeurs et sont adressés à divers destinataires ; ils ne sont pas non plus de même nature, puisqu'ils sont puisés à toutes sources et recueillis de toutes mains. — Cour impériale d'Amiens, 24 janvier 1852 et 21 janvier 1853, Compagnie du chemin de fer du Nord C. Guérin.

Mais ces arrêts avaient été déférés à la cour de cassation qui, après délibéré en chambre du conseil, sur le pourvoi formé contre l'arrêt du 24 janvier 1852, décida qu'en matière de tarif et d'industrie privilégiée, la loi doit être appliquée dans ses termes précis et ne peut pas être étendue ; qu'aucune disposition du cahier des charges ne faisant défense à plusieurs expéditeurs de réunir sous un même ballot pesant plus de 50 kilogrammes les objets qu'ils veulent faire transporter sur la voie de fer, dans le but légitime de ne payer que le prix du tarif ordinaire, ces expéditeurs peuvent également charger un intermédiaire d'expédier sous une même enveloppe, en les réunissant dans un même colis, les objets qui lui sont remis en colis séparés, d'en surveiller le départ et l'arrivée, et que cet expéditeur et cet intermédiaire, en recourant à cette combinaison, pour économiser les frais de transport, ne font qu'user de leurs droits. — 19 juillet 1853, Guérin C. Compagnie du chemin de fer du Nord. La cour impériale de Paris rendait un arrêt identique le 16 août 1853, Chemin de fer d'Orléans C. messageries impériales; et la cour de Rouen, sur le renvoi prononcé par la cour de cassation, lors de son arret du 19 juillet 1853, jugeait de la même manière, le 15 juin 1855.

95. La cour de Paris, dans son arrêt du 16 août, est même allée plus loin que les arrêts précédents. Tout en reconnaissant que les paquets ou colis pesant isolément moins de 50 kilogrammes sont assujettis au taux exceptionnel, à raison des soins particuliers que réclament l'enregistrement, la garde et la remise à destination des paquets de ce genre, elle juge que l'exception créée pour les objets de même nature expédiés à ou par une même personne, quand le poids collectif excède 50 kilogrammes, s'applique même au cas où ces objets sont présentés à découvert, sous forme de colis séparés, quoique l'emballage distinct de chacun de ces objets impose au chemin de fer les soins et la responsabilité en vue desquels un tarif exceptionnel était autorisé.

C'est qu'en effet l'envoi fait par un entrepreneur de messageries à son correspondant constitue une expédition à une même personne par une même personne. La coutume commerciale ne subordonne point la qualité d'expéditeur à la propriété ou à l'unité d'origine des objets expédiés. Cette qualité dérive de cette circonstance, que le négociant qui envoie des marchandises agit et traite en son nom propre et que le destinataire a qualité pour recevoir et donner décharge. Du moment que le contrat se forme entre celui qui envoie, celui qui reçoit et le chemin de fer, et que la responsabilité se concentre entre les contractants dans la qualité que l'acte leur attribue, le vœu de la loi est rempli.

96. Quant à ces expressions : *objets de même nature,* elles ne peuvent se traduire par l'identité ou l'homogénéité de substance. Mais il eût paru assez naturel, en raison de la matière spéciale, qu'on entendît, par ces mots *même nature*, la nature tarifable des objets. Le sens légal de ces mots *même nature* est en effet celui de *nature tarifable* des objets. Car, autant on comprend qu'il y ait pour les chemins de fer intérêt à ce que des marchandises sujettes à des droits différents ne soient pas groupées pour éviter des calculs et des vérifications peu compatibles avec la rapidité de ce genre de transports, autant on s'expliquerait difficilement l'objection tirée de la variété des objets, bien qu'appartenant à la même classe et soumis au même tarif. C'est ce qu'avait jugé la cour impériale de Paris par l'arrêt du 16 août 1853 ci-dessus cité.

Toutefois, cet arrêt fut déféré à la cour de Cassation, qui, tout en confirmant le principe que les paquets, colis ou excédants de bagages, quoique pesant isolément moins de 50 kilogrammes, cessent d'être passibles de la taxe exceptionnelle pour rentrer sous la loi du tarif ordinaire, lorsque, faisant partie d'envois collectifs d'un poids supérieur à 50 kilogrammes, ils réalisent, en outre, la double condition, 1° d'être expédiés par une même personne à une même personne, 2° d'être composés d'objets d'une *même nature, quoique emballés à part*, décida que, si des deux conditions exigées, *la première*, c'est-à-dire l'unité, soit d'expéditeur, soit de destinataire, existe en faveur du commissionnaire de transport ou intermédiaire qui, contractant seul avec la Compagnie du chemin de fer, lui présente des paquets ou colis pour les faire transporter par la voie de fer à l'adresse d'un agent ou correspondant, *la seconde*, à savoir l'unité de nature, ne saurait s'entendre dans le sens de même classe d'objets tarifés ; et que, pour être admis au bénéfice du tarif ordinaire, les groupes d'objets emballés à part et distinctement, que le commissionnaire des transport prétend comprendre dans une même expédition, doivent se composer, sinon d'objets de nature identique ou de même espèce, du moins d'objets qui, par leur affinité, commerciale ou industrielle, puissent être considérés comme faisant partie d'un même genre de commerce ou d'industrie, ou d'un même ordre de produits.

Ainsi, à la différence du cas où les paquets et colis sont réunis sous un lien commun ou sous une même enveloppe, le commissionnaire de transport ou intermédiaire ne peut imposer à la Compagnie du chemin de fer, moyennant la taxe du tarif ordinaire, l'envoi collectif de paquets ou colis distincts, qui n'offrent pas entre eux ces caractères d'affinité ou d'analogie et ces conditions d'assimilation. — Cour de Cassation, 9 mai 1855, Compagnie du chemin de fer d'Orléans C. les Messageries impériales.

97. Nous ferons observer que, dans ces circonstances, on reconnaît au profit de la Compagnie du chemin de fer le droit de vérifier les colis qui lui sont confiés, afin de contrôler la sincérité des déclarations faites par les expéditeurs, sans que toutefois l'exercice de ce droit puisse retarder l'envoi au jour et à l'heure convenus, et à charge par elle de refermer immédiatement et à ses frais les colis ouverts, sauf le cas où la vérification aurait prouvé la fausseté ou l'insuffisance de la déclaration faite par l'expéditeur. — Cour impériale d'Amiens, 21 janvier 1853. — Cour impériale de Paris, 16 août 1853, arrêts déjà cités.

CHAPITRE II. — DES LETTRES DE VOITURE ET DES FEUILLES OU BULLETINS D'EXPÉDITION QUI ACCOMPAGNENT LES TRANSPORTS.

I. — DES LETTRES DE VOITURE.
II. — DES FEUILLES OU BULLETINS D'EXPÉDITION QUI ACCOMPAGNENT LES TRANSPORTS.

I. — Des lettres de voiture.

SOMMAIRE.

98. Indications que doivent contenir les lettres de voiture.

99. Aucune des énonciations de la lettre de voiture n'étant prescrite à peine de nullité, il peut y être suppléé par d'autres preuves.

100. La stipulation dans la lettre de voiture d'un délai excédant les délais réglementaires constitue une contravention.

101. Une Compagnie de chemins de fer peut-elle refuser le transport d'un colis, parce que la lettre de voiture lui est remise renfermée dans une enveloppe cachetée?

98. L'article 102 du Code de commerce est ainsi conçu : « La « lettre de voiture doit être datée. Elle doit exprimer la nature et le « poids ou la contenance des objets à transporter, le délai dans lequel « le transport doit être effectué. Elle indique le nom et le domicile du « commissionnaire par l'entremise duquel le transport s'opère, s'il y « en a un, le nom de celui à qui la marchandise est adressée, le « nom et le domicile du voiturier. Elle énonce le prix de la voiture, « l'indemnité due pour cause de retard. Elle est signée par l'expédi- « teur ou le commissionnaire. Elle présente en marge les marques « et numéros des objets à transporter. »

Et l'article 50 de l'ordonnance du 15 novembre 1846 porte : « La « Compagnie sera tenue d'effectuer avec soin, exactitude et célérité, « et sans tour de faveur les transports des marchandises, bestiaux et « objets de toute nature, qui lui seront confiés, au fur et à mesure « que des colis, des bestiaux ou des objets quelconques arriveront « au chemin de fer; enregistrement en sera fait immédiatement, « avec mention du prix total dû pour le transport. Le transport « s'effectuera dans l'ordre des inscriptions, à moins de délais de- « mandés ou consentis par l'expéditeur et qui seront mentionnés « dans l'enregistrement. Un récépissé devra être délivré à l'expédi- « teur, s'il le demande, sans préjudice, s'il y a lieu, de la lettre de « voiture. Le récépissé énoncera la nature et le poids des colis, le « prix total du transport et le délai dans lequel ce transport devra « être effectué. Les registres mentionnés au présent article seront « représentés à toute réquisition des fonctionnaires et agents char- « gés de veiller à l'exécution du présent règlement. »

99. Si la lettre de voiture est assujettie par l'article 102 du Code de commerce à certaines formes, aucune de ces formes n'étant prescrite à peine de nullité, c'est aux juges à apprécier celles qui sont substantielles, c'est-à-dire celles qui sont indispensables pour que la lettre de voiture puisse, aux termes de l'article 101 du Code de commerce, assurer les droits respectifs de l'expéditeur, du commissionnaire et du voiturier. Enfin, la signature de l'expéditeur ou du commissionnaire et l'indication du nombre et de la nature des choses transportées peuvent être suppléées par d'autres preuves. — Cour de Cassation, 3 janvier 1853, l'Administration de l'enregistrement C. Chemin de fer de Paris à Rouen.

100. Mais on ne peut, sans contrevenir à l'article 50 de l'ordonnance du 15 novembre 1846, stipuler dans les lettres de voiture un délai excédant les délais réglementaires, quel que soit d'ailleurs le temps pendant lequel le transport se sera effectué.

Aussi, le fait d'avoir inscrit dans une lettre de voiture un délai de transport excédant le délai réglementaire, alors cependant que le transport aurait été réellement effectué dans le cours de ce délai, constitue-t-il une contravention réprimée par l'article 21 de la loi du 15 juillet 1845, ainsi conçu : « Toute contravention aux ordon-
« nances royales portant règlement d'administration publique sur la
« police, la sûreté et l'exploitation des chemins de fer et aux arrêtés
« pris par les préfets, sous l'approbation du Ministre des travaux
« publics, pour l'exécution desdites ordonnances, sera punie d'une
« amende de 16 à 3,000 francs. En cas de récidive dans l'an-
« née, l'amende sera portée au double et le tribunal pourra, selon
« les circonstances, prononcer, en outre, un emprisonnement de
« trois jours à un mois. » — Cour de Cassation, 31 juillet 1857,
Romieu.

101. Une Compagnie de chemin de fer ne peut se refuser à opérer le transport de colis, sous le prétexte que la lettre de voiture qui les accompagne est renfermée dans une enveloppe cachetée, qui ne lui permet pas de vérifier si les conditions de cette lettre de voiture la mettent à même d'exécuter le transport sans danger pour ses intérêts.

Dans l'espèce, il était établi, en fait, que onze caisses ou colis avaient été confiés à Bourdeau, commissionnaire de roulage à Limoges, qui devait les faire remettre au sieur Mercier, par l'intermédiaire de Richard à Metz ; que Bourdeau avait remis ces colis à la Compagnie du chemin de fer d'Orléans, qui, à son tour, devait les confier à la Compagnie du chemin de fer de l'Est, en chargeant cette Compagnie d'en opérer le transport à Metz. Mais la Compagnie de l'Est s'était refusée à opérer le transport des colis que la Compagnie d'Orléans lui remettait, parce que la lettre de voiture applicable à ces colis était renfermée dans une fiche ou enveloppe cachetée et qu'il lui était impossible de connaître les conditions sous lesquelles le transport lui était imposé, et qu'elle était dès lors exposée à exécuter à ses risques et périls un mandat dont les termes lui étaient celés.

Mais il est certain, en droit, que la Compagnie à laquelle on remet dans une fiche ou enveloppe cachetée la lettre de voiture applicable à des colis dont on lui réclame le transport peut et même doit ouvrir cette fiche ou enveloppe, et vérifier ainsi si les conditions que renferme la lettre de voiture lui permettent d'exécuter en pleine sécurité pour ses intérêts la commission de transport qui lui est donnée. — Cour de Cassation, 21 avril 1857, Compagnie du chemin de fer de l'Est C. Bourdeau.

II. — Des bulletins ou feuilles d'expédition accompagnant les transports.

SOMMAIRE.

102. Assimilation des bulletins ou feuilles d'expédition aux lettres de voiture.

103. Formalité du timbre.

104. L'absence de signature sur ces bulletins ou l'omission de quelques autres conditions de l'article 102 du Code de commerce dispenserait-elle de la formalité du timbre ?

101. Ne sont pas assujetties à cette formalité les feuilles d'expédition remises aux conducteurs de trains comme simples pièces comptables.

102. En droit, la lettre de voiture doit être signée par l'expéditeur ou le commissionnaire et renfermer les autres énonciations essentielles exigées par l'article 102 du Code de commerce. Si, en fait, il est reconnu que les bulletins ou feuilles d'expédition remis par une Compagnie de chemin de fer aux conducteurs des trains de marchandises ont les caractères essentiels de la lettre de voiture, et expriment notamment le nom de l'expéditeur, celui du destinataire, la nature et le poids de la marchandise, le prix du transport, la date de ce contrat, et enfin la signature ou le paraphe (ce qui est la même chose) de l'agent de la Compagnie (c'est-à-dire de la Compagnie elle-même, à la fois commissionnaire et voiturier), ces bulletins ou feuilles d'expédition doivent être considérés comme de véritables lettres de voiture. — Cour de cassation, 5 mai 1846, Chemin de fer de Paris à Rouen C. l'Administration de l'enregistrement.

103. Les lettres de voiture proprement dites sont soumises au timbre par l'article 12 de la loi du 13 brumaire an VII et par les articles 6 et 7 de la loi du 11 juin 1842. Les bulletins ou feuilles d'expédition, dans les termes du numéro qui précède, étant considérés comme de véritables lettres de voiture, sont comme elles assujettis au même timbre. — Même arrêt.

104. En serait-il de même, alors qu'il n'y aurait pas de signature apposée sur ces bulletins, ou que quelques autres conditions énumérées dans l'article 102 du Code de commerce auraient été omises? La cour de cassation avait résolu la question affirmativement, parce qu'il ne s'agit pas de la validité du contrat entre les parties, mais uniquement de l'application de la loi fiscale, de l'exécution de la loi sur le timbre, qui atteint tout papier pouvant être invoqué comme titre. — Cour de cassation, 17 juin 1846, Levesque C. l'Administration de l'enregistrement; même cour, 24 juin 1846, Chemin de fer d'Orléans C. l'Administration de l'enregistrement.

105. Toutefois, la cour de cassation, toutes chambres réunies, a jugé, le 28 mars 1860, que les feuilles d'expédition remises aux conducteurs de trains, alors qu'elles ont été dressées sans la participation des expéditeurs et qu'elles ne sont pas destinées à être remises aux destinataires, constituent, non des lettres de voiture dans le sens de l'article 101 du Code de commerce, mais de simples pièces comptables, et dès lors non assujetties à la formalité du timbre. — Cour de cassation, 28 mars 1860, l'Administration de l'enregistrement C. le Chemin de fer de l'Ouest.

CHAPITRE III. — DES DÉLAIS DANS LESQUELS LES TRANSPORTS DOIVENT ÊTRE EFFECTUÉS.

SOMMAIRE.

106. Comment sont réglés les délais dans lesquels les transports doivent être effectués.

107. Les délais réglementaires peuvent-ils être abrégés, et comment doit s'entendre l'abréviation ?

108. Comment peut-il être établi qu'il a été dérogé aux délais réglementaires ?

109. Des suites de l'inexécution de la convention spéciale.

110. Lorsque deux Compagnies ont adopté un tarif commun pour les transports à petite vitesse, qui se font à la fois sur deux réseaux, y a-t-il lieu d'accorder un délai quelconque pour le transbordement des marchandises d'une ligne à l'autre ?

111. Comment doivent se calculer les délais pour les transports à opérer partie par terre, partie par la voie de fer ?

112. Les délais impartis aux Compagnies se comptent par jours francs, et non par heures.

106. Les délais dans lesquels les transports à grande ou à petite vitesse doivent être effectués sont fixés pour chacune des Compagnies par des arrêtés ministériels qui constituent de véritables règlements administratifs.

Ces règlements relatifs aux délais du transport et aux heures des départs et arrivées sont des conditions des concessions qu'obtiennent ces Compagnies. L'article 97 du Code de commerce. (1), qui règle les obligations des voituriers et qui les déclare garants de l'arrivée des marchandises et effets dans le délai déterminé par la lettre de voiture, hors les cas de la force majeure légalement constatée, leur est applicable.

Cette interprétation est d'autant plus rationnelle que, par le résultat de l'établissement de cette voie de transport et du monopole qui en est la conséquence, les négociants ne peuvent user d'autres moyens. Si donc il est établi, en fait, qu'il y ait eu un retard dans l'arrivée et qu'il ne soit pas légalement constaté que ce retard ait été le résultat d'une force majeure, la Compagnie est responsable du préjudice éprouvé par suite de ce retard. — Cour de cassation, 5 décembre 1850, Ledat C. Compagnie du chemin de fer de Bordeaux à Paris.

Mais un expéditeur ne peut se plaindre de ce que des marchandises qu'il a remises à une Compagnie et destinées à être vendues à un marché déterminé ne sont parvenues au lieu d'arrivée qu'après l'heure ou le jour du marché, si une clause du tarif spécial à ces marchandises et à ce marché ne garantissait l'arrivée en temps utile que sous des conditions de temps et de lieu de remise, qui n'ont point été observées par cet expéditeur. — Cour de cassation, 19 janvier 1858, Chemin de fer d'Orléans C. Guéridon.

107. La fixation par le cahier des charges d'une Compagnie de chemin de fer d'un délai pour l'*expédition* des marchandises, qui lui sont remises pour être transportées à leur destination, n'est qu'une

---

(1) Article 97 du Code de commerce : « Il (le commissionnaire) est garant de l'arrivée des marchandises et effets dans le délai déterminé par la lettre de voiture, hors les cas de la force majeure légalement constatée. »

faculté qui lui est accordée dans son intérêt et dont il lui est permis d'user ou de ne pas user.

Dans l'espèce, il s'agissait du chemin de fer du Nord, qui excipait des clauses de son cahier des charges, qui ne l'oblige à transporter par petite vitesse les choses qu'il est chargé d'expédier que dans les deux jours de l'enregistrement. Il fut décidé que rien ne s'opposait à ce que la Compagnie prît l'engagement d'expédier les marchandises le jour même ou le lendemain du jour où elles sont déposées, pourvu qu'elle ne fît ce transport que par un train ordinaire, à petite vitesse, et qu'elle ne concédât ni diminution, ni tour de faveur.

L'abréviation autorisée ne peut donc porter que sur le temps laissé aux Compagnies pour préparer l'expédition. — Cour de cassation, 30 décembre 1857, Chemin de fer du Nord C. Barthélemy.

108. Une convention de l'espèce de celle que nous venons d'indiquer est commerciale de sa nature. Elle peut, par conséquent, être établie par des présomptions graves, précises et concordantes remplaçant la preuve écrite. — Même arrêt.

109. Le droit de dérogation aux délais réglementaires accordés pour préparer l'expédition étant admis, il ne peut être douteux que l'inexécution d'un tel engagement peut, s'il en est résulté un préjudice pour l'expéditeur, rendre la Compagnie passible de dommages-intérêts envers celui-ci. — Même arrêt.

110. Lorsque deux Compagnies ont adopté des tarifs communs et que, d'après ces tarifs pour le transport des marchandises à petite vitesse, chacune des Compagnies a la faculté d'user du chemin de l'autre, comme si ce chemin faisait partie de celui qui lui appartient, les délais pour l'expédition des marchandises et les opérations de la gare d'arrivée ne doivent être comptés qu'une seule fois, et conformément à l'arrêté ministériel qui les fixe, pour déterminer le délai dans lequel les marchandises doivent être mises à la disposition du destinataire.

En effet, l'adoption de tarifs communs établit une espèce de fusion entre les deux Compagnies, de sorte que l'engagement de la Compagnie, qui se charge du transport des marchandises de l'une des gares de sa ligne à l'une des gares de l'autre ligne, l'oblige vis-à-vis de l'expéditeur pour tout le trajet, sans que celui-ci ait à prendre aucune mesure pour le transport sur la partie empruntée de l'autre ligne. L'expéditeur se libère valablement du prix entier du transport, en le versant dans la caisse de la gare d'où les marchandises sont expédiées, et la responsabilité du transport pèse, pour le tout, sur la Compagnie qui se charge du transport ; d'où il suit que, pour l'expéditeur, il n'y a qu'un prix unique, un trajet sans interruption de la gare d'expédition à la gare d'arrivée, comme si le transport avait eu lieu sur la même ligne. Il n'y a donc pas lieu d'accorder un délai supplémentaire quelconque pour le transbordement des marchandises d'une ligne à l'autre. — Cour de cassation, 8 décembre 1858, Chemin de fer d'Orléans C. Caille et Meneau.

111. Mais, lorsque le transport des marchandises remises à une Compagnie doit se faire, partie par voie de terre, partie par la voie ferrée, les conditions du transport n'ont pu être déterminées par l'application du cahier des charges du chemin de fer. Dans ce cas, et quoique le fait constitue à la charge de la Compagnie un transport unique, on doit apprécier les obligations de la Compagnie dans l'exécution de ce transport spécial, d'après les usages par elle suivis et les délais habituellement observés dans des circonstances semblables. — Cour de cassation, 26 juillet 1859, Chemin de fer du Nord C. Veleine.

112. Les délais fixés aux Compagnies pour effectuer les expéditions à petite vitesse embrassent tout à la fois les opérations de la gare expéditrice, le transport et les opérations de la gare d'arrivée. Les arrêtés ministériels déterminent, à cet égard, le temps spécialement accordé pour chacune des phases que comporte l'expédition entière. Il faut dire que, de l'esprit des dispositions de ces arrêtés, de la nature des expéditions, du rapprochement des prescriptions réglementaires les concernant, de celles concernant les expéditions à grande vitesse, il ressort, *d'une part*, que les délais accordés doivent être supputés, non par heure mais par jour, *d'autre part*, que chacun de ces délais doit être franc. Or, pour qu'il en soit ainsi, il faut dire que, dans les délais déterminés par l'arrêté ministériel, ne seront point compris le jour de la remise de la marchandise à la gare de départ, ni le jour de la livraison à la gare d'arrivée. — Cour de cassation, 31 juillet 1857, Romieu.

CHAPITRE IV. — DU LIEU DE LIVRAISON DES MARCHANDISES ET DES FRAIS DE CAMIONNAGE.

SOMMAIRE.

113. Où les marchandises doivent-elles être livrées?

114. Une Compagnie de chemin de fer est-elle obligée de conserver en gare , jusqu'à réclamation du destinataire, les marchandises qu'elle a transportées, lorsque la feuille d'expédition n'indique pas que la livraison sera faite en gare et n'énonce que le nom du destinataire ?

115. L'indication du nom seul du destinataire, lors de l'expédition, empêche-t-elle que le destinataire puisse effectuer lui-même le transport à domicile?

116. Quel serait le droit du destinataire s'il avait été convenu entre l'expéditeur et la Compagnie que celle ci ferait le transport des colis à domicile ?

113. Il n'en est pas des entrepreneurs de transports par la voie de fer comme des entrepreneurs de transports par le roulage ordinaire. Ces derniers sont chargés , en général , et sauf convention contraire, de prendre les marchandises au domicile de l'expéditeur et de les conduire à celui du destinataire, moyennant un prix unique. Au contraire, le monopole accordé aux Compagnies de chemins de fer ne s'étend pas au delà de la voie de fer. Le prix de transport est fixé par le tarif de gare en gare, et les expéditeurs ou destinataires restent libres de faire eux-mêmes et à leurs frais le factage et le camionnage de leurs marchandises de la gare d'arrivée, où la Compagnie doit la marchandise, au domicile du destinataire. — Cour de cassation, 27 juillet 1852, Chemin de fer de Tours à Nantes C. Duverger et autres.

Cependant, il n'est point interdit de déroger à cette faculté par des conventions particulières et de stipuler que le camionnage sera opéré par les soins de la Compagnie. — Cour de cassation, 13 juillet 1859, Gibiat C. Chemin de fer d'Orléans.

La remise ou livraison des marchandises se fera donc, soit en gare, soit au domicile du destinataire, selon l'énonciation de la lettre de voiture ou de la feuille d'expédition.

114. Lorsque l'expéditeur a fait au chemin de fer la remise de la marchandise, en indiquant le destinataire, sans dire *en gare* ou *gare restant à tel point désigné du parcours*, il a laissé croire à la Compagnie qu'elle était chargée de livrer à domicile. Or, les conventions faites par l'expéditeur doivent nécessairement lier le voiturier, aujourd'hui le chemin de fer, qui remplace l'ancien mode de transport. Ces conventions tiennent lieu de loi entre l'expéditeur et le voiturier, et ne peuvent être modifiées au gré du réceptionnaire, qui refuserait de payer le prix du camionnage.

Aussi, la Compagnie, en offrant la livraison au domicile du destinataire, ne fait-elle qu'exécuter la convention, et le destinataire ne peut s'en prendre qu'à lui-même ou à l'expéditeur si la marchandise n'a pas été gardée à sa disposition en gare, puisqu'il aurait pu imposer cette condition au départ. — Tribunal de commerce d'Orléans, 11 juillet 1849, Rebu et Brière C. Compagnie du chemin de fer de Paris à Orléans.

115. Toutefois, il faut dire que l'indication du nom du destinataire seulement, lors de l'expédition, ne fait point obstacle à ce qu'au premier avis donné par les agents de la Compagnie de l'arrivée des marchandises, le destinataire se présente à la gare pour les réclamer et pour en effectuer lui-même le transport. En agissant ainsi, le destinataire ne fait qu'user d'un droit qui ne peut lui être

contesté. — Cour de cassation, 27 juillet 1852, Chemin de fer de
Tours à Nantes C. Duverger et autres.

116. Il y a plus : il aurait été convenu, au moment du départ,
entre l'expéditeur et la Compagnie du chemin de fer, que le transport des colis au domicile du destinataire serait opéré par les soins
de la Compagnie, et même les frais de ce camionnage auraient été
compris dans les frais du transport, cette convention ne serait point
obligatoire d'une façon absolue pour le destinataire, qui peut toujours
prendre lui-même les marchandises à la gare, encore bien qu'elles
lui auraient été expédiées, non point en gare, mais à domicile. Vainement on a prétendu que l'expéditeur était le mandataire nécessaire et forcé du destinataire, et que, par voie de conséquence, ce
dernier était obligé de suivre la loi de la convention qui avait été
faite par l'expéditeur.

D'après le droit commun constaté par l'article 101 du Code de
commerce, la lettre de voiture forme bien contrat entre l'expéditeur
et le voiturier, ou entre l'expéditeur, le commissionnaire et le voiturier ; mais il a été reconnu par la jurisprudence que ce contrat
est étranger au destinataire, qui n'a nullement traité avec le voiturier.

Toutefois, celui-là ne pourrait s'y soustraire, du moment où il
consentirait à recevoir la marchandise, qui ne lui était adressée que
sous la condition de rembourser au chemin de fer les frais de camionnage compris dans la lettre de voiture. — Cour impériale de
Montpellier, 1er juillet 1859, Chemin de fer du Midi C. Bardou et
Prax. — Cour de cassation, 13 juillet 1859, déjà cité.

TROISIÈME PARTIE.

DE LA RESPONSABILITÉ EN MATIÈRE DE TRANSPORTS.

I. — DU PRINCIPE GÉNÉRAL DE LA RESPONSABILITÉ.

II. — DE L'AFFRANCHISSEMENT DE TOUTE RESPONSABILITÉ.

III. — QUEL EST LE SENS ET L'EFFET D'UNE DÉCHARGE DE GARANTIE?

IV. — CAS SPÉCIAUX DANS LESQUELS LES COMPAGNIES SONT EXONÉRÉES DE PLEIN DROIT DE TOUTE RESPONSABILITÉ.

V. — DES COMMISSIONNAIRES INTERMÉDIAIRES.

VI. — ÉTENDUE DE LA RESPONSABILITÉ.

VII. — EXTINCTION DE L'ACTION EN RESPONSABILITÉ.

VIII. — PRESCRIPTION DE L'ACTION EN RESPONSABILITÉ.

I. — Du principe général de la responsabilité qui pèse sur les Compagnies de chemins de fer, et pour quelles causes cette responsabilité peut se trouver engagée.

SOMMAIRE.

117. Raison générale de la responsabilité qui pèse sur les Compagnies.

118. Pour quelles causes la responsabilité des Compagnies peut-elle se trouver engagée ?

119. Suite.

117. Les dispositions qui concernent les commissionnaires de transports et les voituriers en général sont déclarées communes aux entrepreneurs de diligences et voitures publiques par une jurisprudence incontestable.

Or, aux termes des articles 98 et 103 du Code [de commerce et des articles 1782 et 1784 du Code Napoléon (1), les voituriers et entrepreneurs de transports sont responsables des effets qui leur sont confiés, et assujettis, comme dépositaires nécessaires, aux obligations imposées par la loi pour la garde et la conservation de ces effets. Les Compagnies de chemins de fer étant de véritables entreprises de transports, se trouvent dès lors soumises au même principe de responsabilité.

118. La responsabilité des Compagnies de chemins de fer se trouve engagée non-seulement dans le cas de perte ou d'avaries des objets à transporter, à moins que la perte ou les avaries ne proviennent d'un événement de force majeure ou du vice propre de la chose (art. 103 du Code de commerce), mais encore lorsque, hors les cas de la force majeure légalement constatée, les objets et marchandises que la Compagnie s'est chargée de transporter ont éprouvé un retard (art. 97 et 104 du code de commerce) (2).

Il convient d'ajouter que les Compagnies de chemins de fer, s'oc-

---

(1) Article 98 du Code de commerce : « Il (le commissionnaire) est garant des avaries ou pertes de marchandises et effets, s'il n'y a stipulation contraire dans la lettre de voiture, ou force majeure. »

Article 103 du même Code : « Le voiturier est garant de la perte des objets à transporter, hors les cas de force majeure. »

Article 1782 du Code Napoléon : « Les voituriers par terre et par eau sont assujettis, pour la garde et la conservation des choses qui leur sont confiées, aux mêmes obligations que les aubergistes, dont il est parlé au titre du dépôt et du séquestre. »

Article 1784 du même Code : « Ils sont responsables de la perte et des avaries des choses qui leur sont confiées, à moins qu'ils ne prouvent qu'elles ont été perdues et avariées par cas fortuit ou force majeure. »

(2) Article 97, voir page 146, note 1.

Article 104 du Code de commerce : « Si, par l'effet de la force majeure, le transport n'est pas effectué dans le délai convenu, il n'y a pas lieu à indemnité contre le voiturier pour cause de retard. »

cupant tout à la fois du transport des personnes et des marchandises, une double responsablilité pèse sur elles : responsabilité quant aux personnes, responsabilité quant aux choses.

119. La remise, après les délais réglementaires et accoutumés, des marchandises dont le transport a été confié à une Compagnie, engage la responsabilité de cette Compagnie, encore bien qu'aucun délai n'ait été particulièrement stipulé par l'expéditeur pour ce transport, et la soumet à des dommages-intérêts pour le préjudice résultant du retard. — Cour impériale de Douai, 1er mars 1858, Veleine C. Chemin de fer du Nord.

II. — De l'affranchissement de toute responsabilité.

SOMMAIRE.

120. Les Compagnies ne peuvent, en principe, se soustraire, par des stipulations particulières, à la responsabilité qui pèse sur elles.

121. Exception. — Elles peuvent, dans les cas prévus par leurs tarifs, exiger des expéditeurs une décharge de garantie, par exemple, lorsque les marchandises à transporter leur ont été remises soit en *vrac*, soit *dans de mauvaises conditions d'emballage.*

122. Conséquence. A. B. C. D. E. F.

120. L'article 98 du Code de commerce, qui autorise le commissionnaire de transports qui sert d'intermédiaire entre l'expéditeur et le voiturier, mais qui ne transporte pas, à stipuler qu'il ne sera pas garant des avaries ou pertes des marchandises et effets, est sans application quand il s'agit des voituriers ou des entrepreneurs de voitures et roulages, dont les obligations sont réglées, en cas d'avaries, par les articles 1784 du Code Napoléon et 103 du Code de commerce (1), qui ne les autorisent pas à stipuler qu'ils ne seront pas responsables de leurs fautes ou de celles de leurs préposés.

---

(1) Voir page 153, note 1.

A plus forte raison, une telle stipulation est-elle interdite aux Compagnies de chemins de fer.

Les chemins de fer ont été établis par l'autorité publique dans un intérêt général, et les Compagnies sont tenues d'accepter tous les colis et d'en effectuer le transport aux conditions fixées par des règlements de l'autorité publique, qui font loi entre elles et les expéditeurs. — Cour de cassation, 26 janvier 1859, Chemin de fer de l'Ouest C. Savaglio et autres. — Cour impériale de Nancy, 5 janvier 1860, Comp. de l'Est C. Marillon et Martin.

121. Il n'est permis de déroger à ces conditions que dans les cas prévus aux tarifs. Or, en permettant à une Compagnie d'exiger des expéditeurs une décharge de garantie, quand l'emballage est défectueux, on le lui interdit nécessairement en cas de bon emballage. Cette décharge, si elle pouvait être exigée hors des cas spécialement prévus, ouvrirait la porte à de graves abus, encouragerait la négligence des employés des chemins de fer, rendrait inutile la protection dont la loi a voulu entourer les expéditeurs, et procurerait aux Compagnies un avantage illicite, puisque les prix de transport des colis sont fixés par les tarifs, eu égard à l'obligation qui leur incombe de répondre des avaries.

Ces principes ont été posés par la cour de cassation dans son arrêt *Savaglio* du 26 janvier 1859, et voici dans quelles circonstances : Les sieurs Savaglio-Valdo et C⁰, fondeurs en cuivre à Paris, avaient remis à la Compagnie du chemin de fer de l'Ouest sept colis pour être transportés à Laval. La note de remise de ces colis portait : Remis au chemin de fer de l'Ouest, petite vitesse, six paillons contenant châssis de cheminée, un panier contenant pieds en fonte... pour être expédiés à M. Guigné, poêlier-fumiste à Laval, et au-dessus de la signature des sieurs Savaglio-Valdo se trouvaient ces mots : *sans garantie*. Le jour même de la remise, les expéditeurs signaient en outre une décharge de garantie ainsi conçue : « Je m'engage à garantir l'administration du chemin de fer de l'Ouest de toutes les demandes qui pourraient être formées contre elle à raison de toutes avaries... » A l'arrivée, refus de ces colis par le destinataire pour cause d'avaries ; assignation par les expéditeurs, qui ré-

clament de la Compagnie 103 fr. 10 c., prix de la marchandise avariée.
La Compagnie se retranche alors derrière les termes de la garantie
et invoque l'article 98 du Code de commerce. — Le 8 mai 1857, jugement du tribunal de commerce de la Seine, ainsi conçu : « Attendu que les colis dont il s'agit ont été refusés pour cause d'avaries;
que la Compagnie défenderesse chargée de cette expédition prétend,
pour s'exonérer de la responsabilité qui lui incombe, avoir reçu les
colis sans garantie de casse. Mais, attendu qu'aux termes des tarifs
approuvés par l'autorité, le bulletin de garantie que la Compagnie a
le droit d'exiger de l'expéditeur ne doit lui être remis qu'autant qu'il
est établi que c'est pour cause de mauvais emballage. Attendu que,
dans l'espèce, le mauvais emballage de la marchandise n'est pas
établi ; qu'il s'ensuit que la Compagnie du chemin de fer de l'Ouest
ne saurait exciper de cette circonstance pour se prévaloir de la déclaration qui lui aurait été faite par l'expéditeur ; que ce dernier, qui
n'avait pas d'autre voie pour faire parvenir sa marchandise à destination, a subi la loi de la Compagnie de l'Ouest et n'a pu donner un
consentement libre de nature à modifier le tarif public qui fait seul
la loi des parties ; il s'ensuit que la Compagnie doit être tenue
d'indemniser les demandeurs du préjudice qu'ils ont éprouvé. »

Pourvoi en cassation par la Compagnie du chemin de fer de
l'Ouest pour violation de l'article 1134 du Code Napoléon et 98 du
Code de commerce et fausse interprétation de ses tarifs régulièrement homologués.

Mais, comme rien ne constatait que les marchandises confiées à
la Compagnie du chemin de fer de l'Ouest, pour être transportées à
Laval, lui eussent été remises soit *en vrac*, soit dans de mauvaises
conditions d'emballage, et que ce fût à raison de l'une ou de l'autre
de ces circonstances qu'eût été stipulée la non-responsabilité de cette
Compagnie en cas d'avaries, et comme le jugement attaqué recon-
naissait, au contraire, que le mauvais emballage des marchandises
n'était pas établi, ce pourvoi fut rejeté.

128. A. Du principe que les Compagnies ne peuvent s'exonérer
de la responsabilité qu'elles encourent que dans les cas prévus aux
tarifs, il résulte donc qu'elles sont non recevables à opposer aux

demandes dirigées contre elles les avis imprimés au dos des bulletins qu'elles délivrent aux expéditeurs, et portant notamment qu'en cas de perte d'effets, il ne sera jamais alloué une somme plus forte que celle de 50 francs pour un porte-manteau, et 150 francs pour une malle. Le décret du 24 juillet 1792, article 62 (1), qui permettait de limiter ainsi la responsabilité, avait été fait pour la régie nationale des messageries, et constituait un privilége qui ne peut être étendu à des entreprises particulières de transport. — Cour impériale de Douai, 17 mars 1847. — Tribunal de Tours, 23 novembre 1847, Chemin de fer d'Orléans à Bordeaux C. Degaille.

B. Elles sont également non recevables à se prévaloir de la mention mise en marge du bulletin de réception des objets à transporter, que la Compagnie n'est responsable des dommages arrivés aux colis fragiles ou précieux qu'autant qu'ils auraient été l'objet d'une convention particulière, si les règlements n'autorisent pas cette exception. — Cour impériale de Paris, 16 août 1847, Chemin de fer de Versailles, rive gauche, C. Malapeau.

C. La clause de non-garantie serait de même sans effet, encore bien qu'elle se trouvât insérée dans un tarif homologué par l'administration supérieure. — Cour de cassation, 26 mars 1860, Chemin de fer d'Orléans C. Barbezat.

D. Les Compagnies ne sont pas davantage fondées à se refuser à accepter une lettre de voiture, par cela seul qu'elle énoncerait l'indemnité due pour cause de retard.

Le législateur, comprenant toute l'importance de la lettre de voi-

---

(1) Article 62 du décret du 24 juillet 1793 : « Si la perte ou le dommage des effets, ballots ou marchandises dont la régie est responsable ne peut être évalué par experts à la vue des objets cassés ou endommagés, l'évaluation faite lors de l'enregistrement servira de règle pour fixer l'indemnité. A défaut de possibilité d'estimation sur la vue des objets détériorés ou cassés et d'estimation déclarée lors du chargement, ou si le paquet se trouve perdu, l'indemnité sera de cent cinquante livres. »

ture pour l'intérêt du commerce, a élevé cet acte à la hauteur d'un contrat, qui, ainsi que le porte l'article 101 du Code de commerce, intervient entre l'expéditeur et le voiturier. Pour mieux assurer la force et l'autorité de ce contrat, le législateur a voulu donner, pour ainsi dire, le modèle de sa rédaction, en indiquant dans l'article 102 les différentes énonciations que doit contenir la lettre de voiture. Parmi ces énonciations, celle qui démontre le plus de sagesse et d'expérience des affaires commerciales est, sans aucun doute, celle qui exige que la lettre de voiture stipule elle-même et par avance une indemnité au profit du destinataire pour cause de retard dans la remise de sa marchandise. Cette mention est pour le voiturier comme un aiguillon qui le presse sans cesse de hâter sa marche, s'il ne veut pas s'exposer à un préjudice qui sera immédiat et auquel rien ne pourra le soustraire, si, par sa faute, il arrive en retard. Elle est pour le destinataire la seule garantie d'une remise exacte et opportune. En effet, le droit, qu'il trouve écrit dans la lettre de voiture, de s'indemniser par ses propres mains et sans forme de justice, est le plus souvent le seul mode d'indemnité possible pour le destinataire, qui renoncerait évidemment à en demander aucune, s'il lui fallait aller la réclamer devant les tribunaux, avec les frais, les retards, les soucis qu'entraîne toujours une instance judiciaire, et qui seraient tout à fait hors de proportion avec le léger préjudice que peut causer au destinataire un retard de quelques jours.—Cour impériale de Colmar, 6 décembre 1859, Chemin de fer de Lyon C. Boyer. — Cour impériale de Besançon, 16 janvier 1860, Chemin de fer de Lyon C. Munier. — Cour impériale de Paris, 30 mars 1860, Chemin de fer de Lyon C. Delarsille.

E. Toutefois, il est admis par les deux premiers arrêts que la Compagnie peut discuter l'importance de l'indemnité indiquée ainsi à l'avance sur la lettre de voiture et en demander, à l'occasion, la réduction.

F. Enfin, et toujours par suite du même principe, il a été décidé que l'expéditeur peut réclamer une indemnité, nonobstant la décharge de garantie, qui avait été exigée de lui en contravention aux lois et règlements sur la matière. — Cour de cassation, 26 janvier 1859, déjà cité.

III. — Quel est le sens et l'effet d'une décharge en garantie?

SOMMAIRE.

123. Comment doit s'entendre la décharge de garantie donnée par l'expéditeur?

124. Effet de cette décharge.

123. La décharge de garantie donnée par un expéditeur à une Compagnie, qu'il charge d'un transport, de toutes les demandes qui pourraient être formées contre elle en cas de retard ou d'avaries, ne doit s'entendre que des causes indépendantes de son fait, et non des fautes commises par elle ou par ceux qu'elle s'est substitués.

Dans l'espèce dans laquelle il a été jugé ainsi, la Compagnie à laquelle l'expéditeur s'était adressé avait consenti à faire le transport à moitié prix, et, de son côté, l'expéditeur l'avait affranchie de toute responsabilité en cas de retard.

Mais on a pensé avec raison que l'exonération du mandataire salarié de toute responsabilité, à raison des fautes qu'il peut commettre, ou même de la négligence qu'il peut apporter dans l'accomplissement du mandat, serait exorbitante et contraire à l'essence du contrat. Article 1992 du Code Napoléon (1). — Cour impériale de Douai, 11 mars 1858, cité ci-dessus.

124. Un tel accord entre l'expéditeur et la Compagnie chargée

---

(1) Article 1992 du Code Napoléon : « Le mandataire répond non-seulement du dol, mais encore des fautes qu'il commet dans sa gestion. Néanmoins, la responsabilité relative aux fautes est appliquée moins rigoureusement à celui dont le mandat est gratuit qu'à celui qui reçoit un salaire. »

du transport ne peut avoir d'autre effet que d'exonérer la Compagnie de la présomption légale résultant des articles 103 du Code de commerce et 1784 du Code Napoléon (1), et de mettre la preuve de la faute à la charge de l'expéditeur. — Cour impériale de Bordeaux, 5 mars 1860, Chemin de fer du Midi C. de Sevin.

IV. — Cas spéciaux dans lesquels les Compagnies sont exonérées de plein droit de toute responsabilité.

SOMMAIRE.

125. Les Compagnies de chemins de fer sont-elles quelquefois affranchies de toute responsabilité, en dehors des cas prévus par la loi commune? Exemples, nos 126 et 127.

126. La Compagnie, qui n'a fait que louer ses voitures, sans s'immiscer dans leur chargement, n'est point responsable de la perte ou de l'avarie des marchandises, à moins que la perte ou l'avarie ne soit la conséquence d'un vice de la voiture ou d'une faute commise dans la conduite du convoi.

127. Et même toute responsabilité disparaît dans le cas d'incendie, quoiqu'il soit établi que l'incendie a été causé par l'imprudence de l'un des employés de la Compagnie, lorsqu'aux termes d'un règlement spécial, les locataires de wagons, pour jouir de certains avantages, sont obligés de faire assurer à leurs frais contre l'incendie, pour tous risques quelconques, toutes les marchandises remises au chemin de fer depuis leur entrée dans la gare de départ jusqu'à leur sortie de la gare d'arrivée, la Compagnie entendant n'être responsable, dans aucun cas, des incendies survenus soit en route, soit dans les gares, quelle qu'en fût la cause. — Dans ces circonstances, les Sociétés d'assurances elles-mêmes sont sans recours contre la Compagnie du chemin de fer.

128. Une Société d'assurances est également sans recours contre la Compagnie, et ne peut prétendre que le placement d'un wagon-écurie, immédiatement après le tender de la locomotive, constitue une faute lourde la déchargeant de la res-

---

(1) Voir page 153, note 1.

ponsabilité de l'incendie, qui aurait détruit le wagon-écurie et causé la mort des chevaux qu'il renfermait.

124. L'expéditeur qui, pour faire fraude aux droits d'une Compagnie, ne déclare pas la nature du contenu du colis, est sans droit d'en réclamer la valeur en cas de perte.

125. La perte, l'avarie ou le retard, qui ont pour cause soit le vice propre de la chose, soit la force majeure, n'entraînent aucune responsabilité contre la Compagnie chargée du transport : voilà le principe posé par la loi.

126. Il en serait de même dans le cas où une administration de chemin de fer se serait bornée à louer un wagon à l'expéditeur, sans intervenir dans son chargement.

S'il est vrai que le commissionnaire de roulage et le voiturier sont responsables, aux termes de l'article 1784 du Code Napoléon, de la perte des objets qui leur sont confiés pour être transportés, cette responsabilité, en droit, ne peut exister lorsque les marchandises n'ont pas été remises au voiturier et que celui-ci n'a rien fait autre chose que mettre sa voiture à la disposition de l'expéditeur, qui en a usé en arrière du voiturier.—Cour de cassation, 27 décembre 1848, Madaré C. Chemin de fer du Nord.

Mais il va de soi que la Compagnie serait responsable si la perte ou l'avarie de la marchandise provenait d'un vice de la voiture, ou si elle était la conséquence d'une faute commise dans la conduite du convoi dont le wagon loué aurait fait partie.

127. Et même toute responsabilité disparaît dans le cas d'incendie, quoiqu'il soit établi que l'incendie a été causé par l'imprudence de l'un des employés de la Compagnie, lorsqu'aux termes d'un règlement spécial, les locataires de wagons, pour jouir de certains avantages, sont obligés de faire assurer à leurs frais contre l'incendie, pour tous risques quelconques, toutes les marchandises remises au chemin de fer, depuis leur entrée dans la gare de départ jusqu'à leur sortie de la gare d'arrivée, la Compagnie entendant n'être responsable, dans aucun cas, des incendies survenus soit en route, soit dans les gares, quelle qu'en fût la cause.

Une semblable condition n'a rien de contraire à la loi ni à l'ordre public ; elle ne diffère en rien de la convention par laquelle un propriétaire ou un locataire se fait garantir par un contrat d'assurances non-seulement contre les pertes qu'il aura éprouvées dans ses biens, mais encore contre les actions en recours que les propriétaires ou locataires voisins pourraient avoir à exercer à raison de dommages à eux causés par la négligence ou l'imprudence de l'assuré ou de ses préposés.

Dans ces circonstances, les Sociétés d'assurances elles-mêmes sont sans recours contre la Compagnie du chemin de fer. En effet, la Compagnie du chemin de fer n'ayant pas contracté avec les sociétés, elles ne sauraient avoir d'action contre elle qu'au nom et comme exerçant les droits de l'assuré. Mais l'assuré lui-même n'aurait point d'action contre la Compagnie, puisqu'il a reconnu, au moins implicitement, qu'elle n'était pas responsable envers lui, et que c'est pour cela qu'il s'est fait assurer. — Cour impériale de Paris, 25 novembre 1859, Assurances générales et l'Union C. Chemin de fer de Lyon à Genève.

128. Une Société d'assurances est également sans recours contre la Compagnie et ne peut prétendre que le placement d'un wagon-écurie immédiatement après le tender de la locomotive constitue une faute lourde la déchargeant de la responsabilité de l'incendie, qui aurait détruit le wagon-écurie et causé la mort des chevaux qu'il renfermait.

Le fait d'avoir placé en tête du train, immédiatement après le tender de la locomotive, un wagon-écurie renfermant des chevaux qui y ont été asphyxiés, ne saurait par lui-même être considéré comme une faute lourde. Les lois et règlements qui régissent la police des chemins de fer défendent l'attelage seulement des wagons de transport de voyageurs au tender de la locomotive, et cette prohibition n'existe pas à l'égard des wagons de marchandises. Donc, lorsqu'il n'est pas nié que le wagon-écurie atteint par l'incendie était conforme à ceux employés ordinairement à ce service, et que la construction de ces wagons offre autant de garantie contre l'incendie que celle de tout autre wagon destiné au transport des marchandises, il n'y a point lieu de faire de distinction en raison de l'espèce de la marchandise. — Cour impériale de Paris, 16 janvier 1851, Compagnie du chemin de fer d'Amiens à Boulogne C. Compagnie la Paternelle.

129. Une Compagnie de chemin de fer n'est pas non plus responsable de la perte d'un colis, ou au moins de la valeur réelle qu'il pouvait avoir, s'il est établi que l'expéditeur n'a pas fait la déclaration de cette valeur pour se soustraire au payement du prix proportionnel de son transport.

En effet, les tarifs annexés aux lois qui ont autorisé l'établissement des chemins de fer varient selon la nature et la valeur des objets transportés, la difficulté du transport et l'étendue de la responsabilité en cas de perte. L'or, l'argent, les bijoux et les finances notamment sont soumis à des perceptions réglées annuellement par l'administration, sur la proposition des Compagnies. Ces tarifs rendus publics forment entre les Compagnies et les particuliers un contrat dont l'exécution ne peut être éludée d'aucune part. L'expéditeur qui confie au chemin de fer un colis sans en spécifier le contenu, et qui, faisant fraude aux droits de la Compagnie, ne paye le prix de transport qu'en raison du poids matériel, alors que la désignation des objets enfermés dans le colis aurait donné lieu à une perception dix ou vingt fois plus forte, ne saurait, la perte se réalisant, être admis à réclamer de l'entreprise une indemnité dont elle n'a pas connu la chance et reçu la compensation, et à lui imposer les conséquences des dissimulations pratiquées à son détriment. Une déclaration sincère est d'autant plus nécessaire que des précautions plus grandes sont apportées naturellement à la conservation et à la remise d'effets de nature à tenter la cupidité. — Cour impériale de Paris, 10 avril 1854, Varnier-Roger C. Chemin de fer d'Orléans.

V. — Des commissionnaires intermédiaires.

SOMMAIRE.

130. La Compagnie, qui s'est chargée d'un transport est responsable des faits des commissionnaires intermédiaires qu'elle s'est substitués.

131. Cette responsabilité ne cesse pas lorsqu'il s'agit de trains de plaisir.

132. Jugé même que cette responsabilité s'étend aux expéditions de marchandises faites de l'étranger en France.

133. Les commissionnaires intermédiaires ne sont pas, comme l'est le premier commissionnaire vis-à-vis de l'expéditeur, présumés avoir reçu les marchandises en bon état.

134. Ils ne peuvent être déclarés responsables qu'autant qu'il est prouvé que les avaries sont arrivées par leur faute.

135. Cette preuve peut résulter de présomptions graves, précises et concordantes.

130. La Compagnie qui se charge de transporter des marchandises, soit dans le délai ordinaire, soit dans un délai déterminé, est responsable, sauf son recours utile, des retards arrivés par le fait des Compagnies intermédiaires qu'elle a employées pour effectuer ce transport.

Ce serait en vain que, pour échapper à cette responsabilité, elle prétendrait que si, aux termes de l'article 99 du Code de commerce (1), le commissionnaire est garant des faits du commissionnaire intermédiaire auquel il adresse les marchandises, c'est dans le cas seulement où le commissionnaire choisit l'intermédiaire et nullement lorsque cet intermédiaire est imposé par la force des

______

(1) Article 99 du Code de commerce : « Il (le commissionnaire) est garant des faits du commissionnaire intermédiaire auquel il adresse les marchandises. »

choses. — Cour impériale de Douai, 11 mars 1858, chemin de fer du Nord C. Varrondendicke et Dousselaire.

131. La responsabilité est la même s'il s'agit de dommages causés aux bagages des voyageurs, lorsqu'une Compagnie de chemin de fer a proposé au public des tournées dites trains de plaisir, qui doivent s'exécuter en partie par d'autres voies que le chemin qu'elle exploite, parce qu'elle s'est nécessairement concertée avec les directeurs de ces voies. Dès lors, quelle que soit l'étendue de ces tournées, quels que soient les moyens et la direction du parcours, cette Compagnie répond des faits des entreprises tierces qu'elle s'est substituées pour l'accomplissement du voyage. — Cour impériale de Paris, 22 août 1859, Chemin de fer de l'Est C. de Thièvres.

132. Il a même été jugé que cette responsabilité s'étend aux expéditions de marchandises de l'étranger en France.

En fait, il résultait des documents produits au procès que la Compagnie du chemin de fer du Nord avait publié un tarif précédé d'un avis au commerce, où elle rappelait que, pour faciliter les relations avec l'Allemagne et d'autres pays du nord de l'Europe, elle avait organisé un service de réexpédition des marchandises, et choisi, à cet effet, des correspondants parmi lesquels elle désignait, spécialement pour Berlin, le sieur M. Cohn, entrepreneur de transports ; que cette indication sur une extension de rapports si profitables à ses intérêts avait été renouvelée par elle dans des publications ultérieures contenant des tarifs détaillés. Il était encore constaté que les titres ou lettres de voiture avaient été renouvelés, durant le parcours, sans la participation du destinataire.

Dans ces circonstances, la Cour décide que ce dernier ayant suivi la foi de la Compagnie, en acceptant, sur l'offre réitérée au nom de celle-ci, l'entremise de son représentant à Berlin, ne saurait être astreint à exercer, soit en Belgique, soit en Prusse, son recours à fin d'indemnité des avaries par lui éprouvées ; qu'il a intenté à bon droit son action contre la Compagnie du chemin de fer du Nord, dont la responsabilité était engagée depuis Berlin, point de départ de la marchandise, jusqu'à Lille, lieu de sa destination. — Cour impériale de Douai, 11 avril 1859, Chemin de fer du Nord C. Bertelle.

133. Quant au recours pour cause d'avaries qu'un commissionnaire peut être appelé à exercer contre celui qui lui a succédé, il importe de remarquer que les commissionnaires intermédiaires ne sont pas, comme l'est le premier commissionnaire vis-à-vis de l'expéditeur, présumés avoir reçu les marchandises en bon état.

En droit, la responsabilité à laquelle les articles 97 et 98 du Code de commerce (1) soumettent le commissionnaire de transport, qui s'oblige à faire arriver la marchandise à destination, diffère en un point essentiel de celle à laquelle sont soumis les voituriers intermédiaires, qui se bornent à prêter leur concours à l'exécution du contrat de commission. Comme le premier peut toujours, avant de se charger du transport des colis, exiger que la vérification de leur contenu soit faite en sa présence, il est présumé reconnaître, en les acceptant, que la marchandise est conforme aux énonciations de la lettre de voiture et en bon état ; par suite, il est garant des avaries, qui sont constatées à l'arrivée, sans qu'on ait à prouver qu'elles proviennent de son fait ou de celui des commissionnaires intermédiaires, dont il répond, aux termes de l'article 99 du Code de commerce. Mais cette vérification ne pouvant avoir lieu de la part de ces derniers, qui se succèdent presque sans interruption dans le service du transport, et qui doivent faire arriver au plus vite la marchandise à sa destination, et la seule vérification qui leur soit ordinairement possible n'étant autre que celle qui se rapporte à l'état extérieur des caisses ou colis et à la conformité apparente de cet état avec les désignations des lettres de voiture ; la même présomption n'existe pas contre eux. — Cour de cassation, 12 août 1856, Chemin de fer d'Orléans C. Bourdat et autres ; — 28 juillet 1858, Chemin de fer du Midi C. Mérillon et consorts.

---

(1) Voir page 146, note 1, et page 153, note 1.

134. En raison de cette situation différente qui leur est faite, les commissionnaires intermédiaires ne peuvent donc être déclarés responsables des avaries intérieures et non apparentes qu'autant que, conformément au droit commun, il y a preuve faite de la faute qui leur est imputée.

La disposition de l'article 99 du Code de commerce crée sans doute une présomption de faute, mais elle ne peut dispenser le demandeur en garantie de faire la preuve que l'avarie provient du fait de celui contre lequel le recours est exercé. Peu importe, d'ailleurs, qu'en cours de voyage le commissionnaire intermédiaire ait reçu la marchandise du commissionnaire précédent sans observation aucune et lui en ait même donné décharge. Ces circonstances ne peuvent affranchir le demandeur en garantie de la nécessité de la preuve à faire. — Mêmes arrêts.

135. Comme il s'agit, dans les espèces en vue desquelles nous écrivons, de matières commerciales, la preuve que les avaries sont arrivées par la faute des commissionnaires intermédiaires pourra s'induire de simples présomptions abandonnées aux lumières et à la prudence des magistrats, pourvu que ces présomptions soient graves, précises et concordantes. (Article 1353 du Code Napoléon) (1). — Cour de cassation, 9 juin 1858, Chemin de fer de l'Ouest C. Hulin et Chemin de fer du Nord.

VI. — Étendue de la responsabilité.

SOMMAIRE.

136. La responsabilité s'étend à la valeur entière des objets perdus.

---

(1) Article 1353 du Code Napoléon : « Les présomptions qui ne sont point établies par la loi sont abandonnées aux lumières et à la prudence du magistrat, qui ne doit admettre que des présomptions graves, précises et concordantes, et dans les cas seulement où la loi admet les preuves testimoniales, à moins que l'acte ne soit attaqué pour cause de fraude ou de dol. »

137. En cas de perte des malles ou bagages des voyageurs, les Compagnies sont-elles responsables non-seulement des effets que contenaient les malles perdues, mais encore des sommes d'argent qui y étaient renfermées, alors que le voyageur n'a fait aucune déclaration de ces valeurs?

138. Toutefois, la responsabilité ne s'étend pas indéfiniment à toutes sommes d'argent, et les Compagnies ne répondent pas de valeurs importantes mises dans des sacs de nuit.

139. Elles répondent de la perte des titres d'actions dont le transport leur a été confié comme papiers d'affaires.

140. Les entrepreneurs de voitures-omnibus destinées à transporter de la gare à domicile les voyageurs et leurs bagages sont, comme tous autres entrepreneurs de transports, responsables de la perte des objets qui leur sont confiés.

141. En cas de retard, le droit à des dommages-intérêts existe, quoique le voyageur n'ait fait connaître ni sa qualité, ni la nature des objets contenus dans ses caisses.

142. L'indemnité à payer pour cause de retard peut être exceptionnellement limitée.

143. En matière d'avaries, si, après le refus du destinataire de recevoir les marchandises, la Compagnie les conserve; les avaries survenues depuis se partagent entre elle et l'expéditeur, lorsque ces avaries, quoique provenant d'un vice propre de la chose, eussent pu être arrêtées par un examen plus attentif et des soins plus assidus.

136. Toute restriction, toute limitation arbitraire de la somme à payer dans un cas déterminé est contraire à la loi. En conséquence, la responsabilité s'étend à la valeur entière dûment justifiée des objets perdus. — Cour impériale de Douai, arrêt du 17 mars 1847, déjà cité.

137. Par le même arrêt, la Cour impériale de Douai avait décidé qu'en cas de perte des malles ou bagages d'un voyageur, la responsabilité de la Compagnie ne s'étendait pas aux sommes d'argent contenues dans la malle du voyageur qui n'avait fait aucune déclaration à cet égard et n'avait point acquitté le supplément de prix fixé pour le transport de l'argent. Mais la Cour de Paris, en réformant un jugement du tribunal de commerce de la Seine, a décidé le contraire. — 24 novembre 1857, Sempé C. Chemin de fer d'Orléans.

Aujourd'hui, la jurisprudence semble fixée dans ce dernier sens.

On a considéré qu'il était à la fois conforme à la raison et à un usage constant de comprendre dans les effets d'un voyageur non-seulement les effets à son usage personnel, suivant son sexe et sa condition, mais encore la somme qui lui est indispensable pour ses besoins en voyage, et qui doit en être considérée comme l'accessoire. — Cour impériale d'Angers, 20 janvier 1858, Branchereau C. Chemin de fer d'Orléans. — Cour impériale de Bordeaux, 24 mai 1858, Chemin de fer du Midi C. Forrest. — Cour de cassation, 16 mars 1859, Forrest C. Chemin de fer du Midi.

138. Toutefois, on doit limiter l'étendue du risque. Ainsi, la responsabilité ne s'étend pas indéfiniment à toutes sommes d'argent, et les Compagnies ne répondent pas de valeurs importantes mises imprudemment dans un sac de nuit, et à l'égard desquelles le voyageur a gardé un silence intéressé dans le but de se soustraire au payement du tarif auquel ces valeurs auraient été soumises.

En effet, dans les contrats commutatifs tout est réciproque, et la partie qui s'affranchit de son obligation affranchit l'autre de l'obligation qui y est corrélative (Art. 1104 du Code Napoléon.) (1). D'un autre côté, un contrat ne se formant que par le consentement mutuel des parties, l'une d'elles ne peut être engagée à son insu et au delà de ce qu'elle a prévu ou dû prévoir (Art. 1101, 1135, 1156 et 1163, même Code) (2). Enfin, la partie qui, sans qu'il y ait de

---

(1) Article 1104 du Code Napoléon : « Il (le contrat) est commutatif lorsque chacune des parties s'engage à donner ou à faire une chose qui est regardée comme l'équivalent de ce qu'on lui donne ou de ce qu'on fait pour elle.... »

(2) Article 1101 du même Code : « Le contrat est une convention par laquelle une ou plusieurs personnes s'obligent envers une ou plusieurs autres à faire ou à ne pas faire quelque chose. »

Article 1135 du même Code : « Les conventions obligent non-seulement à ce

sa part dol ou mauvaise volonté, n'exécute pas son obligation, n'est tenue que des dommages-intérêts qui ont été prévus ou qu'on a pu prévoir lors du contrat (Art. 1147 et 1150) (1). Ces principes de raison et d'équité, qui dominent toute la matière des contrats, s'appliquent aux engagements qui se forment entre le voyageur ou l'expéditeur et le voiturier, et doivent se combiner avec les articles 1782 et suivants du Code Napoléon et l'article 103 du Code de commerce (2).

Indépendamment de ces dispositions générales, les rapports du public avec les Compagnies de chemins de fer sont régis par des règlements spéciaux, qui ont force de loi et déterminent les obligations réciproques. Lors donc que l'or et l'argent, soit en lingots, soit monnayés ou travaillés, sont soumis à une taxe spéciale, cette taxe est à la fois rémunératoire du service rendu, et le prix de la responsabilité ou du risque à la charge de la Compagnie, et le voyageur, qui, en enfermant dans ses bagages des valeurs sujettes à la taxe, se dispense de payer le prix du risque, ne peut, après l'événement, rejeter la perte sur la Compagnie. L'obligation de payer une taxe spéciale pour ces valeurs implique celle de les déclarer. Cette déclaration serait, dans tous les cas, nécessaire : il faut que la

---

qui y est exprimé, mais encore à toutes les suites que l'équité, l'usage ou la loi donnent à l'obligation d'après sa nature. »

Article 1156 du même Code : « On doit, dans les conventions, rechercher quelle a été la commune intention des parties contractantes, plutôt que de s'arrêter au sens littéral des termes. »

Article 1163 du même Code : « Quel que généraux que soient les termes dans lesquels une convention est conçue, elle ne comprend que les choses sur lesquelles il paraît que les parties se sont proposé de contracter. »

(1) Article 1147 du même Code : « Le débiteur est condamné, s'il y a lieu, au payement de dommages et intérêts, soit à raison de l'inexécution de l'obligation, soit à raison du retard dans l'exécution, toutes les fois qu'il ne justifie pas que l'inexécution provient d'une cause étrangère qui ne peut lui être imputée, encore qu'il n'y ait aucune mauvaise foi de sa part. »

Article 1150 du même Code : « Le débiteur n'est tenu que des dommages et intérêts qui ont été prévus ou qu'on a pu prévoir lors du contrat, lorsque ce n'est point par son dol que l'obligation n'est point exécutée. »

(2) Voir page 153, note 1.

Compagnie sache à quoi elle s'engage et le risque qu'on lui fait courir, afin qu'elle puisse prendre ses précautions. — Arrêt du 24 mai 1858, déjà cité.

La Cour de cassation, à laquelle cet arrêt avait été déféré, proclama que les Compagnies de chemins de fer étaient sans doute, comme tous les voituriers et entrepreneurs de transports, responsables des objets qui leur étaient confiés ; mais qu'il était de principe de droit et d'équité que cette responsabilité fût renfermée dans les limites des obligations que ces Compagnies avaient entendu contracter ; que, sous un autre rapport, lorsque les statuts d'une Compagnie assujettissent les objets d'or et d'argent monnayés ou non monnayés à une taxe spéciale, comme exigeant une plus grande surveillance, et pouvant, en cas de perte, entraîner une responsabilité plus étendue, les voyageurs ou expéditeurs, pour avoir droit à cette garantie particulière, sont tenus de faire une déclaration spéciale de ces objets ; qu'à la vérité l'omission de cette déclaration spéciale ne fait pas perdre au voyageur ou à l'expéditeur tout recours contre la Compagnie qui a été chargée du transport, et qui est tenue de restituer ce qui lui a été confié ; mais qu'en l'obligeant à répondre, indépendamment du sac de nuit lui-même, des objets qui y étaient contenus suivant sa destination ordinaire et encore de la somme qui pouvait y avoir été renfermée comme nécessaire aux frais du voyage, il n'est pas possible de pousser plus loin, en présence des réticences intéressées des déclarants, la responsabilité d'une Compagnie vis-à-vis de laquelle ils n'ont pas eux-mêmes rempli leurs propres obligations. — Cour de cassation, arrêt du 16 mars 1859, déjà cité.

139. Mais elles répondent de la perte des titres d'actions dont le transport leur a été confié comme papiers d'affaires, encore bien que ces valeurs n'aient pas été nommément déclarées lors de leur envoi.

La déclaration faite, au moment de l'expédition, que le colis contient des papiers d'affaires, est une indication suffisante pour avertir la Compagnie de l'importance du paquet qui lui est remis, et provoquer de sa part une surveillance spéciale. Si donc il est

établi en fait que l'envoi de valeurs de ce genre a réellement eu.
lieu, la Compagnie est responsable, aux termes des articles 1382 et
1384 du Code Napoléon (1). — Cour de cassation, 16 mars 1859,
Chemin de fer de Lyon C. de Villarçon.

140. Les entrepreneurs de voitures-omnibus destinées à transporter de la gare à domicile les voyageurs et leurs bagages sont,
comme tous autres entrepreneurs de transports, responsables de la
perte des objets qui leur sont confiés. En effet, le principe posé
dans l'article 1784 du Code Napoléon ne reçoit pas une exception
au cas où il s'agit d'une entreprise d'omnibus transportant à la gare
où de la gare à domicile les voyageurs et leurs bagages, puisque
rien ne s'oppose à ce que cette entreprise prenne toutes les précautions utiles pour surveiller les objets à elle confiés, et qu'elle reçoit
une rétribution spéciale pour le transport de ces mêmes objets. —
Cour impériale de Paris, 24 novembre 1857, déjà cité.

141. Dans le cas où il y a seulement retard dans l'arrivée des
bagages ou colis d'un voyageur, la Compagnie en faute ne peut se
soustraire à la demande en dommages-intérêts formée contre elle,
sous le prétexte qu'au moment de son départ le voyageur n'aurait
fait connaître ni sa qualité de voyageur de commerce, par exemple,
ni la nature des objets contenus dans ses caisses, et en se fondant
sur ce que, contrairement aux dispositions de l'article 1150 du
Code Napoléon, ce serait, dans un cas où il ne lui serait reproché
aucun dol, lui faire supporter des dommages-intérêts qui n'ont pas
été prévus et que l'on n'a pas pu prévoir lors du contrat.

Cette prétention serait aussi contraire à la saine entente de la loi
qu'à la juste interprétation de la convention des parties. En effet,
il convient de remarquer qu'il s'agit entre les parties d'une convention qui doit s'interpréter dans ses effets d'après sa nature toute
spéciale, convention qui se forme et s'accomplit forcément, pour le
voyageur et ses bagages, dans des termes dont la rapidité et dont le

____

(1) Voir pages 66 et 103, notes 1 et 3.

signe représentatif excluent toute espèce d'explication sur la qualité du voyageur et le contenu des colis qui l'accompagnent. Rien, dans les règlements généraux et particuliers des Compagnies de chemins de fer, n'avertit le voyageur que le mode abrégé d'enregistrement, auquel il ne lui est pas possible de se soustraire, affranchirait à son égard la Compagnie de la responsabilité ordinaire du dommage que le créancier peut éprouver, eu égard soit à la perte qu'il a faite, soit au gain dont il a été privé par le fait de son obligé. Vainement la Compagnie, se prévalant des termes de l'article 1150 du Code Napoléon (1), dit-elle qu'elle n'a prévu ni pu prévoir, lors du contrat, le dommage qui résulterait de la perte ou du retard dans la remise d'un ballot dont elle ignorait le contenu, et qu'elle n'est pas tenue de ce dommage. C'est abuser des termes de la loi, qui s'expliquent d'eux-mêmes par les exemples que fournit la jurisprudence.

Peu importe donc que la chose ait ou non été mise à découvert ou déclarée à l'instant où la Compagnie s'en est chargée, si, par suite du mode réglé pour l'enregistrement des bagages, et que le voyageur ne peut pas ne point accepter, il a dû se livrer au transport du chemin de fer sans déclaration spécialisée. Ce qui se passe à ce moment entre la Compagnie et le voyageur est l'équivalent d'une convention tacite de s'en rapporter, pour le règlement des dommages-intérêts éventuels, au contenu, quel qu'il soit, des caisses et ballots reçus purement et simplement par la Compagnie, tout comme s'il en avait été fait une déclaration spéciale, pourvu seulement qu'il ne s'agisse pas de certains articles exceptionnels, tels que matières d'or ou d'argent et autres soumis à un tarif spécial, et exigeant aussi par conséquent une déclaration toute spéciale. D'ailleurs, les obligations des Compagnies de chemins de fer doivent être d'autant plus étroites, que ces Compagnies exercent une sorte de monopole à l'égard du transport des personnes et des choses. — Cour impériale de Dijon, 6 juillet 1859, Chemin de fer de l'Est C. Goutard et Parent-Parent.

---

(1) Voir page 170, note 1.

Par le même arrêt, la Cour de Dijon consacre le droit à des dommages-intérêts au profit de la maison de commerce que représentait le commis voyageur dont il était question.

142. Mais l'indemnité à payer pour cause de retard peut être exceptionnellement limitée par avance.

Les tarifs fixés ou modifiés par l'autorité administrative supérieure deviennent obligatoires pour et contre les Compagnies de chemins de fer, au même titre que les cahiers des charges annexés aux lois et décrets de concession, dès qu'ils ont été approuvés et publiés dans la forme légale, et il n'appartient pas à la juridiction civile, non plus qu'aux tribunaux de commerce, d'en faire la critique ni d'en entraver l'exécution.

Or, une ordonnance du 23 juin 1857, relative à un tarif spécial pour le transport, à petite vitesse et à prix réduits, des bestiaux expédiés par bandes sur les chemins de fer de l'Ouest, dispose, par son article final, qu'en cas de retard dans l'arrivée des trains, la Compagnie n'est responsable du préjudice éprouvé par les expéditeurs que jusqu'à concurrence du montant du prix de transport. En profitant journellement des dispositions exceptionnellement favorables pour eux, les expéditeurs ont en retour accepté implicitement la limitation de responsabilité qu'elle accorde à la Compagnie.

Cette condition, parfaitement licite entre les parties contractantes, a sa raison d'être dans la nature du service spécial auquel elle s'applique. L'on conçoit, en effet, que s'engageant, en vue tant des intérêts du commerce que de leur propre avantage, à organiser des moyens de transports exceptionnels, plus rapides, à jours fixes, pour l'approvisionnement des grands marchés de bestiaux, les Compagnies aient entendu préciser et limiter leurs obligations, en stipulant telles ou telles conditions restrictives, sans lesquelles, à part tout mauvais dessein ou négligence, et à raison d'impossibilités matérielles, leur responsabilité se serait trouvée trop souvent indéfiniment compromise. L'indemnité fixée à la perte du prix de transport et sans plus, n'est, après tout, qu'un forfait sur le dommage possible au cas donné, acquise qu'elle est à l'expéditeur par le seul fait du retard, qu'il ait éprouvé dommage ou non, ou même bénéfice, ce qui peut être, mais sans que de part ni d'autre on puisse rechercher si le dommage existe, non plus que ses éléments et son *quantum*.

En vain prétendrait-on que la clause est exorbitante et qu'il n'appartenait pas à l'autorité supérieure de la sanctionner. En droit, les conventions sont la loi des parties, et elles doivent s'exécuter, alors qu'elles ne portent aucune atteinte aux principes d'ordre public. D'autre part, s'il est certain que l'autorité publique peut réglementer l'industrie des chemins de fer et modifier ses moyens d'action au plus grand avantage des relations commerciales, par là même il faut admettre pour l'administration la faculté d'homologuer tout programme de conventions licites en elles-mêmes, qui ont pour but d'établir ou de régulariser tel mode de service jugé plus utile. Les expéditeurs, qui opèrent en dehors du tarif général, sont donc mal venus à se plaindre du tarif spécial, alors qu'ils en profitent par l'abaissement des prix et la célérité des transports. Enfin, tenir pour non avenue la clause restrictive dont il s'agit serait scinder le contrat qui régit les tarifs spéciaux et créer aux Compagnies une condition tout autre que celle qu'elles ont entendu accepter, et que l'autorité compétente a cru devoir leur faire. Peu importerait, d'ailleurs, qu'au moment de l'expédition le tarif n'eût pas été publié au lieu de l'expédition. — Cour impériale de Bourges, 20 février 1860, Chemin de fer d'Orléans C. Damourette. — Cour impériale de Paris, 29 février 1860, Chemin de fer de l'Ouest C. Rivière.

143. En matière d'avaries, si, après le refus du destinataire de recevoir les marchandises, la Compagnie les conserve, les avaries survenues depuis se partagent entre elle et l'expéditeur, lorsque ces avaries, quoique provenant d'un vice propre de la chose, eussent pu être arrêtées par un examen plus attentif et des soins plus assidus.

Il est juste, en effet, de répartir ainsi la réparation du dommage entre l'expéditeur et la Compagnie. Car, en n'usant pas de la faculté accordée au voiturier par l'article 106 du Code de commerce de faire ordonner le séquestre et le dépôt des marchandises dans un dépôt public, l'administration du chemin de fer se rend dépositaire salariée des marchandises en litige, et elle est tenue d'apporter à leur conservation tous les soins d'un bon père de famille. — Cour impériale de Douai, 11 août 1855, Chemin de fer du Nord C. Bertelle et Hermeron.

VII. — De l'extinction de l'action en responsabilité.

SOMMAIRE.

144. Comment l'action en responsabilité se trouve-t-elle éteinte ?

145. Le payement dont parle l'article 105 du Code de commerce doit émaner du destinataire et non d'un commissionnaire intermédiaire.

146. L'article 105 du Code de commerce n'a entendu parler que d'un payement postérieur au transport.

147. Ce payement ne peut être exigé du destinataire avant la vérification que celui-ci a le droit de faire de la marchandise transportée.

148. Cette vérification peut porter non-seulement sur l'extérieur du colis, mais encore sur la marchandise qu'il contient.

149. La règle posée dans l'article 105 du Code de commerce cesse d'être applicable s'il est établi que l'avarie n'était pas visible à l'extérieur.

150. Il en est de même si la vérification avant l'enlèvement des marchandises n'a pas eu lieu par un fait de la Compagnie.

151. Toutefois, en l'absence de circonstances de cette nature et de toute fraude ou d'infidélité de la part du commissionnaire ou du voiturier, l'article 105 interdit d'une manière absolue toute action contre le voiturier.

152. La fraude ou l'infidélité dont parle l'article 108 du Code de commerce doit s'entendre non-seulement de la fraude du voiturier lui-même, mais encore de celle de ses agents.

153. La preuve de la fraude ou de l'infidélité ne peut être une question de personne — la fraude doit être prouvée. Elle peut l'être par toutes les voies de droit.

151. Comment doit se faire la vérification des objets transportés au moment de la livraison au destinataire.

144. L'article 105 du Code de commerce est ainsi conçu : « La réception des objets transportés et le payement du prix de la voiture éteignent toute action contre le voiturier. »

L'action en responsabilité, qui peut éventuellement être dirigée contre le voiturier, se trouve donc éteinte par le concours de ces deux circonstances, *d'une part*, la réception des objets, *d'autre part*, le payement du prix de la voiture.

145. Mais le payement dont parle l'article 105 doit émaner du destinataire, et non d'un commissionnaire intermédiaire.

Ce n'est, en effet, qu'au terme du voyage, lorsque les choses chargées parviennent au destinataire, qu'il y a réception de ces choses et payement effectif du prix de la voiture. C'est alors seulement que s'opère le déballage, et par conséquent la vérification, qui permet de reconnaître si les voituriers successifs ont exactement rempli leurs obligations. Le voiturier ne peut donc repousser l'action en garantie du commissionnaire intermédiaire sous le prétexte qu'il a été payé. A plus forte raison, une Compagnie de chemin de fer présente-t-elle à tort, comme l'ayant autorisée à se prévaloir de l'exception fondée sur l'article 105, le fait de la remise des colis par elle à ses propres camionneurs en cours de voyage, et du payement qu'elle aurait reçu d'eux. — Cour de cassation, 7 juin 1858, Chemin de fer d'Orléans C. Rousselet et compagnie.

146. D'un autre côté, il ne saurait être douteux que l'article 105, en déclarant que toute action contre le voiturier est éteinte par la réception des objets transportés et le payement du prix de la voiture, n'a entendu parler que d'un payement postérieur au transport. Car, ce n'est que le payement postérieur au transport qui peut indiquer de la part du propriétaire des objets transportés la renonciation à exercer contre le voiturier une action en responsabilité. — Cour impériale de Paris, 27 août 1847, Chemin de fer d'Amiens C. de Vatry.

147. Sous un autre rapport, la fin de non-recevoir, qui résulte du concours des deux circonstances énoncées dans l'article 105, n'existe qu'autant que la réception des objets transportés et le payement du prix de la voiture ont été de la part du destinataire un acte éclairé et librement accompli.

Aussi le destinataire a-t-il le droit incontestable de vérifier l'état des colis, à l'effet de s'assurer si le voiturier n'a pas encouru la responsabilité que la loi lui impose aux termes de l'article 103 du Code de commerce (1), et cette vérification devra nécessairement précéder la réception des marchandises et le payement des frais de transport, sans quoi le destinataire perdrait son recours contre le voiturier.

Ce serait en vain qu'une Compagnie de chemin de fer objecterait que le grand nombre de transports dont elle est chargée rend sinon impossible, au moins très-difficile et très-onéreuse pour elle, l'obligation d'avoir assez d'agents pour assister à la vérification dont il s'agit. La bonne foi, qui est l'âme du commerce, peut restreindre infiniment dans la pratique ces difficultés et les inconvénients dont se plaindrait une Compagnie, qui, fussent-ils réels, ne sauraient empêcher le destinataire d'user des précautions indispensables pour assurer le recours qui lui est conféré par la loi.

Il suit donc de là qu'une Compagnie n'est pas fondée à exiger le prix du transport avant la vérification des objets transportés.—Cour impériale de Bourges, 1er avril 1854, Compagnie du chemin de fer du Centre C. X...

148. Cette vérification portera, si le destinataire l'exige, non-seulement sur l'extérieur du colis, mais encore sur la marchandise qu'il contient. Ce serait en vain encore qu'une Compagnie objecterait qu'ayant reçu les colis de l'expéditeur sans autre constatation

----

(1) Voir page 153, note 1.

que celle de leur bon état extérieur, elle n'est tenue de les rendre que dans l'état où elle les a reçus. Une pareille prétention tendrait à l'affranchir de toute responsabilité dans tous les cas où les avaries imputables au voiturier ne se manifesteraient par aucun signe extérieur qui pût les faire reconnaître, abstraction faite de l'emploi de tout moyen frauduleux pour les dissimuler. — Même arrêt.

149. Il a même été décidé que, dans son application, la règle posée dans l'article 105 du Code de commerce doit se combiner avec les circonstances de la cause, et qu'elle ne peut être appliquée, s'il est établi que l'avarie n'était pas visible à l'extérieur et qu'elle ne s'est révélée qu'après l'ouverture du colis, à laquelle, dans l'espèce, il avait été procédé par le destinataire le lendemain de la réception, avec invitation faite à la Compagnie d'y assister. — Cour de cassation, 9 juin 1858, Chemin de fer de l'Ouest C. Hulin et Chemin de fer du Nord.

150. Il en serait de même si la vérification avant l'enlèvement des marchandises avait été rendue impossible par un fait de la Compagnie, et s'il était établi que l'avarie dont le remboursement serait demandé existait avant le payement du prix de transport et la réception de la marchandise par le destinataire.

En droit, les Compagnies de chemins de fer ont, comme toutes les autres entreprises de transport, le droit incontestable d'invoquer à leur profit la fin de non-recevoir résultant de l'article 105 du Code de commerce, lorsqu'elles peuvent opposer à l'action dirigée contre elles les deux circonstances indiquées dans cet article, comme conditions indivisibles de son application. Mais, pour obtenir le bénéfice de cet article, il est indispensable que lesdites entreprises fournissent aux destinataires des objets transportés toutes les facilités nécessaires pour rendre possible et utile, s'ils jugent à propos de la faire, la vérification tant extérieure qu'intérieure du colis avant la réception, cette faculté de vérification étant la seule base de la présomption établie par ledit article, que la marchandise est arrivée en bon état, lorsqu'aucune réclamation n'est faite avant la réception et le payement du prix de transport. — Cour de cassation, 5 février 1856, Chemin de fer de Lyon à la Méditerranée C. Escoffier.

151. On ne peut se dissimuler que les différents tempéraments apportés par la jurisprudence à la règle de l'article 105 ne doivent être admis que dans des cas fort rares, et nous ne croyons pas qu'ils modifient, en quoi que ce soit, l'arrêt que la Cour de cassation rendait le 18 avril 1848 ; voici dans quelles circonstances. Le facteur du chemin de fer du Gard avait remis au sieur Bernard, marchand d'habits à Alais, une caisse d'habits confectionnés, qui lui était adressée par un confectionneur de Paris. Le sieur Bernard avait ouvert la caisse en présence du facteur, en avait retiré les habits, puis avait payé le prix du transport sans faire aucunes protestations ni réserves. Plus tard, le sieur Bernard s'étant aperçu que la caisse, avant de lui être remise, avait été ouverte par le fond et que plusieurs habits en avaient été retirés, forma une action en responsabilité contre l'administration du chemin de fer, en soutenant que la réception de la marchandise et le payement du prix de la voiture ne pouvaient être opposés comme fin de non-recevoir contre son action, parce qu'elle était fondée sur un fait non apparent et que le premier examen ne pouvait lui faire découvrir.

La Cour de cassation décida que l'article 105 du Code de commerce est conçu en termes généraux et absolus, qui interdisent toute action contre le voiturier, quand les objets transportés ont été reçus et le prix de la voiture payé sans protestations ni réserves ; que cette fin de non-recevoir ne peut être couverte qu'autant que la fraude ou l'infidélité provient du fait personnel du commissionnaire ou du voiturier. — Cour de cassation, 18 avril 1848, Chemin de fer du Gard C. Bernard.

152. En effet, il résulte des dispositions combinées de l'article 105 et de l'article 108 du Code de commerce (1) que la règle sui-

---

(1) Article 108 du Code de commerce : « Toutes actions contre le commissionnaire et le voiturier, à raison de la perte ou de l'avarie des marchandises,

vant laquelle la réception des objets transportés et le payement du prix de la voiture éteignent toute action contre le voiturier ne saurait être appliquée dans les cas de fraude ou d'infidélité, soit que cette fraude ait eu pour résultat le détournement des marchandises transportées, soit qu'elle ait eu pour effet de dissimuler les traces de l'avarie ou du détournement. Nous ajouterons que la fraude et l'infidélité dont il s'agit dans ces dispositions doivent nécessairement être entendues non-seulement de la fraude du voiturier lui-même, mais encore de celle des employés dont il doit répondre ; car la responsabilité des commettants, à l'égard des faits de leurs préposés dans les fonctions auxquelles ils les ont employés, est dans les principes du droit commun, suivant les dispositions de l'article 1384 du Code Napoléon (1), et elle doit surtout être reconnue lorsque le commettant est une Compagnie anonyme qui n'agit que par des préposés. Il suffira d'ailleurs, pour établir cette responsabilité, qu'il soit reconnu que le détournement frauduleux a été commis par les préposés, sans qu'il soit nécessaire de les désigner nominativement. — Cour de cassation, 16 mars 1859, Chemin de fer de Lyon C. de Villarçon. — 26 avril 1859, Chemin de fer de Lyon C. Montessuy et Chomer.

153. Sans doute les juges saisis d'une action en responsabilité, formée contre un voiturier, à raison d'un détournement frauduleux des objets transportés, ne pourraient pas se fonder sur ce que le détournement n'aurait pas été commis postérieurement à la remise des colis entre les mains du destinataire, pour en tirer la conséquence nécessaire et la présomption légale d'un détournement commis par les préposés de l'administration du chemin de fer, parce que la solution de semblables questions ne peut dépendre du plus ou moins

---

sont prescrites, après six mois, pour les expéditions faites dans l'intérieur de la France, et après un an, pour celles faites à l'étranger ; le tout à compter, pour les cas de perte, du jour où le transport des marchandises aurait dû être effectué, et, pour le cas d'avarie, du jour où la remise des marchandises aura été faite, sans préjudice des cas de fraude ou d'infidélité. »

(1) Voir page 66, note 1.

d'honorabilité de la personne du destinataire. Mais, la preuve testimoniale étant admissible à l'égard des obligations qui naissent des
délits et des quasi-délits (art. 1348 du Code Napoléon) (1), un tribunal peut ordonner la preuve par toutes les voies de droit des faits
propres à établir que le détournement a pour cause l'infidélité et la
raude des agents de l'administration, et il lui appartient d'apprécier
souverainement les éléments de cette preuve. Il peut même juger
que de la combinaison des différentes circonstances de la cause, des
faits antérieurs, des circonstances relatives à la remise et au transport de la marchandise avec les faits postérieurs, résulte la preuve
d'un détournement commis par les préposés de la Compagnie chargée
du transport. — Même arrêt du 26 avril 1859.

154. Le droit de vérifier, tant à l'extérieur qu'à l'intérieur, les
colis transportés une fois admis et reconnu, la vérification se fait
amiablement entre le destinataire et le voiturier ou l'agent qui le
représente. A défaut d'accord entre les parties, cette vérification
doit avoir lieu conformément à l'article 106 du Code de commerce (2),
c'est-à-dire par des experts nommés par le président du tribunal de
commerce, par ordonnance au pied d'une requête, qui lui est présentée à cet effet soit par le voiturier, soit par le destinataire. —
Cour impériale de Bourges, 1er avril 1854, Compagnie du chemin
de fer du Centre C. X...

---

(1) Article 1348 du Code Napoléon : « Elles reçoivent encore exception toutes
les fois qu'il n'a pas été possible au créancier de se procurer une preuve littérale
de l'obligation qui a été contractée envers lui. — Cette seconde exception s'applique : 1° aux obligations qui naissent des quasi-contrats et des délits ou quasi-
délits. »

(2) Article 106 du Code de commerce : « En cas de refus ou contestation pour
la réception des objets transportés, leur état est vérifié et constaté par des experts nommés par le président du tribunal de commerce, ou, à son défaut, par le
juge de paix, et par ordonnance au pied d'une requête... »

VIII. — De la prescription de l'action en responsabilité.

SOMMAIRE.

155. Quand et comment l'action en responsabilité est-elle prescrite?

156. La prescription de l'article 108 du Code de commerce ne court que du jour où l'intérêt de celui qui l'oppose l'a constitué en demeure de présenter cette exception.

157. La prescription de l'article 108 doit être restreinte aux cas spécifiés dans cet article; — elle ne s'applique pas à l'action en indemnité pour cause de retard.

155. L'article 108 du Code de commerce porte : « Toutes actions contre le commissionnaire et le voiturier, à raison de la perte ou de l'avarie des marchandises, sont prescrites, après six mois pour les expéditions faites dans l'intérieur de la France, et après un an pour celles faites à l'étranger, le tout à compter, pour le cas de perte, du jour où le transport des marchandises aurait dû être effectué, et, pour les cas d'avarie, du jour où la remise des marchandises aura été faite, sans préjudice des cas de fraude ou d'infidélité. »

156. La prescription de l'article 108 ne court que du jour où l'intérêt de celui qui l'oppose l'a constitué en demeure de présenter cette exception.

En fait, Drapier, expédiant à d'Arbelles, demeurant au château de Chadieu, treize colis, les confiait à Rousselet et Cie, de Paris, premiers commissionnaires, qui les remettaient à la Compagnie du chemin de fer d'Orléans, avec une lettre de voiture indiquant pour seconds commissionnaires Pérol et Cie, de Clermont Ferrand. Pérol, recevant les colis de Deshaivres et Roux, camionneurs, et par conséquent préposés de la Compagnie du chemin de fer, fit constater l'état de bris du contenu de l'une des caisses et réserva tous ses droits pour l'avenir.

A l'arrivée des colis à leur destination, le destinataire refusa d'acquitter le prix de la voiture, à moins qu'il ne lui fût tenu compte de la valeur des glaces brisées.

Alors Deshaivres et Roux intentèrent une action en restitution du prix de la voiture dont ils avaient avancé le payement. Rousselet, qui avait à se défendre de cette action, soutint qu'il n'avait pas à restituer le prix de la voiture, la Compagnie du chemin de fer étant, d'après lui, responsable de l'avarie qui avait motivé le refus du destinataire de payer le transport des objets à lui expédiés.

La Cour de cassation a décidé que Rousselet était recevable à proposer son exception résultant de l'avarie imputée par lui à la Compagnie, parce qu'il n'avait pu être constitué en demeure de la présenter avant que lui-même fût exposé à perdre les avantages du transport dont il avait été chargé en qualité de premier commissionnaire. — Arrêt du 7 juin 1858, déjà cité.

157. Les lois qui établissent des prescriptions ou des déchéances sont de droit étroit et ne peuvent être étendues, par voie d'analogie, d'un cas à un autre. Or, la disposition de l'article 108, qui limite à six mois la durée de l'action contre le commissionnaire et le voiturier à raison de la perte ou de l'avarie des marchandises, en prenant soin de fixer d'une manière certaine pour chacun de ces deux cas le point de départ de la prescription, doit être restreinte dans son application aux cas qu'elle a ainsi spécifiés, et l'on doit décider que l'article 108 n'est point applicable à l'action intentée dans un cas différent, celui de retard dans le transport des marchandises.—Cour impériale de Douai, 1er mars 1858, Veleine C. Chemin de fer du Nord. — Cour de cassation, 26 juillet 1859, entre les mêmes parties.

CHAPITRE V. — DES ACTIONS EN RÉPÉTITION OU RESTITUTION DE SOMMES INDUMENT PERÇUES ET DES DEMANDES EN DOMMAGES-INTÉRÊTS QUI EN SONT LA CONSÉQUENCE.

SOMMAIRE.

158. Quelle est la juridiction compétente pour statuer sur les actions en répétition ou restitution de sommes indûment perçues par une Compagnie de chemins de fer et sur les demandes en dommages-intérêts formées contre elle à cette occasion?

159. Les tribunaux ordinaires ne cessent pas d'être compétents, parce que la demande en dommages-intérêts est fondée sur ce que les tarifs ne satisfont pas à toutes les conditions exigées pour leur légalité.

160. Il en est autrement lorsque l'action a pour cause le préjudice résultant de l'établissement de tarifs réduits légalement.

158. C'est aux tribunaux ordinaires, c'est-à-dire à l'autorité judiciaire, qu'il appartient de statuer, soit sur les actions en répétition ou restitution de sommes indûment perçues par une Compagnie de chemins de fer, soit sur les demandes en dommages-intérêts formées contre elle à cette occasion.

En effet, dans une action en restitution de sommes que le demandeur prétend avoir été perçues indûment par une Compagnie, la demande a pour objet unique de rechercher si la Compagnie s'est renfermée dans les prescriptions de la loi et de son cahier des charges, ou si elle a dépassé les prix portés dans les tarifs. En se livrant à cette recherche et en jugeant les faits, le tribunal n'interprète et n'apprécie ni les termes, ni la validité d'actes administratifs. Il ne s'agit pas de savoir à quelle juridiction il appartiendrait de décider quelles seraient entre le cédant et la Compagnie concessionnaire les conséquences du fait poursuivi. Il s'agit seulement de savoir si ce fait constitue une faute, d'apprécier le préjudice qui peut en être résulté : deux faits dont l'appréciation rentre dans la compétence des tribunaux civils. — Cour de cassation, 10 janvier 1849, Chemin de fer de Montpellier à Nîmes C. Lamouroux. — Idem 21 janvier 1857, Chemin de fer de l'Est C. Ancel. — Cour impériale de Paris, 6 janvier 1858, Chemin de fer de l'Est C. Contet-Muiron.

159. Les tribunaux ordinaires ne cessent pas d'être compétents, parce que la demande en dommages-intérêts est fondée sur ce qu'en fait les tarifs ne satisfont pas à toutes les conditions exigées pour leur légalité, ou qu'il n'est pas établi que la modification qu'ils auraient subie aurait reçu la publicité voulue par la loi. — Cour de cassation, 7 juillet 1852, Chemin de fer de Strasbourg à Bâle C. Pflug et compagnie.

160. Mais, si l'autorité judiciaire est compétente pour connaître des difficultés qui s'élèvent entre les Compagnies concessionnaires et les redevables sur l'application des tarifs, la quotité des droits exigés ou la restitution de taxes indûment perçues, elle n'est plus compétente lorsque l'action a pour objet de faire prononcer des dommages-intérêts contre une Compagnie à raison du préjudice que cette Compagnie aurait causé au réclamant par l'établissement de tarifs réduits légalement.

C'est à l'administration qu'il appartient, sur l'initiative des Compagnies, et après que le public a été informé par des affiches des changements demandés, d'approuver, en vue de l'intérêt général, dans les limites du maximum autorisé par le cahier des charges, ou de rejeter les modifications proposées au tarif des perceptions; et, sous le prétexte d'un dommage prétendu causé à des intérêts privés, l'autorité judiciaire ne saurait, sans méconnaître les principes de la séparation des pouvoirs, s'immiscer directement ou indirectement dans l'appréciation d'actes de cette nature et y porter atteinte. — Conseil d'Etat, 21 avril 1853, Dupont et autres C. Chemin de fer de l'Ouest.

QUATRIÈME PARTIE.

DE LA COMPÉTENCE.

———

I. — DE QUELLE JURIDICTION LES COMPAGNIES DE CHEMINS DE FER SONT-ELLES JUSTICIABLES AU RESPECT DES TIERS QUI ONT TRAITÉ AVEC ELLES ?

II. — DU LIEU OÙ LES COMPAGNIES DE CHEMINS DE FER DOIVENT OÙ PEUVENT ÊTRE ASSIGNÉES ?

III. — DEVANT LE TRIBUNAL DE QUELLE LOCALITÉ LES COMPAGNIES DE CHEMINS DE FER DOIVENT-ELLES OU PEUVENT-ELLES ÊTRE ASSIGNÉES ?

I. — De quelle juridiction les Compagnies de chemins de fer sont-elles justiciables au respect des tiers qui ont traité avec elles?

SOMMAIRE.

161. La compétence exceptionnelle des juges de paix est inapplicable aux Compagnies de chemins de fer.

162. C'est aux tribunaux de commerce qu'appartient la connaissance des contestations entre les Compagnies et les tiers qui ont traité avec elles.

163. Cependant la juridiction commerciale cesse d'être compétente lorsque l'État, en vertu d'une loi, se charge de l'exploitation d'un chemin de fer.

164. Les tribunaux ordinaires ne peuvent-ils pas être exceptionnellement compétents?

161. La disposition de l'article 2, paragraphe 3 de la loi du 25 mai

1838 sur les justices de paix, qui attribue au juge de paix compétence pour prononcer sans appel jusqu'à la valeur de cent francs, et, à charge d'appel jusqu'au taux de la compétence en dernier ressort des tribunaux de première instance, sur les contestations entre les voyageurs et les voituriers, pour retards, frais de route et pertes ou avaries d'effets accompagnant les voyageurs, est inapplicable aux Compagnies de chemins de fer.

Cette disposition, qui déroge au droit commun sur la compétence et attribue au juge de paix juridiction pour le cas spécial qu'elle prévoit, constitue une exception qui doit être restreinte aux faits seulement qu'elle a prévus ou pu prévoir. Si l'on examine le sens et la portée de la loi, les motifs de ses dispositions, le but qu'elle s'est proposé, il est facile de reconnaître que la compétence du juge de paix consacrée par la loi précitée n'a été admise qu'afin de mettre à la disposition des parties une juridiction d'un abord plus facile, d'une décision plus prompte et moins dispendieuse, qui peut assurer au voyageur, en cas de perte ou d'avarie des effets qui l'accompagnent, une prompte et certaine réparation.

Si ce but doit être atteint dans la plupart des cas que le législateur a pu prévoir lors de la loi du 25 mai 1838, il ne saurait en être de même dans le cas du transport à de grandes distances et à grande vitesse par les chemins de fer. Ce mode de locomotion, les nécessités de son exploitation, les difficultés qui s'y rattachent en raison du nombre des voyageurs, les conséquences résultant de la confusion inévitable qui en est la suite quant aux bagages et effets, qui échappent à toute surveillance du voyageur pendant le transport, n'ont pu entrer dans les prévisions du législateur en 1838, puisque l'exploitation des chemins de fer à grandes distances et à grande vitesse n'existait pas en France à l'état de fait, et que la loi, toute favorable au voyageur dans le cas spécial, n'aurait pu consacrer, sans une inconséquence inadmissible, des dispositions qui lui seraient tout à fait préjudiciables.

En effet, obliger, dans les cas trop fréquents de perte ou d'avarie d'effets accompagnant les voyageurs par les chemins de fer, lesdits voyageurs à porter leurs réclamations devant le juge de paix du domicile social des Compagnies, c'est-à-dire, d'après la jurisprudence de la Cour de cassation, devant le juge de paix de l'un des arrondissements de Paris, avec nécessité, dans la plupart des cas, de plaider en appel devant le tribunal de première instance de la Seine, à quelque distance qu'ait été transporté le voyageur demandeur, ce serait consacrer au profit des Compagnies de chemins de fer, au préjudice des justiciables, une injustice évidente. La situation qui serait ainsi faite au réclamant pourrait aller jusqu'au déni de justice; car les difficultés, les dépenses et faux frais que nécessiterait la réclamation en entraîneraient le plus souvent l'abandon; et l'on ne saurait admettre que la loi ait prévu et voulu réaliser un tel résultat.

D'un autre côté, il est de principe que toute exception doit être restreinte aux cas seulement qu'elle a prévus. Or, les chemins de fer et leur exploitation à grandes distances et à grande vitesse étaient, en 1838, hors de la prévision du législateur, et des entreprises de transport dans de telles conditions ne sauraient être comprises dans la désignation de voituriers ou bateliers auxquels s'appliquent les dispositions exceptionnelles de l'article 2, § 3, de la loi du 25 mai 1838. S'il restait quelques doutes, ils se trouveraient levés par la discussion, devant les Chambres législatives, de la loi du 25 mai 1838, et par le rejet de l'amendement, qui proposait de soumettre aux juges de paix, dans les limites de leur compétence, les affaires commerciales; amendement rejeté après examen approfondi, et par cette considération, qu'il valait mieux et qu'il était plus avantageux, dans l'intérêt du commerce, de laisser aux tribunaux, établis pour en connaître, le jugement des contestations commerciales. — Cour impériale d'Angers, 3 mai 1855, Chemin de fer d'Orléans C. Marais.

162. Or, aux termes de l'article 631 du Code de commerce, les tribunaux de commerce connaissent de toutes contestations relatives aux actes de commerce, et l'article 632 du même Code répute acte de commerce toute entreprise de transport par terre et par eau.

Les Compagnies de chemins de fer constituent de véritables entreprises de transport par terre, et, à ce titre, des entreprises essentiellement commerciales, placées, quant à leurs actes, sous l'empire du droit commun.

Sans doute le principe de la responsabilité des voituriers a été posé dans notre législation, tout à la fois au point de vue purement civil, par les articles 1782 et suivants du Code Napoléon, et encore au point de vue commercial, par les articles 103 et suivants du Code de commerce. Mais la juridiction des tribunaux de commerce, auxquels appartient la connaissance des contestations entre les Compagnies et les tiers qui ont traité avec elles, réalise tous les avantages, c'est-à-dire une justice prompte, sans procédure ni frais, et la garantie accordée par la loi en raison de la nature de la contestation, la contrainte par corps. — Même arrêt. Cour impériale de Lyon, 1ᵉʳ juillet 1836, Durand et Berthon C. Compagnie du chemin de fer de Saint-Etienne. — Cour impériale de Metz, 26 janvier 1838, Berthon C. la même Compagnie.

163. Cependant, la juridiction commerciale cesse d'être compétente lorsque l'État, en vertu d'une loi, se charge de l'exploitation d'un chemin de fer.

Ainsi l'a jugé la Cour de cassation de Belgique, et, quoique cette solution, dans l'état actuel des choses, soit sans application en France, il nous a paru bon de recueillir cette décision, qui pose un principe utile à consigner.

En fait, une loi du 1ᵉʳ mai 1834, organique de l'établissement en Belgique d'un système de chemins de fer prescrivait, article 2 : Que la construction en serait faite à la charge du trésor public et par les soins du Gouvernement; et, article 5 : Que les produits de ces chemins, résultant de péages qui devraient être réglés annuellement par la loi, serviraient à couvrir, outre les intérêts et l'amortissement de l'emprunt à faire, d'après l'article 3, les dépenses annuelles de leur entretien et de l'administration; de plus, une loi du 12 avril 1835 chargeait le Gouvernement de l'exploitation de ces chemins, et l'autorisait à faire tous les règlements à cet effet.

La Cour a dit qu'il résultait de l'ensemble de ces dispositions que l'établissement des chemins de fer ne formait pas une simple entreprise industrielle et d'intérêt privé, mais constituait une véritable création nationale n'ayant uniquement en vue que les intérêts généraux du pays ; que, dès lors, l'administration publique des chemins de fer en exploitation, en se chargeant, suivant le but de leur institution , du transport des voyageurs et des marchandises, ne faisait que remplir la mission gouvernementale qui lui avait été déférée par la loi, et que pareil transport ne pouvait constituer un acte de commerce, par application de l'article 632 du Code de commerce.

En effet, cet article, en réputant acte de commerce toute entreprise de transport par terre ou par eau, n'a bien évidemment eu pour objet que les entreprises de cette nature, qui se feraient dans des vues de commerce, de trafic ou de spéculation. Mais il ne saurait être applicable à des transports n'ayant aucun caractère commercial, uniquement faits, dans des vues d'intérêt général et d'utilité publique, par une administration de l'État. Donc, il suit de ces principes que le transport effectué par l'administration de l'État, de marchandises qui lui sont confiées à cet effet, ne constitue pas, dans son chef, un acte de commerce qui puisse la rendre justiciable de la juridiction consulaire, et, dès lors, l'incompétence du tribunal de commerce à son égard, tant à raison de la personne qu'à raison de la matière, est absolue et d'ordre public. — Cour de cassation de Belgique, 14 novembre 1844, l'État belge C. Baskin-Chulet et Englebert.

164. La juridiction commerciale cesse encore d'être compétente, ainsi que l'autorité administrative elle-même, lorsqu'il s'agit de statuer sur la contestation soulevée entre l'administration des domaines et une Compagnie de chemins de fer, relativement à la quotité des droits de magasinage à percevoir sur les objets abandonnés depuis plus de six mois, sans réclamation, dans les gares et stations de la Compagnie, et vendus à la diligence de l'administration de l'enregistrement.

Dans l'espèce, la Compagnie du chemin de fer du Nord soutenait que les ordonnances du préfet de police rendues en exécution de l'article 46 du cahier des charges annexé à la loi du 15 juillet 1845, et réglant le droit de magasinage pour les articles de messagerie et marchandises qui ne sont pas enlevés dans les vingt-quatre heures, s'appliquaient aux objets abandonnés. L'administration prétendait, au contraire, que ces ordonnances étaient étrangères au cas où des objets sont abandonnés dans les gares ou stations de la Compagnie, et que, dans ce cas particulier, le droit de magasinage devait être fixé à 2 francs pour cent du prix de la vente des objets, conformé-ment à un usage ancien, qui serait constaté par des arrêtés du préfet de la Seine de l'an xiv, de 1806 et de 1815.

Le conseil d'État a pensé que ces difficultés étaient relatives à l'application des tarifs de la Compagnie et à la quotité des droits qu'elle pouvait exiger des redevables; qu'il n'appartenait, dès lors, qu'à l'autorité judiciaire d'en connaître, et que c'était à tort que le conseil de préfecture s'était reconnu compétent pour régler la quo-tité des droits dus à raison du magasinage des objets abandonnés à la Compagnie du chemin de fer du Nord. En conséquence, l'arrêté du conseil de préfecture fut annulé pour cause d'incompétence. — Conseil d'État, 26 février 1857, Chemin de fer du Nord C. l'État.

II. — Du lieu où les Compagnies de chemins de fer doivent ou peuvent être assignées.

SOMMAIRE.

165. En principe, les Compagnies de chemins de fer doivent être assignées par exploits signifiés au siége de la Société.

166. Toutefois, l'exploit est valablement signifié au lieu où existe le principal établissement, bien que le domicile social soit fixé ailleurs.

167. L'exploit est également bien signifié au lieu où la Compagnie a établi une succursale.

168. Il en est de même de l'exploit signifié au domicile élu par une Com-pagnie.

169. Mais un commandement à fin d'exécution doit être signifié au siége même de la Société.

165. En principe, les Compagnies de chemins de fer doivent être assignées par exploits signifiés au siége de la société.

En effet, il résulte des statuts des Compagnies formées pour l'exploitation des chemins de fer, du but de l'association et des moyens d'action, que ces Compagnies constituent de véritables sociétés de commerce et non de simples établissements publics. Or, aux termes de l'article 69, § 6, du Code de procédure civile, qui seul est applicable, et de l'article 70 du même Code, les sociétés commerciales doivent être assignées au siége social, à peine de nullité.

Nous ajouterons qu'il est d'ailleurs enjoint aux Compagnies, par certaines dispositions des cahiers des charges annexés ordinairement aux lois de concession, de désigner un de leurs membres pour recevoir les notifications et significations qui devront lui être adressées, et qu'on impose à ce membre désigné l'obligation de faire élection de domicile dans le lieu où la Compagnie a son siége social. Les statuts ne servent donc pas seulement à déterminer les rapports des associés entre eux et avec les gérants ou administrateurs de la société ; ils révèlent aussi au public, au moyen des formalités prescrites à cet effet par la loi, le mode d'existence de la société, le lieu où son siége sera établi et où elle sera censée présente pour répondre aux demandes judiciaires qui seraient formées contre elle.

Aussi, une Compagnie ne serait-elle pas valablement assignée en la personne d'un chef de gare.

Les divers agents d'une Compagnie, préposés pour la direction du service, n'ont pas, par cela seul, qualité pour procéder au nom de la société. Un chef de gare est bien un agent spécial de la Compagnie ; mais le mandat de contracter avec les tiers, au nom de la Compagnie, pour le transport des voyageurs et des marchandises, ne renferme nullement celui de la représenter en justice. Si ce pouvoir découlait du titre seul, il appartiendrait alors tout aussi bien à tous les chefs de gare d'une ligne, car le mandat est le même, et le nombre et l'importance des affaires ne font rien à son étendue.

L'assignation serait nulle, et il en serait ainsi alors même qu'elle aurait été signifiée à l'agent spécial avec lequel la partie demanderesse aurait contracté. — Cour impériale de Rouen, 19 juin 1846, Compagnie du chemin de fer de Paris à Rouen C. Deriberprey. — Cour de cassation, 15 janvier 1851, Compagnie du chemin de fer de Rouen au Havre C. Lebaron. — 26 mai 1857, Chemin de fer d'Orléans C. Barat. — Cour impériale de Bordeaux, 22 juillet 1857, Chemin de fer d'Orléans C. Capucin.

166. Toutefois, le principe en vertu duquel les Compagnies doivent être assignées par exploits signifiés au siége de la société reçoit exception dans certains cas.

Ainsi, l'exploit est valablement signifié au lieu où la Compagnie a, en réalité, son principal établissement, quoique le domicile social soit fixé ailleurs.

Suivant l'article 102 du Code Napoléon, le domicile de tout Français est au lieu où il a son principal établissement. Si, aux termes de l'article 69, § 6, du Code de procédure civile, les sociétés de commerce doivent être assignées en leur maison sociale, considérée comme étant le lieu de leur établissement principal, une même société peut avoir plusieurs maisons situées en divers lieux, réunissant les conditions d'un tel établissement, et, par conséquent, avoir plusieurs domiciles. Le Code de commerce, notamment, suppose qu'il peut en être ainsi, lorsqu'il exige que les publications prescrites par ses articles 42 et 43 soient remplies auprès du tribunal de commerce de chacun des arrondissements dans lesquels aura son siége l'une des maisons appartenant à la même société. — Cour de cassation, 4 mars 1857, chemin de fer du Midi C. Parage. — Cour impériale de Bordeaux, 11 et 12 août 1857, chemin de fer du Midi C. Lartigue.— Même Compagnie C. Mandret.

167. L'exploit est également bien signifié au lieu où la Compagnie a établi une succursale. La même société pouvant avoir plusieurs maisons en divers lieux, elle peut dès lors être assignée valablement à chacune de ces maisons pour les affaires qui y ont été traitées, pourvu que l'importance des affaires constitue un véritable centre d'opérations. — Cour impériale de Montpellier, 17 août 1857, chemin de fer du Midi C. Bourdon et autres. — Cour de cassation, 30 juin 1858, Chemin de fer de l'Est C. Oswald.

168. Nous en dirons autant d'un exploit d'appel signifié à un domicile élu par une Compagnie. — Cour impériale de Lyon, 19 mai 1857, Meyer C. Chemin de fer d'Orléans.

169. Mais un commandement à fin d'exécution doit être signifié au siége même de la société, en la personne du directeur de la Compagnie.

En effet, aux termes de l'article 583 du Code de procédure civile, tout commandement doit être fait à la personne ou au domicile du débiteur. Or, une condamnation obtenue contre une Compagnie ne peut s'exécuter contre elle qu'après avoir fait précéder l'acte d'exécution d'un commandement adressé à celui dans la personne duquel la Compagnie se trouve personnifiée.

Peu importerait qu'il fût question d'exécuter un jugement qui aurait validé par une disposition spéciale une citation donnée à un chef de gare. La décision sur la validité de la citation ne saurait avoir l'autorité de la chose jugée sur la validité du commandement. Ces deux actes sont distincts par leur nature et leurs effets. — Cour de cassation, 27 juillet 1858, Chemin de fer de Paris à Lyon contre N.

III. — Devant le tribunal de quelle localité les Compagnies de chemins de fer doivent-elles ou peuvent-elles être assignées?

SOMMAIRE.

170. En principe, les Compagnies de chemins de fer doivent être assignées devant le tribunal du lieu où est le siége de la Société.

171. Cependant la Compagnie qui a formé son principal établissement dans un lieu autre que celui du domicile social peut être assignée devant le tribunal du lieu de cet établissement.

172. Les Compagnies peuvent également être assignées devant le tribunal du lieu où elles ont établi des succursales formant un centre de gestion et d'administration sous la direction d'un employé supérieur.

173. Une Compagnie peut même être assignée devant le tribunal du lieu où elle a établi une gare dans laquelle ses statuts lui imposent l'obligation de faire une élection de domicile.

174. L'article 420 du Code de procédure civile, qui consacre une exception à la règle générale de compétence en matière commerciale pour certains cas déterminés, est applicable à une Compagnie de chemins de fer.

175. Par suite, le voyageur lésé assignera valablement la Compagnie devant le tribunal du lieu où il se rendait.

176. L'article 420 est applicable même après l'exécution complète des obligations respectives des parties.

177. Mais cet article ne doit recevoir son application qu'autant que l'existence des circonstances qu'il énumère est reconnue par le défendeur ou établie par le demandeur.

178. En principe, les Compàgnies de chemins de fer doivent être assignées devant le tribunal du lieu où est le siége de la société. C'est, en effet, ce que dit expressément le texte de l'article 59 du Code de procédure civile : « *Le défendeur sera assigné......* § 5, *en matière de société, tant qu'elle existe, devant le juge du lieu où elle est établie.*

Ce serait à tort que l'on soutiendrait qu'une société doit avoir autant de domiciles commerciaux qu'elle a d'établissements; qu'une société est un être moral dont la condition, sous le rapport du domicile, est déterminée par les articles 42 et suivants du Code de commerce.

Il est vrai que lorsqu'une société de commerce a contracté des obligations, fait des livraisons de marchandises, promis d'effectuer des payements dans des lieux autres que celui du siége social, l'action dirigée contre elle peut suivre le *forum contractûs* plutôt que le *forum rei*, ainsi que nous le verrons plus loin ; mais, là où ces circonstances ne se rencontrent pas, il faut s'en tenir à la règle générale d'après laquelle le tribunal du domicile du défendeur est le tribunal naturellement compétent. — Cour de cassation, 4 mars 1845, Chemin de fer de Paris à Rouen C. Duchemin.

171. Cependant la Compagnie qui a formé son principal établissement dans un lieu autre que celui du domicile social peut être assignée devant le tribunal du lieu de cet établissement.

L'établissement réel et principal d'une Compagnie est évidemment là où se traitent les affaires de la société vis-à-vis des tiers. Paris, où les Compagnies ont généralement fixé le siége de la société, peut, dans certains cas, n'être considéré que comme la résidence des administrateurs et le siége de la société en ce qui concerne les associés, sans qu'on puisse forcer des tiers à aller plaider, pour des faits relatifs aux opérations du chemin de fer, dans une ville située à une distance considérable du point de ce chemin où les faits ont eu lieu.

Ce n'est pas la déclaration faite par les statuts à l'égard des associés qui détermine le domicile légal d'une Compagnie, mais bien son principal établissement qui constitue ce domicile à l'égard des tiers. — Cour de cassation, 22 mai 1848, Compagnie du chemin de fer de Strasbourg à Bâle C. Pflug et Cie.— 21 février 1849, Chemin de fer de Montpellier C. Noblet.

172. Les Compagnies peuvent également être assignées devant le tribunal du lieu où elles ont établi des succursales formant un centre de gestion et d'administration.

Pourquoi, en effet, n'appliquerait-on pas aux Compagnies de chemins de fer la modification apportée dans la pratique au principe général en ce qui concerne les sociétés commerciales? Les Compagnies formées pour l'exploitation des chemins de fer ne sont que des sociétés commerciales ordinaires, qui, si elles ont toutes leur siége principal à Paris, ont été amenées par la force des choses et les nécessités de leur industrie à créer à peu près dans chaque arrondissement de l'Empire des succursales qui, sous le nom de gares, contiennent un véritable centre d'administration, sous la direction d'un employé supérieur chargé de contracter avec les citoyens pour toutes les affaires locales de la Compagnie.

Ces Compagnies ainsi représentées dans les principales localités que la voie traverse, et y ayant un domicile légal, peuvent être assignées valablement à comparaître devant le tribunal de ces localités, pour répondre aux contestations que leurs actes y font naître. Le maintien de cette juridiction locale devient d'autant plus nécessaire à l'égard des Compagnies de chemins de fer, que ces sociétés exercent un monopole qui ne laisse plus aux particuliers le moyen de s'adresser à d'autres qu'à elles-mêmes. Leur accorder, avec une pareille constitution, le droit d'entraîner les citoyens devant la juridiction qu'il leur plairait de choisir dans leurs statuts, ce serait joindre à tous les inconvénients si graves du monopole les abus plus graves encore d'un véritable despotisme, puisque le particulier, lésé dans ses droits et ses intérêts par une Compagnie riche et puissante, se verrait souvent dans l'impossibilité d'implorer l'appui des tribunaux, qu'il lui faudrait aller chercher à grands frais à un autre bout de la France. Une justice aussi éloignée et aussi coûteuse serait pour les citoyens un véritable déni de justice, et pour les Compagnies l'assurance de l'impunité, quelques abus qu'elles se permissent à l'égard des populations obligées de recourir à leur monopole. Il faut donc poser ce principe et maintenir avec fermeté, de la part des tribunaux, que, partout où il y a succursale, il y a domicile pour les Compagnies et compétence pour le tribunal de l'arrondissement dans lequel cette succursale est située. — Cour impériale de Colmar, 26 août 1857, Dolfus et autres C. Chemin de fer de l'Est. — Cour impériale de Paris, 12 mars 1858, Chemin de fer de l'Est C. Collet.

Dans son arrêt, la cour de Colmar allait même jusqu'à dire que l'on devait décider que, partout où il y a gare, il y a réellement succursale.

173. Mais la cour de cassation, à la censure de laquelle cet arrêt a été déféré n'a point admis ce principe absolu.

S'il n'est pas exact de prétendre, a dit la cour de cassation, que

là où une Compagnie de chemins de fer a une gare, elle a un domicile attributif de juridiction, c'est à bon droit que l'on reconnaîtra
l'existence d'une maison sociale et un centre d'opérations là où une
Compagnie est tenue, par une disposition de son cahier des charges,
de désigner un de ses membres pour recevoir les notifications et
significations qui pourraient lui être adressées, circonstances qui
obligeront cette Compagnie à y élire un domicile attributif de juridiction aux tribunaux de l'arrondissement. Une Compagnie peut donc
être assignée devant le tribunal du lieu où elle a une gare dans
laquelle ses statuts lui imposent l'obligation de faire une élection de
domicile. — Cour de cassation, 30 juin 1858, Chemin de fer de l'Est
C. Bernard et autres.

174. Il a même été jugé que l'article 420 du Code de procédure civile (1), qui consacre une exception à la règle générale de
compétence en matière commerciale pour certains cas déterminés,
est applicable à une Compagnie de chemins de fer.

Le motif de cette décision est toujours que, vis-à-vis des Compagnies de chemins de fer monopolisant les transports dont le réseau
s'étend ou peut s'étendre de Paris ou de quelqu'autre grand centre
aux extrêmes limites du territoire, on ne saurait admettre, sans un
grave préjudice pour leur immense clientèle forcée et sans une pro-
fonde perturbation des intérêts commerciaux, que, dans tous les cas,
les tiers, qui ont traité avec les agents accrédités par les Compagnies
dans leurs nombreux établissements, ne pourront poursuivre l'exécution des conventions que devant le seul tribunal du siége capital
de la société. Dès lors, la partie appelée à former une réclamation
doit avoir l'option de juridiction consacrée par cet article. — Cour
impériale de Bourges, 26 avril 1854, Compagnie du chemin de fer
de Paris à Orléans C. Tachard.

---

(1) Article 420 du Code de procédure civile : « Le demandeur pourra assigner
à son choix, — devant le tribunal du domicile du défendeur; — devant celui
dans l'arrondissement duquel la promesse a été faite et la marchandise livrée ;
— devant celui dans l'arrondissement duquel le payement devait être effectué. »

175. Aussi doit-on dire que le voyageur lésé assignera valablement la Compagnie devant le tribunal du lieu où il se rendait.

En effet, une Compagnie de chemins de fer, en se chargeant du
transport d'un voyageur et de ses bagages, contracte vis-à-vis de
lui une obligation de faire exécutable à la destination que le voyageur se propose d'atteindre, obligation de faire qui peut être assimilée à l'obligation de payer. En matière de transports, c'est au lieu
où les marchandises doivent être délivrées que peuvent se constater
les avaries de la marchandise et les fautes du transporteur ; c'est là
que peuvent être évalués les dommages-intérêts dus pour l'une ou
pour l'autre cause ; c'est donc là que doit en avoir lieu le payement.
Ainsi, de quelque manière qu'on interprète l'article 420 du Code de
procédure civile, soit que l'on ne veuille entendre par le mot
payement que la prestation d'un prix, soit que, par une interprétation plus large et plus saine, on y comprenne tout accomplissement
d'une obligation contractée ; dans l'un comme dans l'autre cas, le
tribunal du lieu où l'objet à transporter devait être livré est compétent pour connaître des contestations entre le transporteur et le
destinataire. La prétention contraire que voudrait faire prévaloir
une Compagnie de chemins de fer, si elle était admise, aurait les
conséquences les plus déplorables. Elle atteindrait indirectement le
privilége de se débarrasser en fait à peu près de toute responsabilité
pour les négligences et les infidélités possibles de ses agents, alors
que les destinataires des objets transportés seraient dans l'obligation
de porter leurs réclamations au siége de la société. On peut donc
presque dire qu'il y a une question morale et d'ordre public à ce
que, pour la restitution des objets qui ont été égarés ou détournés
par les agents de la Compagnie, ou pour les dommages-intérêts à en
obtenir, les destinataires puissent l'assigner devant le juge du lieu
où l'obligation doit être exécutée. — Cour impériale d'Angers, 29
juillet 1853, Compagnie du chemin de fer de Paris à Nantes C. Du-
ribert. — Même cour, 3 mai 1855, déjà cité.

176. L'article 420 est applicable même après exécution complète
des obligations respectives des parties.

Le système consistant à présenter une différence entre l'exécution proprement dite du contrat et l'exécution consommée de ce contrat ne saurait être admis pour fixer la compétence. On ne conçoit pas, en effet, comment le tribunal compétent, aux termes de la loi, pour savoir si un contrat doit recevoir son exécution, cesserait de l'être alors qu'il s'agirait de rechercher si ce contrat a été exécuté dans les conditions de liberté, de parfaite connaissance qu'a voulues le législateur. L'article 420 sera donc applicable, par exemple, à l'action formée contre une Compagnie en restitution d'une somme perçue en trop dans le prix d'un transport de marchandise effectué. Une pareille demande se rattache essentiellement au contrat, puisque la stipulation du prix était nécessairement corrélative à l'obligation de transporter et qu'il ne pouvait y avoir obligation de transporter sans obligation de payer le prix comme équivalent. Dans ces circonstances, le tribunal du lieu où la promesse a été faite et la marchandise livrée est évidemment compétent pour connaître de l'action en restitution. — Cour impériale de Rouen, 21 juin 1855, Compagnie du chemin de fer de Rouen au Havre C. Vasse. — Cour de cassation, 29 avril 1856, mêmes parties.

177. Mais l'article 420 consacrant une exception au droit commun en matière de compétence, cet article ne doit recevoir son application qu'autant que les circonstances exceptionnelles en vue desquelles cette compétence a été établie existent réellement. Il ne peut dépendre du demandeur, par ses allégations et en excipant de faits et de conventions non établis au procès, de distraire le défendeur des juges de son domicile ; et, en cas de dénégation de celui-ci, c'est au demandeur, qui l'allègue, de justifier du fait exceptionnel d'où résulterait la dérogation au droit commun qu'il invoque. Les juges saisis ne peuvent retenir la connaissance du litige en renvoyant au fond l'examen de ce point. La base légale de la compétence exceptionnelle invoquée manquant au procès, le juge doit se déclarer incompétent, sous peine de violer ouvertement l'article 59 du Code de procédure civile. — Cour de cassation, 14 décembre 1857, Chemin de fer de l'Est C. Schluter. — Jugé de même par la cour de Nancy, devant laquelle les parties avaient été renvoyées, 7 juillet 1858.

CINQUIÈME PARTIE.

DE LA MISE EN SÉQUESTRE D'UN CHEMIN DE FER.

SOMMAIRE.

178. Quel est l'effet de la mise en séquestre d'un chemin de fer?

178. La mise en séquestre d'un chemin de fer qui appartient à une Compagnie n'a d'autre effet que d'en ôter l'administration à la Compagnie pour la confier à la personne nommée par le Gouvernement. Malgré cette mesure, la Compagnie reste propriétaire du chemin, et il n'y a aucune assimilation à faire entre un chemin de fer que, dans l'intérêt d'une bonne administration, le Gouvernement a cru devoir placer sous le séquestre, et les chemins appartenant à l'État et exploités à son profit. — Cour de cassation, 9 janvier 1852, Gervais, déjà cité.

TITRE SIXIÈME.

Du personnel ou des agents et employés des chemins de fer.

I. — CARACTÈRE LÉGAL DES AGENTS ET GARDES DES CHEMINS DE
   FER. — EXEMPTIONS DONT ILS JOUISSENT.
II. — TRAITEMENTS. — SAISIE-ARRÊT. — ACTIONS EN PAYEMENT. —
   COMPÉTENCE.
III. — RESPONSABILITÉ DES COMPAGNIES ENVERS LEURS EMPLOYÉS.

I. — Caractère légal des agents et gardes des chemins de fer. — Exemptions dont ils jouissent.

SOMMAIRE.

179. Les agents et gardes des chemins de fer, assermentés pour la surveillance et la constatation des délits sur les chemins de fer, doivent être considérés comme des agents de l'autorité.

180. Un mécanicien conducteur de locomotives n'est point un ouvrier dans le sens de l'article 5 de la loi du 25 mai 1838 sur les justices de paix.

181. Le traité qu'un mécanicien fait avec une Compagnie de chemins de fer constitue un engagement commercial, et les contestations qui peuvent s'élever à l'occasion de ce traité sont de la compétence du tribunal de commerce.

182. Les inspecteurs et agents assermentés, préposés à la surveillance d'un chemin de fer, sont exempts du service de la garde nationale.

183. Ils ne peuvent être compris que dans la réserve.

184. La mise en séquestre d'un chemin de fer change-t-elle la condition des agents ?

179. Il résulte des articles 23 et 25 de la loi du 15 juillet 1845 sur la police des chemins de fer que les chefs de station et agents des chemins de fer lorsqu'ils ont été désignés comme agents de surveillance par les concessionnaires, agréés en cette qualité par l'administration et assermentés devant les tribunaux, se trouvent investis du droit de dresser des procès-verbaux. Dès lors ils doivent être considérés comme des agents de l'autorité et de la force publique. — Cour impériale de Paris, 17 février 1855, Regnier.

180. Le mécanicien conducteur de locomotives n'est point un ouvrier dans le sens de l'article 5 de la loi du 25 mai 1838 sur les justices de paix.

En raison de sa qualité, un mécanicien ne peut être rangé dans la classe des gens de travail, c'est-à-dire des artisans travaillant au jour, au mois et à l'année; il ne peut l'être non plus dans celle des ouvriers. En effet, le mot *ouvriers*, qui s'explique par un rapprochement dans l'article 5, § 3, de la loi du 25 mai 1838 (1) avec le mot *apprentis* et par le renvoi que fait cet article aux lois et règlements relatifs à la juridiction des prud'hommes, ne saurait s'appliquer à un conducteur de locomotives, qui ne se livre à aucun travail manuel, ne fait partie d'aucun atelier, mais exerce des fonctions séparées et individuelles. Directeur du convoi, il est chargé d'en régler la marche et d'en assurer l'heureuse arrivée. Ces fonctions, par leur nature, leur importance, l'élévation du prix qui y est attaché ordinairement, les connaissances qu'elles exigent, surtout par les devoirs et la responsabilité qu'elles imposent, diffèrent essentiellement

______

(1) Article 5 de là loi du 25 mai 1838 : « Les juges de paix connaissent également.... 3° des contestations relatives aux engagements respectifs des gens de travail au jour, au mois et à l'année, et de ceux qui les emploient; des maîtres et des domestiques ou gens de service à gages; des maîtres et de leurs ouvriers ou apprentis, sans néanmoins qu'il soit dérogé aux lois et règlements relatifs à la juridiction des prud'hommes. »

du service ordinaire et sans cesse soumis à la surveillance et au contrôle des chefs, sous-chefs ou contre-maîtres, et du travail purement mécanique des simples ouvriers ou gens de travail. — Cour de cassation, 13 mai 1857, Compagnie du chemin de fer de Lyon C. Cuisset.

181. Le louage d'une telle industrie à une Compagnie de chemins de fer, qui est essentiellement commerciale, constitue de la part de cette Compagnie un engagement de commerce, et les contestations qui peuvent s'élever au sujet de ce contrat doivent être portées devant la juridiction commerciale. — Même arrêt.

182. Les inspecteurs et agents assermentés, préposés à la surveillance d'un chemin de fer, sont exemptés du service de la garde nationale. S'il ne résulte pas des dispositions de l'article 12 de la loi du 22 mars 1831 (1) que tous les agents ayant droit de dresser des procès-verbaux sont exempts du service de là garde nationale, le n° 4 de cet article dispose que les gardes champêtres ne sont pas appelés au service de la garde nationale. Or, les agents assermentés d'un chemin de fer étant assimilés aux gardes champêtres, ils doivent jouir de la même exemption qu'eux.—Cour de cassation, 4 octobre 1850, Volait. — 1er mars 1851, Chamisso.

183. Mais ils peuvent, comme les gardes champêtres, aux termes de l'article 14 de la loi du 13 juin 1851, être compris dans la réserve de la garde nationale. — Conseil d'État, 3 décembre 1857, Forquenot.

184. La mise en séquestre d'un chemin de fer ne change pas la condition des agents : ils demeurent les agents de la Compagnie et ne peuvent réclamer la garantie accordée aux agents du Gouverne-

---

(1) Article 12 de la loi du 22 mars 1831 sur la garde nationale : « Ne seront pas appelés à ce service.... 4° les préposés des services actifs des douanes, des octrois, administrations sanitaires, les gardes champêtres et forestiers. »

ment par l'acte constitutionnel du 22 frimaire an VIII, article 75, c'est-à-dire prétendre qu'ils ne peuvent être poursuivis, pour des faits relatifs à leurs fonctions, qu'en vertu d'une décision du Conseil d'État. — Cour de cassation, 9 janvier 1852, Gervais, déjà cité.

II. — Traitements. — Saisie-arrêt. — Actions en payement. — Compétence.

SOMMAIRE.

185. Le bénéfice de la loi du 21 ventôse an IX n'est point applicable aux employés des Compagnies de chemins de fer dont les traitements sont saisissables en totalité.

186. Les demandes en payement des traitements ou salaires des agents et employés sont de la compétence commerciale.

187. Ces demandes, ainsi que les contestations qui peuvent s'élever à l'occasion des engagements des agents et employés, peuvent être portées devant le tribunal du lieu où ces agents et employés remplissent leurs fonctions et touchent leurs appointements.

185. La loi du 21 ventôse an IX (1), relative aux saisies-arrêts qui peuvent frapper sur les traitements, n'est applicable, d'après le texte, qu'aux fonctionnaires publics et employés civils.

Cette disposition, qui déclare insaisissable une portion desdits traitements, repose sur un intérêt d'ordre public. Le législateur a voulu empêcher que des fonctionnaires et employés, dont le concours et l'expérience sont utiles à l'État ou aux administrations pu-

____

(1) Loi du 21 ventôse an IX (12 mars 1801) : « Les traitements des fonctionnaires publics et employés civils seront saisissables jusqu'à concurrence du cinquième sur les premiers mille francs et toutes les sommes au-dessous, du quart sur les cinq mille francs suivants, et du tiers sur la portion excédant six mille francs, à quelque somme qu'elle s'élève, et ce jusqu'à l'entier acquittement des créances. »

bliques, fussent forcés d'abandonner leurs postes, faute de moyens suffisants d'existence. Mais l'employé d'une Compagnie de chemins de fer ne peut être considéré comme fonctionnaire public ou comme employé civil, dans le sens de la loi précitée ; par suite, la totalité de son traitement est saisissable. — Cour impériale de Douai, 13 mai 1853, Ratel C. Laval. — Cour impériale de Bordeaux, 17 mars 1858, Laffargue C. Cornu. — 24 mars 1858, Cornu C. Cornu.

186. Les demandes en payement des traitements ou salaires des employés sont de la compétence commerciale.

Aux termes de l'article 631 du Code de commerce, les tribunaux consulaires connaissent de toutes les contestations relatives aux engagements et transactions entre négociants, marchands et banquiers, et, entre toutes personnes, des contestations relatives aux actes de commerce. La loi répute actes de commerce les entreprises de transport par terre. En louant les services de X... pour l'exploitation d'un chemin de fer, et X...en louant son industrie, les parties ont fait respectivement acte de commerce. — Cela est surtout vrai quand l'employé reçoit, à titre de supplément de salaire, un dividende sur les bénéfices mêmes de la société. — Cour impériale de Poitiers, 12 juillet 1854, Didion C. Marcet.

187. Et comme il s'agit, dans les différents cas que nous venons d'exposer, d'une affaire commerciale, l'article 420 du Code de procédure civile (1), qui déroge dans l'intérêt du commerce au principe général consacré par l'article 59 du même Code, portant qu'en matière personnelle le défendeur doit être assigné devant le tribunal de son domicile, est seul applicable. En conséquence, les demandes en payement de leurs traitements ou salaires par les agents ou employés, ainsi que les contestations qui s'élèvent à l'occasion de leurs engagements, peuvent être portées devant le tribunal du lieu.où ces agents et employés remplissent leurs fonctions et touchent leurs appointements. — Même arrêt. — Cour de cassation, arrêt Cuisset.

____

(1) Voir page 199, note 1.

III. — Responsabilité des Compagnies envers leurs employés ou ouvriers.

SOMMAIRE.

188-189. Les Compagnies de chemins de fer sont responsables des accidents arrivés à leurs ouvriers, soit en cherchant à prévenir un danger, alors même que ceux-ci auraient agi contrairement aux règlements, soit en faisant un travail qui ne les regardait pas.

188. A l'approche du passage d'un train de voyageurs, un ouvrier employé à des travaux de terrassement avait remarqué des cailloux assez volumineux qui se trouvaient sur l'un des rails de la voie. Pour prévenir un danger qui lui paraissait imminent, cet homme, qui s'était avancé pour les enlever, fut atteint par la locomotive et gravement blessé. Cet ouvrier avait donc été renversé au moment où il cherchait à faire disparaître un obstacle qu'il supposait pouvoir faire dérailler le train.

La Compagnie ne contestait pas que cet homme eût obéi à un sentiment généreux, seulement elle prétendait qu'il s'était probablement ému d'un péril imaginaire ; que ce péril, c'était lui peut-être qui l'avait créé, en n'accomplissant pas convenablement le travail dont il était chargé et qui consistait à étendre du gravier sur le chemin ; qu'enfin, il était prescrit à tous les ouvriers de s'éloigner à l'approche des trains, et que, même pour sauver la vie des voyageurs, ils ne devaient pas enfreindre cette prescription.

Mais les suppositions de la Compagnie n'étaient que de simples allégations, et il n'était pas possible d'admettre que les règlements, qui n'ont d'autre but que celui de sauvegarder la vie des ouvriers eux-mêmes, ne pussent pas être enfreints quand il s'agit de préserver d'un immense malheur un grand nombre de voyageurs. Aussi fut-il décidé que la Compagnie était responsable des suites de la blessure reçue dans ces circonstances. — Cour impériale de Lyon, 5 avril 1856, Compagnie du Grand-Central C. Gourey.

189. La responsabilité de la Compagnie est également engagée, encore bien que l'ouvrier ait fait une chose qui ne le regardait pas.

Il n'était pas contesté davantage qu'un affaissement du sol rendait nécessaires quelques réparations pour rétablir le niveau des rails destinés aux wagons allant prendre charge en dehors de la voie suivie par les trains, et que cet affaissement avait imprimé aux wagons un mouvement rétrograde qui avait occasionné la mort d'un aiguilleur. Toutefois, la Compagnie, pour échapper à l'action en dommages-intérêts intentée contre elle, soutenait que cet homme n'avait trouvé la mort qu'en faisant un travail qui ne le regardait pas, c'est-à-dire en aidant les hommes d'équipe à déplacer un wagon, et que cette mort devait être attribuée à l'imprudence seule de l'aiguilleur, qui aurait dû et qui aurait pu échapper au danger en faisant un autre mouvement.

Mais il importait peu que ce fût par pur zèle ou par ordre de ses supérieurs que l'ouvrier eût été occupé à mettre en mouvement le wagon. Il suffisait que la mort eût été occasionnée par l'affaissement du sol, par un vice de la voie ferrée, pour que la responsabilité en dût remonter à la Compagnie, et le plus ou le moins d'adresse, comme le plus ou le moins de présence d'esprit de la victime de la négligence de la Compagnie, ne pouvait rien changer aux conditions de la responsabilité. — Cour impériale de Bordeaux, 12 août 1857, Mandret C. Chemin de fer du Midi.

TITRE SEPTIÈME.

De la police en matière de chemins de fer.

PREMIÈRE PARTIE.

I. — DES STATIONS ET BUREAUX DES CHEMINS DE FER ET DES TERRAINS EN DÉPENDANT.

II. — CONDUITE ET MARCHE DES TRAINS.

III. — ACCIDENTS ET SINISTRES ARRIVANT PENDANT LA MARCHE DES TRAINS.

VI. — DES AGENTS DE SURVEILLANCE ET DES GARDES DES CHEMINS DE FER.

V. — RÈGLEMENTS MINISTÉRIELS. — ARRÊTÉS ADMINISTRATIFS. — OBLIGATIONS CONVENTIONNELLES.

I. — Des stations et bureaux des chemins de fer et des terrains en dépendant.

SOMMAIRE.

190. Quel est le caractère, au point de vue de la publicité légale, des stations et bureaux des chemins de fer ?

191. Quel est le caractère des terrains en dépendant ?

190. Les stations et bureaux des chemins de fer sont des lieux publics, dans le sens de la loi du 17 mai 1819

Par arrêté du conseil d'administration du chemin de fer de Strasbourg à Bâle, il avait été décidé qu'un garde-convoi convaincu
d'avoir effectué clandestinement des transports et de s'en être attribué le prix en ferait la restitution et serait immédiatement congédié
de la Compagnie. Le conseil ordonnait, en outre, que son arrêté,
qui énonçait les motifs du renvoi, serait affiché dans les principales
stations du chemin de fer, tant pour prémunir les voyageurs contre
le retour de semblables faits que dans l'intérêt de la moralité de
ses employés. Cet arrêté fut en effet affiché, mais seulement dans
l'intérieur des bureaux des employés.

Le garde-convoi vit dans cette mesure une atteinte publique
portée à sa réputation et constituant le délit de diffamation prévu
et puni par les articles 1ᵉʳ et 14 de la loi du 17 mai 1819 (1), et
assigna en conséquence la Compagnie devant le tribunal correctionnel de Schelestadt. Le tribunal jugea que les bureaux des employés
n'étaient point des lieux publics, dans le sens de la loi de 1819, et
relaxa les prévenus de l'action dirigée contre eux.

Sur l'appel du plaignant, la Cour impériale de Colmar décida le
contraire, parce qu'encore bien que les bureaux où l'affichage avait
eu lieu ne fussent principalement occupés que par les employés de
l'administration, il était constant que ces bureaux étaient accessibles
à tous ceux qui pouvaient avoir besoin de s'adresser aux employés
pour affaires de service.

La Compagnie se pourvut contre cet arrêt. Mais le pourvoi fut
rejeté, attendu que, d'après leur destination, les stations des chemins de fer doivent être considérées comme des lieux publics, et il

---

(1) Article 1ᵉʳ de la loi du 17 mai 1819 : « Quiconque, soit par des discours,
des cris ou menaces proférés dans des lieux ou réunions publics, soit par des
écrits, des imprimés, des dessins, des gravures, des peintures ou emblèmes,
vendus ou distribués, mis en vente ou exposés dans des lieux ou réunions
publics, soit par des placards et affiches exposés aux regards du public,
aura....

Article 14 de la même loi : « La diffamation et l'injure commises par l'un des
moyens énoncés en l'article 1ᵉʳ seront punies d'après les distinctions suivantes. »

n'y a aucune distinction à faire pour la partie de ces stations qui est particulièrement destinée à servir de bureaux aux employés, lorsqu'il est certain qu'elle est accessible aux étrangers, qui sont dans le cas de s'adresser aux employés pour objets de service. — Cour de cassation, 28 avril 1843, Compagnie des chemins de fer de Strasbourg C. Schwartz.

191. Les terrains qui dépendent d'un chemin de fer font partie de la grande voirie, comme la voie de fer proprement dite, les stations et les gares, et les contraventions commises sur ces terrains doivent être poursuivies et réprimées comme contraventions de grande voirie.

La Compagnie du chemin de fer du Nord avait relié la station d'Enghien-les-Bains à la commune par des chemins établis sur des terrains acquis des fonds de l'État. Le propriétaire d'un terrain contigu à l'un de ces chemins, voulant faire construire une maison, avait obtenu du préfet de Seine-et-Oise un alignement, à la charge de le faire tracer par un conducteur des ponts et chaussées et de mettre le sol de la façade de sa maison de niveau avec le terrain de la station. Cependant la maison fut bâtie sans que le tracé eût été fait, et, loin de mettre le sol de la façade de sa maison de niveau avec le terrain de la station, le propriétaire avait remblayé le sol de la station et y avait établi une marche en saillie.

Sur le procès-verbal qui fut dressé de ces faits, comme constituant une contravention de grande voirie, aux termes de la loi du 15 juillet 1845, le Conseil de préfecture de Seine-et-Oise décida qu'il n'y avait pas lieu d'y donner suite, par le motif que, tout chemin de fer devant, d'après l'article 4 de cette loi, être clos des deux côtés et sur toute l'étendue de la voie, la partie comprise entre les clôtures était seule le chemin de fer et faisait seule partie de la grande voirie; d'où la conséquence que, la maison dont il s'agissait étan construite à 42 mètres en arrière du treillage formant la clôture de la voie de fer, il n'y avait pas lieu d'appliquer ici les principes en matière de grande voirie.

Pourvoi par le Ministre des travaux publics contre cette décision, et nous ne pouvons mieux faire que de reproduire les observations qu'il présentait.

« La doctrine du Conseil de préfecture, *disait le Ministre*, tendrait à laisser en dehors de la grande voirie les dépendances des chemins de fer. Or, cette doctrine est contraire à la lettre comme à l'esprit de la loi du 15 juillet 1845. L'argument tiré de l'article 4 de cette loi, le seul qui serve de base à l'arrêté, ne pourrait avoir de valeur que si cet article avait pour objet de définir où commence et où finit un chemin de fer ; mais il a simplement pour but d'armer l'administration du droit d'exiger que l'on établisse, dans des vues de sécurité, des clôtures des deux côtés de la voie, et, dès lors, on ne peut conclure de cette disposition que tout ce qui est en dehors des clôtures est soustrait au régime de la grande voirie. Il faut donc laisser de côté le motif invoqué par le Conseil de préfecture, et chercher pour la question d'autres raisons de décider : ces raisons, c'est à l'article 1er de la loi du 15 juillet 1845, et à cet article seul, qu'il faut, selon moi, les demander. Que dit cet article ? Que « les chemins de fer construits ou concédés par l'État font partie de la grande voirie. » Or, un chemin de fer ne peut pas se composer seulement de la voie sur laquelle s'opère la traction ; il y a un certain nombre d'accessoires qui forment les dépendances nécessaires de ces nouvelles voies de communication : telles sont les stations de voyageurs, de marchandises, les lieux d'embarquement, de débarquement, et lorsque des points où des stations sont établies ne sont pas immédiatement voisins de routes ouvertes, il faut de toute nécessité les relier par des chemins nouveaux aux routes existantes ; ces chemins font donc également partie du chemin de fer, puisque, sans eux, l'exploitation n'en serait pas possible. Ces principes reçoivent, d'ailleurs, tous les jours leur application sur les autres voies de communication soumises au régime de la grande voirie. Que se passe-t-il, en effet, pour les routes, pour les rivières, pour les canaux ? Les ports des canaux, la voie d'accès à ces ports, les quais, les ouvrages de décharge pour les eaux surabondantes des routes, les arches supplémentaires pour l'écoulement des eaux dans les cas de crues extraordinaires des rivières, travaux tous établis généralement en dehors du lit des rivières et canaux et du sol des routes, ne sont-ils pas protégés par les mêmes règlements que les canaux, les rivières, les routes elles-mêmes? Ces ouvrages accessoires sont, en effet, comme l'ouvrage principal, assis sur un terrain qui, acquis des deniers de l'État, fait partie du domaine de l'État. Or, pour en revenir à l'espèce, les voies d'accès qui environnent la station d'Enghien ont été établies, ainsi que je l'ai déjà fait remarquer, sur des terrains qui ont été expropriés en même temps que ceux qui forment le sol de la voie; elles font corps avec la station; elles en constituent une dépendance essentielle; elles sont entretenues sur les mêmes fonds, et, en conséquence, il y a lieu évidemment de leur appliquer, comme aux dépendances des rivières, des canaux, des routes, la législation sur la grande voirie. Je terminerai par une dernière observation qui démontrera la futilité de l'argument du Conseil de préfecture : c'est que, l'État étant propriétaire des terrains de la place le long de laquelle on a bâti, et cette place n'étant pas classée parmi les voies publiques, l'État pourrait aujourd'hui la faire clore, et alors, d'après le système du Conseil de préfecture, la loi du 15 juillet 1845 deviendrait applicable. Ces explications me paraissent suffire pour déterminer la réformation de l'arrêté, et j'y conclus formellement. »

Cet arrêté fut annulé. Car, aux termes de l'article 1er de la loi du 15 juillet 1845, les chemins de fer construits ou concédés par l'État appartiennent à la grande voirie, et la place dont il s'agissait faisait partie intégrante du chemin de fer de Paris à la frontière de Belgique; dès lors, elle était soumise aux lois et règlements sur la grande voirie applicables aux chemins de fer. D'un autre côté, il résultait de l'instruction que le propriétaire avait, sans autorisation, établi une marche et pratiqué un remblai de terre sur le trottoir de cette place. Il avait donc ainsi contrevenu aux dispositions de l'ordonnance du 17 juillet 1781. Aussi fut-il décidé qu'il serait tenu de faire disparaître la marche et le remblai de terre, faute de quoi il y serait pourvu d'office à ses frais. — Conseil d'État, 22 juillet 1848, Tournois.

II. — Conduite et marche des trains.

SOMMAIRE.

192. En vertu de quel ordre peut-on monter sur une locomotive ?

193. L'ordre de ralentir la marche des convois aux croisements de lignes s'applique-t-il au simple croisement de voie destiné à faciliter les manœuvres ?

194. Dans quels cas doit-il être fait usage du signal d'arrêt ?

195. L'emploi du signal d'arrêt n'est-il requis que dans la marche des trains ?

192. D'après l'article 39 de l'ordonnance royale du 15 novembre 1846, contenant règlement sur la police des chemins de fer, il est défendu à toute personne, autre que le mécanicien et le chauffeur, de monter sur la locomotive et le tender, à moins d'une permission spéciale et écrite du directeur de l'exploitation, et l'article 21 de la loi du 15 juillet 1845 punit les contrevenants d'une amende correctionnelle.

Cette prohibition est absolue. Elle s'étend même aux inspecteurs de la voie, et il ne peut être suppléé à la nécessité de l'autorisation écrite par l'ordre verbal de monter sur la machine donné par le directeur présent sur les lieux. — Cour de cassation, 6 août 1847, Anspach.

193. L'obligation imposée au mécanicien, par l'article 37 de l'ordonnance du 15 novembre 1846, de modérer la vitesse de sa marche à cinq cents mètres au moins avant d'arriver au point où une ligne d'embranchement vient croiser la ligne principale, de telle manière que le train puisse être complétement arrêté avant d'atteindre ce croisement, si les circonstances l'exigent, ne s'applique pas au simple croisement de voies destinées à faciliter les manœuvres et mouvements sur la ligne. Un croisement de voie dans ces conditions ne peut, sous aucun rapport, être assimilé à une ligne de fer distincte et venant s'embrancher sur une ligne principale, en ce sens, surtout, qu'au cas de vitesse extrême, les dispositions de l'article 37 ci-dessus rappelé lui soient applicables. — Cour de cassation, 15 avril 1853, Sevenery et Audibert.

194. Lorsque l'article 32 de l'ordonnance du 15 novembre 1846 prescrit que, dans le cas où un train s'arrêterait sur la voie pour cause d'accident, le signal d'arrêt soit fait à cinq cents mètres au moins en arrière, cet article n'exige point, pour que l'obligation de faire ce signal commence, que le train soit complétement arrêté, ce qui laisserait subsister en grande partie les dangers qu'on voulait prévenir par cette disposition. Aussi, quand le ralentissement est tel qu'il équivaut à un stationnement, et que ce ralentissement provient, non d'une cause accidentelle qu'on puisse promptement faire cesser pour rendre au train sa vitesse ordinaire, mais de l'épuisement de la vapeur, il y a nécessité de se porter en arrière pour y faire le signal prescrit, et le conducteur du train qui manque à cette obligation peut être considéré comme étant en contravention et passible des peines édictées par l'article 21 de la loi du 15 juillet 1845. — Cour de cassation, 20 août 1847, Blouin.

195. L'emploi du signal d'arrêt n'est pas requis seulement dans la marche des trains. L'expression *train* de l'article 32 comprend nécessairement tout véhicule ou wagon circulant accidentellement sur un chemin de fer, lors même qu'il serait isolé et chargé de matériaux destinés à l'entretien de la voie, et quel que soit, d'ailleurs, son mode de traction. On ne pourrait décider le contraire sans compromettre de la manière la plus grave la sécurité de la circulation et la sûreté des voyageurs, et sans méconnaître l'esprit et le texte de cet article. Par exemple, la marche toujours lente d'un wagon chargé de pierres et poussé par des hommes, comparée à la rapidité des trains, équivaut à un stationnement relativement aux dangers du choc, et ce wagon ne peut être régulièrement mis en mouvement qu'à la condition de tenir à cinq cents mètres en arrière le signal d'arrêt. — Cour impériale de Besançon, 26 août 1858, Grangier.

III. — Accidents et sinistres arrivant pendant la marche des trains.

SOMMAIRE.

196. L'obligation imposée au chef d'un convoi de déclarer immédiatement tout accident à l'autorité locale s'applique non-seulement aux accidents arrivés sur la partie du chemin qui traverse une gare, mais encore à ceux qui surviennent sur le surplus de la voie.

197. Pendant le stationnement d'un train, c'est au chef de gare, considéré alors comme chef de convoi, de faire cette déclaration.

196. L'article 59 de l'ordonnance royale du 15 novembre 1846, en prescrivant qu'il soit fait immédiatement déclaration à l'autorité locale, à la diligence du chef du convoi, de tout accident qui arrive sur un chemin de fer, comprend aussi bien la partie du chemin de fer traversant les gares et les accidents arrivés sur ce point au convoi ou par le convoi pendant le temps d'arrêt que le surplus de la voie. — Cour de cassation, 18 août 1859, Leroy.

197. Pendant le stationnement d'un train, c'est au chef de gare, considéré alors comme chef de convoi, de faire cette déclaration.

Un train de marchandises, allant de Batignolles à Rouen, s'étant arrêté à la gare de Vernon, fut coupé en deux par une opération de déchargement, et, au moment où les deux parties séparées se rejoignaient, le choc des wagons occasionna un mouvement de recul, et, par suite, un accident et la blessure d'un employé. Le chef de gare de la station de Vernon, traduit en police correctionnelle sous la prévention de n'avoir pas fait la déclaration prévue par l'article 59 précité, fut acquitté en première instance et en appel, par le double motif que cet article ne s'étendait pas à la traversée des gares, et que, en fût-il autrement, c'était au chef du train, et non au chef de la gare où avait eu lieu l'accident pendant le temps d'arrêt, qu'incombait l'obligation d'en faire la déclaration. Mais il y avait là tout à la fois fausse interprétation de l'article 59 de l'ordonnance du 15 novembre 1846 et violation, en ne l'appliquant pas, de l'article 21 de la loi du 15 juillet 1845, qui prononce la peine en cas d'infraction. Aussi, l'arrêt de la Cour impériale de Rouen, qui avait confirmé la décision des premiers juges, fut-il cassé.

Et persistant dans sa manière d'interpréter l'article 59, la Cour de cassation, nullement touchée du moyen pris de ce que cet article, ne parlant que des chefs de convoi, n'avait pu, sans une violation formelle du principe que la loi pénale doit être appliquée dans un sens restrictif, être étendu aux chefs de gare, et de ce que, d'ailleurs, c'était sur les commissaires spéciaux de police établis sur les chemins de fer que portait l'obligation dont parle cet article, en ce qui concerne les accidents arrivés dans les gares, maintint, sur l'opposition faite par le prévenu à l'arrêt par défaut qu'elle avait rendu d'abord sur le pourvoi, que l'article 59, en imposant une obligation aux chefs de convoi, s'adresse à celui qui a le commandement du convoi au moment où naît cette obligation; que, dès qu'il est reconnu que les chefs de gare sont investis, par la nature même de leurs fonctions, du commandement des trains pendant leurs temps d'arrêt dans les stations, il en résulte que c'est à eux que cet article enjoint de faire à l'autorité locale la déclaration des accidents survenus aux convois dans leurs gares respectives, et que, si la loi pénale ne peut être étendue au delà de sa portée naturelle, ce n'est pas l'étendre qu'interpréter et appliquer sa lettre d'après le sens indiqué par son esprit; qu'enfin les devoirs tracés aux chefs de trains, agents des Compagnies, par l'article 59, sont indépendants de ceux des commissaires spéciaux de police et des autres agents du Gouvernement dont parlent les articles 51 et suivants de l'ordonnance du 15 novembre 1846 et la loi du 27 février 1850. — Cour de cassation, 18 août 1859 ; 3 mai 1860, Leroy.

IV. — Des agents de surveillance et gardes des chemins de fer.

SOMMAIRE.

198. Les injures adressées aux agents et gardes des chemins de fer, assermentés pour la surveillance et la constatation des délits sur les chemins de
fer, à l'occasion et dans l'exercice de leurs fonctions, doivent être punies des
peines prononcées par le premier paragraphe de l'article 19 de la loi du 17
mai 1819.

199. Ces agents sont soumis au mode de poursuite et d'instruction et à la
compétence exceptionnelle établie par les articles 483 et 479 du Code d'instruction criminelle, et à l'aggravation de peine édictée dans l'article 198 du
Code pénal.

200. Tout agent employé sur un chemin de fer, qui n'est pas revêtu de l'uniforme ou porteur d'un signe distinctif, est en contravention.

198. Les agents et gardes des chemins de fer, assermentés
pour la surveillance et la constatation des délits sur les chemins de
fer, sont considérés comme des agents de l'autorité.

En conséquence, les injures adressées publiquement à un de ces
agents, à l'occasion et dans l'exercice de ses fonctions, doivent être
punies, non comme des injures envers un particulier, des peines
prononcées par le dernier paragraphe de l'article 19 de la loi du
17 mai 1819, mais par des peines plus sévères prononcées par le
premier paragraphe de cet article (1), pour les injures contre les dépositaires et agents de l'autorité proférées publiquement, à raison de

---

(1) Article 19 de la loi du 17 mai 1819: « L'injure contre les personnes désignées par les articles 16 et 17 de la présente loi sera punie d'un emprisonnement de cinq jours à un an, et d'une amende de 25 francs à 2,000 francs, ou de
l'une de ces deux peines seulement, selon les circonstances. L'injure contre les
particuliers sera punie d'une amende de 16 francs à 500 francs. »

leurs fonctions. — Cour impériale de Paris, 17 février 1855, Regnier, déjà cité.

199. Mais aussi, en raison du caractère qui leur est assigné, ces agents sont-ils soumis au mode de poursuite et d'instruction et à la compétence exceptionnelle établis par les articles 483 et 479 du Code d'instruction criminelle (1), comme ils sont également passibles, le cas échéant, de l'aggravation de peine prononcée par l'article 198 du Code pénal (2).

C'est ainsi spécialement qu'un garde-barrière d'un chemin de fer assermenté est valablement cité devant la Cour impériale, à la requête du procureur général, et jugé sans appel par cette Cour, à l'occasion d'un délit de chasse par lui commis dans les dépendances

---

(1) Article 483 du Code d'instruction criminelle : « Lorsqu'un juge de paix ou de police, ou un juge faisant partie d'un tribunal de commerce, un officier de police judiciaire, un membre du tribunal correctionnel ou de première instance, ou un officier chargé du ministère public près de l'un de ces juges ou tribunaux, sera prévenu d'avoir commis, dans l'exercice de ses fonctions, un délit emportant une peine correctionnelle, ce délit sera poursuivi et jugé comme il est dit à l'article 479. »

Article 479 : « Lorsqu'un juge de paix, un membre du tribunal correctionnel ou de première instance, ou un officier chargé du ministère public près l'un de ces tribunaux, sera prévenu d'avoir commis, hors de ses fonctions, un délit emportant une peine correctionnelle, le Procureur général près la Cour royale le fera citer devant cette Cour, qui prononcera sans qu'il puisse y avoir appel. »

(2) Article 198 du Code pénal : « Hors les cas où la loi règle spécialement les peines encourues pour crimes ou délits commis par les fonctionnaires ou officiers publics, ceux d'entre eux qui auront participé à d'autres crimes ou délits qu'ils étaient chargés de surveiller ou de réprimer seront punis comme il suit : S'il s'agit d'un délit de police correctionnelle, ils subiront toujours le *maximum* de la peine attachée à l'espèce de délit ; et, s'il s'agit de crime, ils seront condamnés, savoir : à la reclusion, si le crime emporte contre tout autre coupable la peine du bannissement ou de la dégradation civique ; — aux travaux forcés à temps, si le crime emporte contre tout autre coupable la peine de la reclusion ou de la détention ; — et aux travaux forcés à perpétuité, lorsque le crime emportera contre tout autre coupable la peine de la déportation ou celle des travaux forcés à temps ; — au delà des cas qui viennent d'être exprimés, la peine commune sera appliquée sans aggravation. »

de la voie ferrée, et qu'il lui serait fait une juste application du dernier paragraphe de l'article 12 de la loi du 3 mai 1844 sur la chasse, pourvu, toutefois, qu'il eût commis le délit par des moyens et dans des circonstances de nature à nuire à la conservation du chemin ou à la sûreté de la circulation.

En effet, si, dans son dernier paragraphe, l'article 12 de la loi du 3 mai 1844 dit que les peines déterminées par ledit article seront toujours portées au *maximum*, lorsque les délits auront été commis par certains fonctionnaires spécialement désignés, cette désignation n'est pas exclusive du droit commun. Or, il faut voir dans le paragraphe final de l'article 12 de la loi de 1844 une application du principe général écrit dans l'article 198 du Code pénal, relatif aux fonctionnaires ayant participé à des délits qu'ils étaient chargés de surveiller ou de réprimer. Si donc, à raison de sa qualité de garde assermenté de l'administration du chemin de fer, le prévenu doit être rangé dans la catégorie des officiers publics dont parle l'article 198 du Code pénal, il faut de plus, pour que cet article lui soit applicable, que le délit pour lequel il est poursuivi soit de la nature de ceux qu'il était chargé de surveiller.

Sans doute, par l'article 23 de la loi du 15 juillet 1845, les agents de surveillance et gardes nommés par l'administration sont, au moyen du serment par eux prêté devant le tribunal de première instance de leur domicile, autorisés à verbaliser sur toute la ligne du chemin de fer auquel ils sont attachés, pour constater concurremment avec les officiers de police judiciaire les crimes, délits ou contraventions prévus dans les titres 1er et 3 de ladite loi. Sans doute, les crimes, délits ou contraventions mentionnés aux titres ci-dessus sont relatifs à la conservation des chemins de fer et à la sûreté de la circulation sur ces chemins, et il n'y est point parlé et il ne pouvait, en effet, y être question des délits de chasse.

Mais il est certain, néanmoins, que tout fait de chasse, même licite, qui serait commis sur la voie ou les dépendances de la voie ferrée, et qui pourrait avoir pour effet de contrevenir aux mesures prises dans les titres 1er et 3 de la loi de 1845 pour la conservation des chemins de fer ou la sûreté de la circulation sur ces chemins, serait, par cela même, non pas comme délit de chasse, mais en raison de sa nocuité pour ce chemin ou pour la circulation, soumis à la surveillance des agents assermentés de l'administration, qui auraient le droit et le devoir de le constater par procès-verbal et de le faire réprimer. Il suit de là que l'article 198 du Code pénal est applicable aux gardes assermentés de l'administration des chemins de fer qui ont consommé un délit de chasse dans l'exercice de leurs fonctions, si, par la nature des moyens employés pour le commettre, ce délit rentre dans la catégorie de ceux spécifiés aux titres 1er et 3 de la loi du 15 juillet 1845.

Or, parmi les dispositions du titre 1er de ladite loi se trouve l'article 2, qui rend applicables aux chemins de fer les lois et règlements sur la grande voirie ayant pour objet d'assurer la conservation des fossés, talus, levées et ouvrages d'art dépendant des routes, et d'interdire sur toute leur étendue, notamment des dépôts de terre et autres objets quelconques. Donc le dépôt même de simples lacets en fil de laiton pourrait constituer une contravention de ce genre, s'il avait lieu sur la voie ou ses dépendances, et transformer le délit en un délit de la nature de ceux que l'agent était chargé de surveiller. — Cour impériale de Metz, 4 juin 1855, Schmitt.

200. Tout agent employé sur les chemins de fer doit, aux termes de l'article 73 de l'ordonnance du 15 novembre 1846, être revêtu d'un uniforme ou porteur d'un signe distinctif. Les actes, quels qu'ils soient, de la Compagnie dont il dépend ne peuvent l'affranchir de cette obligation; et, cette disposition rentrant dans les mesures de police et de sûreté, l'employé qui y contrevient est passible des peines prononcées par l'article 21 de la loi du 15 juillet 1845. — Cour de cassation, 9 janvier 1852, Gervais.

V. — Réglements ministériels. — Arrêtés administratifs. —
Obligations conventionnelles.

SOMMAIRE.

101. Un règlement général fait par le Ministre des travaux publics pour la police d'un chemin de fer, et l'arrêté préfectoral rendu pour en assurer l'exécution, ne peuvent tenir lieu du règlement d'administration publique exigé par la loi de concession.

202. Dès lors, l'infraction à ce règlement ministériel et à l'arrêté préfectoral ne constitue pas la contravention punie par l'article 471, n° 15, du Code pénal.

203. Un règlement ministériel ou un arrêté préfectoral ne serait obligatoire, avec une sanction pénale, qu'autant qu'il s'agirait d'une mesure particulière et locale prise d'urgence.

204. D'un autre côté, pour que les arrêtés prescrivant des mesures de sûreté dans l'exploitation d'un chemin de fer soient obligatoires, il suffit qu'ils aient été notifiés au directeur de la Compagnie concessionnaire.

205. La violation des obligations imposées par le cahier des charges annexé à la loi de concession d'un chemin de fer ne donne lieu à une répression pénale qu'autant que cette loi contient une disposition à cet égard.

206. Il en est de même de l'infraction aux arrêtés administratifs tendant à l'exécution du cahier des charges.

201. Lorsque, d'après la loi de concession, les mesures nécessaires pour assurer la police d'un chemin de fer doivent être déterminées par des règlements d'administration publique, c'est-à-dire, ainsi que cela résulte de l'article 52 de l'acte constitutionnel du 22 frimaire an viii et des articles 8 et 9 de l'arrêté des consuls du 5 nivôse suivant et 6 de l'ordonnance du 19 avril 1817, par des ordonnances du roi délibérées en Conseil d'État, un règlement du Ministre des travaux publics ni un arrêté préfectoral ne peuvent remplacer ces ordonnances. — Cour de cassation, 10 mai 1844, Chemin de fer de Rouen.

202. Dès lors, l'infraction à ce règlement ministériel et à l'arrêté préfectoral ne constitue pas la contravention punie par l'article 471, n° 15, du Code pénal, qui ne parle que des règlements légalement faits par l'autorité administrative. — Même arrêt.

203. Toutefois, un règlement ministériel ou préfectoral serait obligatoire, avec sanction pénale, s'il s'agissait d'une mesure parti-

culière et locale prise d'urgence ; spécialement, si cet arrêté prescrivait, à titre d'avertissement, pour les convois à deux locomotives,
ou pour prévenir des chances manifestes de danger que présenterait
la voie, une mesure de vitesse que la prudence ne permet pas de
dépasser. — Même arrêt. — Même Cour, 24 avril 1847, Petiet et
Duthoit C. Chemin de fer du Nord.

204. D'un autre côté, pour que ces arrêtés pris pour prescrire
certaines mesures de sûreté dans l'exploitation d'un chemin de fer
soient obligatoires, il n'est pas nécessaire qu'ils aient été publiés
dans les formes ordinaires. Ce mode de publication n'est requis que
pour les actes de l'autorité qui s'adressent à l'universalité des habitants ; il suffit de notifier les autres aux personnes qu'ils concernent.
Or, en matière de chemins de fer, la simple notification suffit, et elle
est valablement faite au directeur représentant la Compagnie concessionnaire, lequel se trouve chargé d'en donner connaissance à
tous les agents de l'entreprise appelés par les fonctions qu'ils remplissent à y conformer leurs actes. L'administration n'a aucun
moyen de connaître ces agents et de leur notifier personnellement
ses arrêtés. Ces agents, lorsqu'ils sont poursuivis comme y ayant
contrevenu, ne peuvent donc prétendre, pour s'excuser, qu'ils en
ont ignoré les dispositions. — Cour de cassation, 9 mai 1844, Compagnie du chemin de fer d'Orléans et Dayme.

205. La violation des obligations imposées par le cahier des
charges annexé à la loi de concession d'un chemin de fer ne donne
lieu à une répression pénale qu'autant que cette loi contient une
disposition à cet égard. En effet, un cahier des charges n'étant
autre chose qu'un contrat, la violation des obligations conventionnelles qu'il impose n'est pas de nature à être réprimée par des
condamnations pénales. Il n'en pourrait être ainsi que si la loi de
concession l'ordonnait expressément. — Cour de cassation, 10 mai
1844, Chemin de fer de Rouen.

206. Il en est de même de l'infraction aux arrêtés administratifs
tendant à l'exécution du cahier des charges. L'article 471, n° 15,

du Code pénal (1) ne sanctionne, par les dispositions pénales qu'il contient, que les *règlements* faits par l'autorité administrative, et non tous les *arrêtés* qu'elle prend. La décision du Ministre des travaux publics tendant à l'exécution des clauses d'un cahier des charges ne présente aucun des caractères d'un règlement, et la Compagnie concessionnaire, pour sa résistance à une décision de cette espèce, peut être poursuivie par voie administrative, mais n'encourt point les peines de police édictées par cet article. — Cour de cassation, 10 mai 1844, chemin de fer de Rouen.

DEUXIÈME PARTIE.

I. — CRIMES, DÉLITS ET CONTRAVENTIONS COMMIS SOIT PAR DES AGENTS ET EMPLOYÉS DES COMPAGNIES DE CHEMINS DE FER, SOIT PAR DES PERSONNES ÉTRANGÈRES AU SERVICE DE CES COMPAGNIES.

II. — DU DROIT DE POURSUIVRE LA RÉPRESSION DES CONTRAVENTIONS AUX DISPOSITIONS DE LA LOI DU 15 JUILLET 1845 SUR LA POLICE DES CHEMINS DE FER.

I. — Crimes, délits et contraventions commis soit par des agents et employés des Compagnies de chemins de fer, soit par des personnes étrangères au service de ces Compagnies.

SOMMAIRE.

207. Les faux commis sur les livres et registres tenus pour le service privé

---

(1) Article 471 du Code pénal : « Seront punis d'amende, depuis un franc jusqu'à cinq francs inclusivement,... 15° « ceux qui auront contrevenu aux règlements légalement faits par l'autorité administrative, et ceux... »

d'une Compagnie de chemins de fer constituent des faux en écriture de commerce.

208. L'incendie des propriétés mobilières et immobilières d'autrui causé par des flammèches s'échappant des cheminées des locomotives constitue le délit prévu et puni par l'article 458 du Code pénal.

209. Il en est de même des incendies occasionnés par la chute de charbons enflammés tombant de la grille sur la voie.

210. Indépendamment de la répression pénale, la Compagnie peut être passible de dommages-intérêts envers les parties lésées.

211. La défense faite par l'article 61 de l'ordonnance du 15 novembre 1846, d'entrer dans les voitures sans billet, s'applique au cas où le voyageur continue volontairement sa route au delà de la station à laquelle le billet lui donnait le droit de se rendre.

212. L'employé d'un chemin de fer, chargé de recevoir des droits dus à l'administration des douanes, se rend coupable de concussion en recevant ce qu'il sait n'être pas dû.

213. Le conducteur de train, qui reçoit d'un employé de chemin de fer, qui l'avait reçu lui-même en cette qualité, un sac d'argent pour le transporter, et qui ne le remet pas au destinataire, commet un abus de confiance, et le fait du dépôt au conducteur peut être prouvé par témoins, quel que soit le chiffre de la somme.

214. Il y a contravention à l'article 7 de la loi du 15 juillet 1845 de la part de la Compagnie qui laisse à moins de 20 mètres de distance du bord extérieur de la clôture de la voie des amas d'herbes coupées.

215. La disposition de l'article 21 de la loi du 15 juillet 1845, qui punit toute contravention aux ordonnances portant règlement d'administration publique sur la police, la sûreté et l'exploitation des chemins de fer, s'applique aux infractions qui ne concernent que la commodité des voyageurs.

216. Le fait matériel seul de l'introduction d'une personne dans l'enceinte d'un chemin de fer constitue une contravention à l'article 61 de l'ordonnance du 15 novembre 1846.

217. Toutefois, la défense faite par l'article 61 précité ne s'applique pas aux personnes qui tiennent des restaurants ou buffets dans des locaux dépendant des gares.

218. L'introduction d'animaux dans l'enceinte d'un chemin de fer ne constitue une contravention qu'autant qu'elle a été volontaire de la part du conducteur ou gardien de ces animaux.

219. La simple présence d'animaux dans l'enceinte d'un chemin de fer ne donne lieu qu'à leur mise en fourrière.

220. L'action pour dégâts commis dans les circonstances qui précèdent est de la compétence administrative.

221. La Compagnie de chemins de fer, qui transporte une lettre cachetée n'accompagnant aucune marchandise, se rend coupable d'immixtion dans le transport des lettres.

222. Il y a également immixtion dans le transport d'une lettre, même enfermée à l'insu de la Compagnie dans une caisse de marchandises.

223. Mais le facteur d'un chemin de fer qui, avant de sortir de la gare, présente à la visite des préposés de l'octroi une caisse fermée renfermant une lettre, échappe à toute responsabilité personnelle.

224. En cette matière, la responsabilité incombe aux chefs de gares.

225. Il n'y a point de complicité légale dans le transport illicite des lettres.

226. La détention par une Compagnie, même pour son usage privé seul, de poids et de mesures illégaux ou non vérifiés constitue une contravention.

207. Les faux commis sur les livres et registres tenus pour le service privé d'une Compagnie de chemins de fer constituent des faux en écriture de commerce.

En effet, l'établissement d'un chemin de fer est une entreprise d'une nature essentiellement commerciale, et les livres et registres dont la tenue importe à l'exploitation d'une telle entreprise ont, d'après la loi, le caractère d'écriture de commerce. Vainement on prétendrait que le livre sur lequel les faux auraient été commis ne serait point un livre servant aux expéditions faites par le commerce, et confiées à la Compagnie pour les faire parvenir à divers destinataires, mais un livre créé, par exemple, pour le service spécial du bureau du mouvement et destiné à recevoir uniquement les plis et ordres de service émanant des chefs supérieurs de cette administration et adressés à leurs subordonnés sur la ligne. — Cour de cassation, 29 avril 1853, Burnouf.

808. L'incendie des propriétés mobilières ou immobilières d'autrui causé par des flammèches s'échappant des cheminées des locomotives constitue le délit prévu et puni par l'article 458 du Code pénal (1).

En fait, Brassey, entrepreneur des travaux du chemin de fer de Caen à Cherbourg, avait fourni une locomotive qui n'était pourvue d'aucun appareil propre à empêcher la sortie des flammèches ou scories par la cheminée. Cette cheminée, d'ailleurs, avait très-peu de hauteur au-dessus de la chaudière, ce qui ne permettait pas aux flammèches de s'éteindre pendant leur ascension dans le tuyau, et la locomotive lançait ainsi fréquemment à d'assez grandes hauteurs et distances des flammèches ou scories encore embrasées. Le mécanicien chargé de la direction de cette locomotive, qui ne pouvait ignorer le danger qu'elle présentait dans de pareilles conditions, avait à se reprocher d'avoir accepté la mission de la faire fonctionner sans qu'elle fût pourvue d'un appareil propre à prévenir des sinistres, d'autant plus faciles à prévoir que des bâtiments couverts en chaume se trouvaient très-rapprochés de la voie sur laquelle il la mettait en circulation. Des maisons et une bergerie couvertes en chaume furent incendiées, et il fut prouvé que le passage de la locomotive en avait occasionné l'incendie. Aussi, la justice pensa-t-elle que le mécanicien s'était rendu coupable du délit de l'article 458 du

---

(1) Article 458 du Code pénal : « L'incendie des propriétés mobilières ou immobilières d'autrui qui aura été causé par la vétusté ou le défaut soit de réparation, soit de nettoyage des fours, cheminées, forges, maisons ou usines prochaines, ou par des feux allumés dans les champs à moins de cent mètres des maisons, édifices, forêts, bruyères, bois, vergers, plantations, haies, meules. tas de grains, pailles, foins, fourrages, ou tout autre dépôt de matières combustibles, où par des feux ou lumières portés ou laissés sans précaution suffisante, ou par des pièces d'artifice allumées ou tirées par négligence ou imprudence, sera puni d'une amende de cinquante francs au moins et de cinq cents francs au plus. »

Code pénal, en portant des feux ou lumières, sans précaution, près des habitations auxquelles ces feux et lumières s'étaient communiqués. En effet, les termes de cet article sont généraux et absolus. Ils s'appliquent à tous les faits de dispersion des feux ou lumières laissés ou portés par la main de l'homme, et nécessairement aussi à l'aide des machines que sa main dirige; dès lors, l'imprudence et le défaut de précaution étant constatés, l'application de l'article 458 était régulière et légale. — Cour de cassation, 23 juin 1859, Brassey.

209. Il en est de même des incendies occasionnés par la chute de charbons enflammés sur la voie, lorsque la Compagnie a supprimé les cendriers destinés à recevoir les fragments de coke tombant de la grille ou qu'elle en a établi d'insuffisants.

En effet, aux termes de l'article 11 de l'ordonnance du 15 novembre 1846, les locomotives doivent être pourvues d'appareils ayant pour objet non-seulement d'empêcher la sortie des flammèches par la cheminée, mais encore d'arrêter les fragments de coke tombant de la grille. Si cette ordonnance ne réglemente pas d'une manière précise la forme et la dimension de ces appareils, elle en détermine nettement la nature et le but, et les prescriptions qu'elle impose doivent être d'autant plus exactement observées que les terrains traversés seront, par leur nature même, plus facilement exposés aux sinistres qu'elles ont pour objet de prévenir et d'empêcher.

Or, en fait, dans le courant des mois de mars, avril, mai et juin 1854, de nombreux incendies s'étaient manifestés sur des terrains en nature de bois et landes, longeant la voie ferrée de Bordeaux à La Teste. Ces incendies éclataient immédiatement après le passage des locomotives, toujours à l'opposé du vent, sans qu'on pût les attribuer à d'autres causes qu'aux fragments de coke tombant de la grille; et il fut établi que les cendriers avaient été supprimés pendant un certain temps et que, d'ailleurs, ils étaient insuffisants. Il en résultait donc que, soit en supprimant arbitrairement, dans un but de convenance personnelle, des appareils dont la permanence était ordonnée, soit en substituant aux appareils prescrits des cendriers insuffisants pour empêcher toute chute de charbons enflammés sur la voie, la Compagnie avait évidemment contrevenu à l'article 11 précité et tombait, le cas échéant, sous le coup de l'article 458 du Code pénal. — Cour impériale de Bordeaux, 13 décembre 1854, Ministère public C. Seige et Compagnie des chemins de fer du Midi.

210. Il va de soi qu'indépendamment de la répression pénale, la Compagnie est passible, dans les deux cas qui précèdent, de dommages-intérêts envers les parties lésées.

Quelque utiles que soient les chemins de fer, les Compagnies qui les exploitent sont, comme toutes les Compagnies industrielles et les simples particuliers, soumises à la loi commune et tenues, d'après l'article 1382 du Code Napoléon (1), de réparer le dommage qu'elles occasionnent. Ce serait en vain qu'une Compagnie déclinerait cette responsabilité par le motif qu'étant autorisée dans son exploitation par l'autorité publique, et soumise à des règlements particuliers prescrits en vue de la sécurité des voyageurs ou des propriétés riveraines de son parcours, elle ne peut être responsable qu'en cas d'infraction à ces règlements. Les Compagnies de chemins de fer, pour être assujetties à des règlements spéciaux imposés comme conditions des concessions qui leur sont faites, et dont l'inobservation peut entraîner soit des condamnations correctionnelles, soit le retrait de la concession elle-même, ne sont point affranchies des obligations qui dérivent du droit commun, et l'État n'a ni concédé, ni pu concéder aux Compagnies de chemins de fer le droit d'incendier, sans indemnité, les propriétés riveraines. Or, elles n'ignorent pas le danger qu'elles font courir aux propriétés contiguës. C'est donc à elles, sous peine d'être en faute, de prendre les précautions nécessaires pour le prévenir. Si les mesures tracées par l'administration ne suffisent pas, elles doivent en prendre de plus amples et de plus efficaces. Enfin, la science fût-elle, quant à présent, impuissante, les Compagnies n'en seraient pas moins obligées d'indemniser les propriétaires incendiés; car le dommage, *même nécessaire*, occasionné par une industrie doit être à la charge

---

(1) Voir page 105, note 3.

de cette industrie. — Cour impériale de Bordeaux, 21 juin 1859,
Chemin de fer du Midi C. Chambrelant. — Tribunal de la Seine,
30 novembre 1859, le Ministre d'État C. Chemin de fer du Midi.

211. La défense faite par l'article 63 de l'ordonnance du 15 novembre 1846, d'entrer dans les voitures sans avoir pris un billet,
s'applique même au cas où, entré dans un wagon avec un billet, le
voyageur continue volontairement sa route au delà de la station à
laquelle ce billet lui donnait le droit de se rendre; car c'est voya-
ger sans billet pendant un parcours quelconque. S'il en était autrement, la fraude la plus commune et la plus facile à commettre res-
terait impunie, contre l'intention du législateur, qui a établi des
prescriptions tout à la fois dans un intérêt de bon ordre et dans
l'intérêt des Compagnies. — Cour impériale de Dijon, 25 mars
1857, Veuillet.

212. Aux termes de l'article 174 du Code pénal, tout commis
ou préposé des percepteurs des taxes, contributions, deniers, etc.,
etc., qui reçoit ce qu'il sait n'être pas dû ou ce qu'il sait excéder ce
qui est dû pour droits, taxes et contributions, se rend coupable de
concussion.
L'employé d'un chemin de fer, chargé de recevoir des destinataires des droits dus à l'administration des douanes pour le transit
des groupes d'or et d'argent, et qui rend compte mensuellement à
l'administration des droits perçus en son lieu et place, doit être
considéré comme un préposé du receveur des douanes, n'agissant
qu'en vertu d'une mission sans laquelle il n'aurait pu demander aux
destinataires et recevoir d'eux le montant des droits. En conséquence, s'il reçoit ce qu'il sait n'être pas dû ou ce qu'il sait excéder
ce qui est dû, il se rend coupable du délit de concussion prévu et
puni par l'article 174 précité. — Cour de cassation, 12 juin 1857,
Ministère public C. Jehly.

213. Le conducteur de train qui reçoit d'un employé de chemin
de fer, qui l'avait reçu lui-même en cette qualité, un sac d'argent
pour le transporter et qui ne le remet pas au destinataire, commet

un abus de confiance, et le fait du dépôt au conducteur peut être prouvé par témoins, quel que soit le chiffre de la somme.

Beaumais, employé spécialement aux expéditions du chemin de fer de Paris au Havre, soutenant avoir remis à Ratelot, employé comme conducteur pour le service de ce même chemin, un sac ficelé et cacheté contenant 1,280 fr. 92 c. à l'adresse d'un sieur Delaboissière, à Mantes, avec mission de le remettre à sa destination, avait traduit Ratelot devant le tribunal de police correctionnelle, comme s'étant rendu coupable du délit d'abus de confiance, le sac qu'il avait reçu l'ordre de transporter n'étant pas parvenu au destinataire, ce qui avait nécessité le remboursement de ladite somme à la dame Duparc, pour le compte de laquelle l'expédition avait été faite. Devant le tribunal de répression, Ratelot prétendit n'avoir pas reçu de Beaumais le sac dont il s'agissait, qui n'était pas inscrit sur sa feuille de route. Ce dernier demanda alors à prouver par témoins la remise du sac, preuve à laquelle Ratelot s'opposa, comme étant repoussée par les principes de la loi civile. Dans cet état des faits, il y avait à juger si la remise du sac, avec la destination qui lui était donnée, ne constituait pas un acte de commerce, et si, sous ce rapport, la preuve ne pouvait pas être admise par témoins, quoique la somme excédât 150 francs.

Or, en droit, si, aux termes de l'article 1341 du Code Napoléon, il doit être passé acte de toutes choses excédant la valeur de 150 francs, sans qu'il puisse être reçu de preuve contre et outre le contenu en ces actes, il résulte du dernier paragraphe de ce même article, ainsi que des dispositions de l'article 109 du Code de commerce, et enfin des principes admis en matière commerciale, que, en cette matière, la preuve testimoniale peut être admise contre et outre le contenu aux actes, le législateur s'en remettant à l'appréciation des tribunaux sur l'admissibilité de ce genre de preuve. D'un autre côté, aux termes de l'article 634 du Code de commerce, il appartient aux tribunaux de commerce de connaître des actions contre les facteurs, commis des marchands, pour le fait du trafic des marchands auquel ils ont été préposés. Dans l'espèce, il s'agissait d'un transport, opération toute commerciale, qui rentrait précisément dans la destination de l'entreprise du chemin de fer, comme

dans le service pour lequel l'administration dudit chemin avait préposé ses commis Beaumais et Ratelot. Enfin, les termes généraux de
l'article 634 précité s'appliquant tout à la fois aux actions dirigées
par les marchands envers leurs préposés et leurs commis, comme
aux actions que ces derniers peuvent avoir à exercer entre eux,
respectivement, pour le fait du négoce auquel ils sont attachés,
Beaumais pouvait donc invoquer, sous l'un comme sous l'autre de
leurs rapports, les dispositions de cet article, puisque, à raison du
remboursement de la somme à transporter par l'administration du
chemin de fer, il se trouvait subrogé aux droits de ses commettants,
et que, soit à raison de cette subrogation, soit parce que, s'agissant
de l'action introduite pour un fait des trafics du maître par un préposé envers un autre préposé pour un service qui lui était confié, la
compétence appartenait au tribunal de commerce. Dès lors, il suivait de ce qui précède que l'exception proposée par Ratelot, défendeur sur la poursuite en abus de confiance, devait être repoussée, et
que la preuve par témoins de la remise du sac devait être accueillie.
— Cour de cassation, 1ᵉʳ septembre 1848, Ratelot C. Beaumais.

214. Les dangers pouvant résulter de la circulation des locomotives préoccupaient vivement le législateur, quand, par l'article 7
de la loi du 15 juillet 1845, il interdisait d'établir à moins de vingt
mètres de distance du bord extérieur de la clôture de la voie aucun
amas de matières inflammables. Cette prohibition absolue oblige
donc la Compagnie chargée de l'entretien et du curage des fossés
qui longent les voies ; et l'on doit décider qu'il y a contravention à cet article de la part de la Compagnie de chemin de fer qui
entretient mal les fossés et laisse sur place les herbes coupées, qui
se dessèchent et forment ainsi un dépôt de matières d'une combus-
tion prompte et facile. — Cour impériale de Bourges, 13 décembre
1854, Ministère public C. Saige et Compagnie des chemins de fer
du Midi.

215. La disposition de l'article 21 de la loi du 15 juillet 1845,
qui punit toute contravention aux ordonnances portant règlement
d'administration publique sur la police, la sûreté et l'exploitation des

chemins de fer, s'applique-t-elle aux infractions qui ne concernent que la commodité des voyageurs?

Cette question avait été résolue d'abord négativement dans une espèce où l'on reprochait un défaut de commodité aux voitures de première classe, la substitution du foin au crin dans les siéges des voitures de deuxième classe, et le vice des rideaux des voitures de troisième classe. Cette décision se fondait sur ce qu'il est de principe et de jurisprudence constante que les tribunaux ne peuvent réprimer par des peines les infractions aux règlements de police qu'autant que ces règlements se rattachent à une loi pénale existante ; sur ce que, si l'article 21 de la loi spéciale aux chemins de fer du 15 juillet 1845 prononce des peines contre les infractions aux ordonnances portant règlement d'administration publique sur la police de ces chemins, ainsi qu'aux arrêtés pris par les préfets, sous l'approbation du Ministre des travaux publics, pour l'exécution desdites ordonnances, il a limité ces peines aux cas où ces règlements ont pour objet la police, la sûreté et l'exploitation de ces chemins ; qu'en matière pénale, tout est de droit étroit, et que, par suite, aucune peine ne peut être appliquée qu'autant qu'elle est formellement prononcée par la loi ; enfin, sur ce que les trois chefs de prévention susénoncés ne rentraient dans aucun des cas prévus par l'article précité ; qu'en effet, ils n'intéressaient ni la police du chemin, c'est-à-dire, suivant la définition donnée par l'article 10 du Code du 3 brumaire an VI, l'ordre public, la liberté, la propriété, la sûreté individuelle, ni la sûreté des voyageurs, ni enfin l'exploitation de ce chemin ; qu'ils n'intéressaient pas même la commodité du chemin en lui-même, et ne concernaient que la commodité personnelle des voyageurs. A la vérité, l'article 12 de l'ordonnance du 15 novembre 1846 porte, entre autres prescriptions, que les voitures destinées au transport des voyageurs devront être commodes, et l'article 79 dispose que les contraventions à cette ordonnance seront punies conformément à la loi du 15 juillet 1845. Mais, disait-on, si l'autorité administrative a le droit d'imposer aux concessionnaires des chemins de fer telles conditions qu'elle juge utiles aux voyageurs, et si, en cas d'infractions, elle a le pouvoir soit de retirer la concession, soit de prendre telle mesure administrative qu'elle croit convenable, les tribunaux sont sans pouvoir pour prononcer des peines contre les infractions à ces prescriptions, lorsque, comme dans l'espèce, ces infractions ne sont pas prévues par la loi pénale. — Cour impériale d'Orléans, 7 juillet 1847, Chemin de fer d'Orléans à Bordeaux.

La Cour d'Orléans adoptait, toutefois, dans le même arrêt, une solution contraire en ce qui touche le nombre des portières des wagons de troisième classe, la dimension des places réservées aux voyageurs dans ces mêmes wagons et la hauteur ainsi que la largeur des voitures de deuxième classe.

Mais son arrêt sur la première partie fut déféré à la Cour de cassation, qui, après délibéré en Chambre du conseil et sur les conclusions conformes de M. l'avocat général Nicias-Gaillard, pensa, en droit, que la loi du 11 juin 1842, qui avait pour objet la création de grandes lignes de fer, a attribué au Gouvernement le droit de déterminer par des règlements d'administration publique les mesures nécessaires pour maintenir la police, la sûreté, l'usage et la conservation de ces chemins; que l'insertion d'une semblable clause dans le cahier des charges de tous les lieux d'exploitation des chemins de fer démontre que, nonobstant les stipulations qui pouvaient y être contenues, le législateur avait entendu se réserver le droit d'exiger toutes les modifications que l'expérience, après la mise en service de ces voies de communications nouvelles, indiquerait comme nécessaires dans l'intérêt de la sûreté, de la police, de l'usage et de la conservation de ces chemins.

L'article 21 de la loi du 15 juillet 1845 qualifie d'infractions punissables des peines portées *audit* article toutes contraventions aux ordonnances portant règlements d'administration publique sur la police, la sûreté et l'exploitation de ces chemins, et aux arrêtés pris par les préfets, sous l'approbation du Ministre des travaux publics, pour l'exécution desdites ordonnances. Dans cette dernière loi, le législateur ayant employé le mot *exploitation*, comme identique avec ceux *d'usage* et *de conservation* des chemins de fer de la précédente loi du 11 juin 1842, la généralité de cette expression ne permet pas de douter que la délégation légale faite au Gouvernement ne comprenne le droit et même le devoir de réglementer tout

e qui intéresse l'établissement des divers modes de transport, la
orme, les dimensions, la construction de diverses espèces de voi-
ures, enfin toutes les mesures qui peuvent assurer la complète
xécution des lois de concession quant aux garanties données aux
liverses classes de voyageurs ; et l'ordonnance du 15 novembre
846, en déterminant les mesures et modifications qui étaient utiles
lans le sens de la réserve contenue dans l'article 9 de la loi du
1 juin 1842, a voulu, par son article 12, que les voitures destinées
u transport des voyageurs soient d'une construction solide, qu'elles
oient commodes et pourvues de tout ce qui est nécessaire à la sû-
eté des voyageurs.

En conséquence, lorsqu'il résultait, en fait, d'un arrêté préfecto-
al pris pour l'exécution de la loi du 15 juillet 1845 et de l'ordon-
ance du 15 novembre 1846, que, sur le rapport d'une commission
jui signalait certains inconvénients que présentaient les trois classes
le voitures destinées au transport des voyageurs sur le chemin
l'Orléans à Tours, les modifications et dispositions que la Compa-
jnie concessionnaire devait effectuer pour y remédier avaient été
ardonnées, la Cour d'Orléans ne devait point déclarer son incompé-
ence pour statuer sur la poursuite, sous le prétexte que les modifi-
ations dont les voitures auraient paru susceptibles n'auraient, sous
aucun rapport, intéressé la sûreté, la police ou l'exploitation du
chemin de fer, mais auraient uniquement concerné la commodité des
voyageurs, et parce que si, sous ce rapport, il pouvait y avoir contravention au cahier des charges, il n'appartiendrait qu'au conseil
de préfecture de connaître de cette infraction à un contrat administratif dont l'ordonnance n'aurait pu changer le caractère. En jugeant
ainsi, la Cour avait violé manifestement les dispositions de l'article 21
de la loi du 15 juillet 1845, des articles 12 et 13 de l'ordonnance
du 15 novembre 1846, ainsi que celles des autres lois ci-dessus
visées. — Cour de cassation, 6 janvier 1848, Chemin de fer d'Orléans à Bordeaux.

216. La défense faite, par l'article 61 de l'ordonnance du 15 novembre 1846, à toute personne étrangère au service des chemins
de fer de s'introduire dans leur enceinte, d'y circuler, d'y station-

ner, est absolue. Il suffit, pour établir la culpabilité du délinquant,
de l'acte matériel par lui consommé, sans qu'il y ait lieu de rechercher l'intention. En matière de contravention, la bonne foi n'est pas
admise; c'est là un principe constant de droit criminel. Dès lors,
par cela seul qu'une personne étrangère s'est introduite dans l'enceinte d'un chemin de fer, qu'elle y a circulé et stationné, elle est
en contravention et doit être déclarée coupable. Ce serait en vain
que le prévenu objecterait que le chef de gare, faisant fonctions de
directeur, lui avait accordé la permission de s'introduire, de circuler et de stationner dans l'enceinte du chemin de fer; la vérité de
ce fait ne saurait enlever à l'acte son caractère de contravention.
En effet, les dispositions de l'ordonnance sont conçues d'une manière tellement générale que, sauf quelques rares exceptions rame-
nées dans l'article 62 pour le plus grand intérêt de la police, la prohibition atteint, sans aucune distinction quelconque, toute personne
étrangère au service du chemin de fer. Par une conséquence lo-
gique, de telles dispositions, pour conserver leur efficacité, entraînent nécessairement avec elles la prohibition de toute permission
d'introduction pour les personnes étrangères au service; et ce droit
d'accorder des permissions n'appartient ni au commissaire de police
du chemin de fer, ni au chef de gare, faisant fonctions de directeur,
ni à qui que ce soit. S'il pouvait en être autrement, la police et la
sûreté des chemins de fer seraient à chaque instant compromises.
Il suffirait d'une permission légèrement accordée, pour que des personnes malintentionnées, dont les mauvais desseins ne seraient pas
suspectés, pussent être introduites dans l'enceinte de ces chemins,
s'y rendre coupables des actes les plus graves et de nature à amener
des catastrophes. En présence d'un tel danger, on ne saurait supposer que le législateur n'ait pas eu la pensée d'interdire toute permission quelconque, qui tendrait à laisser pénétrer et circuler dans
l'enceinte d'un chemin de fer tout individu étranger à son service et
non compris dans les exceptions qui ont été prévues. D'où suit que
l'esprit et la lettre de l'article 61 précité sont d'accord et tendent
essentiellement au même but, celui de prohiber en cette matière les
permis d'introduction, puisqu'ils deviendraient la source des plus
coupables abus et d'un danger toujours flagrant pour la sécurité des

voyageurs. — Cour impériale de Montpellier, 24 juin 1850, Ministère public C. Sabatier.

217. Toutefois, la disposition de l'article 61 ne s'applique pas
aux personnes qui tiennent et desservent des restaurants ou buffets
dans des locaux faisant partie des gares et qui leur ont été loués
pour y exercer leur industrie, et mettre ainsi à la portée des voyageurs les ressources alimentaires dont ils peuvent avoir besoin. A
côté de ce qu'il y a de plus important dans l'intérêt de la locomotion, de la sûreté des voyageurs et de leurs bagages ou marchandises, et dans l'intérêt de l'ordre à maintenir dans les gares, ce qui
constitue le service essentiel, il y a des services secondaires, qui
répondent à des besoins auxquels il a fallu pourvoir. Parmi ces services se placent évidemment les établissements de buffets ou restaurants, où les voyageurs peuvent trouver, tout de suite et sans déplacement, ce qui est nécessaire à leur alimentation, parfaitement
appropriée aux circonstances de lieu, d'heure et des dispositions
corporelles des voyageurs. Il faut donc considérer ces établissements comme des accessoires indispensables d'un service auquel les
Compagnies seraient obligées de pourvoir par elles-mêmes, si elles
ne pouvaient y établir des locataires ou entrepreneurs jouissant du
droit de s'introduire, de circuler et stationner dans l'enceinte,
comme en jouissent tous les agents des autres services. — Cour
impériale de Colmar, 10 août 1858, Bilger.

218. La prohibition de l'article 61 de l'ordonnance du 15 novembre 1846, d'introduire dans l'enceinte d'un chemin de fer des
chevaux, bestiaux ou animaux d'aucune espèce, n'a pour but de
punir cette introduction que lorsqu'elle est volontaire de la part des
conducteurs ou gardiens.
Cependant, la Cour de Bourges avait jugé que la seule présence
de bestiaux sur une voie de fer constituait, à la charge du propriétaire ou berger, même en l'absence d'un fait actif de sa part, une
contravention. La loi est spéciale, porte l'arrêt, elle a voulu protéger les voyageurs et punir tout fait qui porte atteinte à la sûreté de
la voie ferrée. Elle s'est servie, à dessein, du mot général *introduire*,

parce que le sens de ce mot s'applique à tout fait d'invasion par les bestiaux, même en l'absence du propriétaire, à la différence du texte de l'article 479, n° 10, du Code pénal, qui punit le fait de mener des bestiaux sur le terrain d'autrui. — Cour de Bourges, 24 septembre 1853, Suif C. Ministère public.

A quelque temps de là, le tribunal correctionnel de Saint-Amand, en posant en principe que l'article 61 précité ne permettait pas l'interprétation, décidait que cet article ne prévoyait que des faits imputables à la volonté d'une personne agissante, mais non ceux qui seraient indépendants de la volonté et se seraient produits en son absence et sans sa participation; et que l'introduction, c'est-à-dire le fait volontaire d'introduire des bestiaux quelque part, n'est pas l'entrée des bestiaux, laissés sans garde, qui suivent leur instinct naturel, le mot introduire étant un verbe actif signifiant faire entrer, conduire dans un lieu ; qu'ainsi l'article 61 ne s'appliquait donc pas à l'entrée fortuite des bestiaux, indépendante de la volonté de l'homme. — Tribunal correctionnel de Saint-Amand, 20 décembre 1853, Ministère public C. Debrade.

La question revint alors, sur l'appel interjeté de cette décision, devant la Cour de Bourges, qui persista dans sa jurisprudence. Mais, sur le pourvoi, son arrêt fut cassé.

L'article 61 de l'ordonnance du 15 novembre 1846, sanctionné par l'article 21 de la loi du 15 juillet 1845, n'a, en effet, pour but de punir l'introduction de bestiaux ou autres animaux dans l'enceinte d'un chemin de fer que lorsque ce fait procède de la volonté de l'homme; c'est là ce qui résulte manifestement de la rubrique du titre 7 de l'ordonnance, portant : « *Des mesures concernant les voyageurs et les personnes étrangères au service du chemin de fer* », et de l'article 61 lui-même, portant : « *Il est défendu à toute personne étrangère au service du chemin de fer : 1° De s'introduire dans l'enceinte du chemin de fer, d'y circuler ou stationner;..... 3° D'y introduire des chevaux, bestiaux ou animaux d'aucune espèce.* »

Si, dans des cas ordinaires, il n'est pas de l'essence d'une contravention que la volonté de l'homme intervienne dans le fait qui en constitue l'existence, il doit en être autrement lorsque la loi exige que cette volonté accompagne l'acte déclaré punissable par le législateur. Or, on ne peut s'empêcher de reconnaître que l'ordonnance n'a pas prévu une simple divagation d'animaux échappés ou abandonnés par la négligence du maître, mais qu'elle a voulu atteindre le fait de l'introduction produit par la volonté de l'introducteur; et donner à la défense édictée par l'article 61 précité un sens repoussé par sa clarté et la corrélation de ses termes, ce serait ajouter arbitrairement à la rigueur d'une disposition pénale, et renverser ainsi l'un des principes fondamentaux de toute législation criminelle.

Cela posé, dans l'espèce dans laquelle étaient intervenus le jugement du tribunal correctionnel de Saint-Amand et l'arrêt de la Cour impériale de Bourges, il avait été constaté par le procès-verbal, qui avait servi de base aux poursuites, que six vaches avaient parcouru la ligne de la voie ferrée sur une longueur de six cents mètres, après avoir brisé huit mètres de clôture en charnier, servant à enceindre ladite voie ferrée. L'arrêt attaqué s'était fondé, pour réformer la décision des premiers juges, non sur ce que les vaches auraient été introduites dans l'enceinte du chemin de fer, mais sur ce que la contravention résultait du fait même et existait à la charge du propriétaire des bestiaux, indépendamment du concours de sa volonté. Il y avait donc tout à la fois fausse interprétation de l'article 61 de l'ordonnance du 15 novembre 1846, fausse application de cet article et de l'article 21 de la loi du 15 juillet 1845, et violation de l'article 4 du Code pénal. — Cour de cassation, 19 mai 1854, Debrade; — 3 avril 1858, Derbré.

219. La simple présence d'animaux abandonnés dans l'enceinte d'un chemin de fer, circonstance prévue par l'article 68 de l'ordonnance du 15 novembre 1846, ne donne lieu qu'à leur saisie et à leur mise en fourrière. — Mêmes arrêts.

220. Et la loi du 15 juillet 1845 assimilant les chemins de fer à la grande voirie et les soumettant aux mêmes règles, l'action pour dégâts commis dans leur enceinte doit être portée devant le consei

16

de préfecture, aux termes des articles 1er et 4 de la loi du 29 floréal an x (1). — Cour de cassation, arrêt du 3 avril 1858.

221. La Compagnie de chemin de fer, qui transporte une lettre cachetée n'accompagnant aucune marchandise, se rend coupable d'immixtion dans le transport des lettres.

En fait, il était constaté qu'un agent de la Compagnie avait été trouvé sortant de la gare du chemin de fer de Lyon à la Méditerranée, porteur d'une lettre soigneusement cachetée émanant de la maison Auzilly et Frainet de Montpellier, et adressée aux sieurs Auzilly et Frainet de Beaucaire. D'un autre côté, il était reconnu que le transport de cette lettre avait été fait d'une destination à l'autre par les voitures de l'entreprise du chemin de fer ; qu'elle n'accompagnait aucune marchandise à laquelle elle pût se rapporter, et qu'elle traitait d'exécution d'ordres, de contestations et de réclamations diverses relatives aux affaires générales de ces maisons de commerce, et spécialement à leur entreprise de camionnage.

En droit, l'article 1er de l'arrêté du 27 prairial an ix (16 juin 1801), qui défend à tous les entrepreneurs de voitures libres et à toute personne étrangère au service des postes de s'immiscer dans le transport des lettres, journaux, feuilles à la main et ouvrages périodiques, ordonne l'exécution des lois antérieures, et spécialement de l'article 4 de la loi du 26 août 1790 et de l'arrêté du 26 ventôse an vii. Ce dernier arrêté prescrit la réimpression et l'insertion au *Bulletin des lois* des arrêts du conseil des 18 juin et 29 novembre 1681, qui n'exceptent de la défense faite aux voituriers que les lettres de voiture des marchandises qu'ils voitureront, ouvertes ou

---

(1) Loi du 29 floréal an x (19 mai 1802) :

Article 1er. « Les contraventions en matière de grande voierie, telles qu'anticipations, dépôts de fumiers ou d'autres objets, et toutes espèces de détériorations commises sur les grandes routes, sur les arbres qui les bordent, sur les fossés, ouvrages d'art et matériaux destinés à leur entretien, sur les canaux, fleuves et rivières navigables, leurs chemins de halage, francs-bords, fossés et ouvrages d'art, seront constatées, réprimées et poursuivies par voie administrative. »

Article 4. « Il sera statué définitivement en conseil de préfecture... »

non cachetées. Si l'article 2 de l'arrêté du 27 prairial an IX excepte de la défense portée en l'article 1er *les papiers uniquement* relatifs au service *personnel* des entrepreneurs de voitures, cette exception doit se combiner avec les dispositions des arrêts du conseil de 1681 et se renfermer dans les papiers ouverts ou non cachetés accompagnant les marchandises transportées, soit à l'aller, soit au retour, et qui leur sont relatifs, tels que lettres de voiture, factures et autres pièces concernant le service personnel du voiturier qui les transporte, et ne saurait s'étendre à des lettres missives relatives à des objets autres que les marchandises que ces papiers concernent et accompagnent, et spécialement à la correspondance des entreprises pour leurs affaires générales.

Le fait relevé à la charge du prévenu constituait donc en réalité la contravention prévue par les textes précités. — Cour de cassation, 24 novembre 1854, Chemin de fer de Lyon à la Méditerranée.

222. L'immixtion résulte également du transport d'une lettre, même enfermée à l'insu de la Compagnie dans une caisse de marchandises. Toutefois, ce transport constitue un fait unique et ne peut, dès lors, constituer qu'une seule et unique contravention postale à la charge de la Compagnie du chemin de fer; de sorte qu'il n'y a pas lieu à une double poursuite, tant contre le conducteur du train qui a transporté cette caisse que contre le facteur qui en aurait été trouvé porteur. — Cour impériale de Douai, 28 novembre 1854, Ministère public C. Degency.

223. Mais le facteur d'un chemin de fer, qui a pris dans une gare une caisse fermée dont il ne pouvait connaître le contenu, et qui, avant de sortir de la gare pour la transporter au domicile du destinataire, l'a présentée à la visite des préposés de l'octroi, à leur bureau situé dans la gare elle-même, ne s'immisce pas personnellement dans le transport des lettres, si l'ouverture de la caisse, on découvre qu'une lettre cachetée accompagnait la marchandise. Loin de là, le facteur a fait usage du seul moyen en son pouvoir pour éviter de commettre une contravention involontaire et pour mettre sa responsabilité directe à couvert, puisqu'il n'avait aucun droit de visiter lui-même la caisse confiée à ses soins. — Dans ce cas, l'administration du chemin de fer est le vrai terme de l'action à intenter, comme auteur du transport. — Cour impériale de Douai, 28 novembre 1854, Administration des postes C. Ghesquière et l'Administration du chemin de fer du Nord.

224. Quant à la responsabilité en cette matière, elle incombe aux chefs de gares. En effet, un chef de gare de chemin de fer est le représentant de l'administration dans la localité où il exerce ses fonctions. Tout ce qui s'y passe relativement à son service est soumis à sa surveillance et à ses ordres, et il est, par cela même, personnellement responsable de toute immixtion dans le transport des lettres, dans la partie du service dont il est le chef, sauf son recours, s'il y a lieu, par les voies civiles, contre les expéditeurs de lettres transportées en fraude des droits de l'Administration des postes. La bonne foi et l'ignorance du fait même de l'existence de lettres dans les paquets ou colis transportés ne peuvent constituer une excuse. — Cour de cassation, 5 mai 1855, 28 février 1856, Fournier.

225. Enfin, il n'y a point de complicité légale dans le transport illicite des lettres.

Les règles ordinaires sur la complicité, telles qu'elles sont spécifiées aux articles 59 et 60 du Code pénal, ne s'appliquent qu'aux crimes et délits. Le fait d'un transport illicite de lettres, ne constituant qu'une contravention aux règlements concernant le service des postes, ne rentre donc pas dans les dispositions des articles précités qui régissent la complicité; et la connaissance qu'un tiers, par exemple un conducteur ou un inspecteur de convoi de chemin de fer, aurait eue de l'existence du transport, n'autorise point à décider que ce tiers participait volontairement à la contravention et avait ainsi encouru personnellement la peine d'amende déjà prononcée contre les véritables auteurs de la contravention. — Cour de cassation, 11 septembre 1846, de la Panouze; 28 novembre 1854, Degency.

226. Le chef des magasins d'une Compagnie de chemins de fer, trouvé détenteur de poids et mesures non vérifiés, est-il coupable de contravention?

Aux termes de l'article 4 de la loi du 4 juillet 1837, il est interdit aux commerçants d'avoir dans leurs magasins, boutiques, ateliers ou maisons de commerce, des poids et mesures autres que les poids et mesures reconnus par l'article 3 de cette loi, et celui qui les possède est punissable tout comme celui qui les emploie. En outre, l'article 13 de l'ordonnance royale en date du 17 avril 1839 soumet à une vérification périodique les poids et mesures dont les commerçants font usage ou qu'ils ont en leur possession, et l'article 20 de cette ordonnance interdit aux commerçants d'employer ou de garder en leur possession des poids et mesures qui n'auraient pas été soumis à la vérification. Ces dispositions, prises pour éviter les fraudes dont les commerçants pourraient rendre le public victime par l'usage de poids et mesures illégaux ou non vérifiés, seraient facilement éludées, si le commercant chez lequel on aurait trouvé des poids et mesures illégaux ou non vérifiés était admis à s'excuser en alléguant qu'il n'emploie ces poids que pour son usage privé et en dehors de ses relations avec le public. Or, il n'y a pas d'exception en faveur des Compagnies de chemins de fer, et le chef des magasins d'une Compagnie, en la possession duquel on a trouvé des poids et mesures qui n'avaient pas été soumis à la vérification périodique, a encouru les peines édictées par les lois et ordonnances précitées, et ne peut s'affranchir de la responsabilité pénale, en soutenant que les magasins n'étaient pas ouverts au public, et ne contenaient que des approvisionnements à l'usage de la Compagnie, qui n'employait les poids et mesures que pour se rendre compte à elle-même des quantités et du poids de ces objets d'approvisionnement. — Cour de cassation, 23 avril 1857, Martin C. Ministère public.

II. — **Du droit de poursuivre la répression des contraventions aux dispositions de la loi du 15 juillet 1845 sur la police des chemins de fer.**

SOMMAIRE.

227. Le droit de poursuite appartient exclusivement à l'administration.

228. Les Compagnies de chemins de fer n'ont pas même qualité pour intervenir sur ces poursuites.

227. Si la loi du 15 juillet 1845 donne aux agents préposés à la conservation et à la police des chemins de fer, et dûment assermentés à cet effet, le droit de constater les contraventions aux dispositions de cette loi, aucun article de cette loi n'attribue aux concessionnaires de ces chemins le droit de poursuivre les dites contraventions, qui doivent être poursuivies et réprimées comme en matière de grande voirie, aux termes de l'article 11 de cette loi. Ce droit appartient exclusivement à l'administration. — Conseil d'État, 12 janvier 1850, Compagnie du chemin de fer de Rouen au Havre C. Tourblain.

228. Et de même que, d'après les lois et règlements relatifs à la grande voirie, l'administration est seule chargée de poursuivre les contraventions en cette matière, de même les Compagnies de chemins de fer sont sans qualité pour intervenir sur ces poursuites. — Conseil 'État, 12 mai 1853, Chauvin.

TITRE HUITIÈME.

Des droits fiscaux.

Sous ce titre nous avons réuni les droits, impôts, contributions et charges dont le payement incombe aux Compagnies concessionnaires de chemins de fer, et nous examinerons successivement ce qui est relatif, savoir :

I. — AUX DROITS DE TIMBRE ET D'ENREGISTREMENT.

II. — A LA PATENTE ET AU DROIT PROPORTIONNEL.

III. — AUX PRESTATIONS EN NATURE.

IV. — A LA TAXE DES BIENS DE MAINMORTE.

V. — AU DROIT DU DIXIÈME SUR LE PRIX DE TRANSPORT DES VOYAGEURS.

VI. — AUX DROITS D'OCTROI.

VII. — AUX DROITS DE POSTE.

VIII. — AUX DÉPENSES OCCASIONNÉES PAR LES MESURES PRISES POUR ASSURER LA POLICE DES CHEMINS DE FER ET LA PERCEPTION DES DROITS.

I. — Des droits de timbre et d'enregistrement.

SOMMAIRE.

229. L'exemption des droits de timbre et d'enregistrement, accordée par la loi sur l'expropriation pour cause d'utilité publique, s'applique-t-elle aux contrats d'acquisition amiable faits par une Compagnie de chemins de fer de terrains non compris dans le tracé ou les dépendances de ce chemin, mais pouvant servir ultérieurement à la confection de travaux s'y rattachant ?

Y a-t-il au moins lieu de surseoir à la perception de ces droits ?

230. Sont soumises à la formalité de l'enregistrement les commissions délivrées par les Compagnies de chemins de fer à leurs agents et préposés, alors même que ces agents ont le pouvoir de constater par des procès-verbaux les crimes, délits et contraventions commis sur les chemins de fer.

231. Ces agents ne peuvent être admis à prêter serment qu'après l'enregistrement des commissions qui leur sont délivrées.

232. Les bulletins imprimés indiquant les heures de départ et les prix de transports que distribuent les Compagnies de chemins de fer sont sujets au timbre.

233. La preuve de la contravention résultant de la distribution de bulletins non timbrés ne résulte pas de la représentation d'un seul exemplaire de ces bulletins.

229. La régie de l'enregistrement et des domaines avait décerné contre la Compagnie du chemin de fer de Paris à Versailles (rive droite) plusieurs contraintes pour des droits de timbre et d'enregistrement dus à l'occasion de l'achat de plusieurs immeubles limitrophes du tracé de ce chemin. L'administration prétendait que les contrats relatifs à ces achats ne devaient pas être visés pour timbre et enregistrés gratis, parce que cette faveur n'était accordée qu'aux acquisitions d'immeubles compris dans le tracé ou les dépendances du chemin de fer.

De son côté, la Compagnie soutenait que, son entreprise ayant été reconnue d'utilité publique par une loi, toutes les acquisitions d'immeubles faites par elle, même à l'amiable, devaient jouir indistinctement de l'exemption des droits de timbre et d'enregistrement, au moins jusqu'à ce que les travaux du chemin fussent terminés et qu'il eût été procédé entre l'État et elle au bornage du chemin, conformément au cahier des charges.

Un jugement du tribunal de la Seine l'avait ainsi décidé par le motif que l'article 58 de la loi du 7 juillet 1833, sous l'empire de laquelle on se trouvait alors, ne limitait pas l'exemption qu'il prononçait au cas où les immeubles faisant l'objet des contrats avaient été préalablement déclarés cessibles par arrêtés administratifs, et que ces arrêtés devaient donc être considérés comme une simple loi de constatation d'utilité publique, mais non pas comme un préliminaire indispensable à remplir pour qu'il y eût lieu à l'affranchissement des droits ; qu'il suffisait, pour jouir de ce privilége, qu'il fût régulièrement établi que les objets acquis étaient nécessaires à la confection des ouvrages autorisés comme étant d'utilité publique, et que cette constatation résulterait du bornage auquel, d'après le cahier des charges, la Compagnie du chemin de fer devait procéder contradictoirement avec l'État, après la confection totale des travaux.

Mais l'administration de l'enregistrement se pourvut contre cette décision pour violation des articles 4, 28 et 59 de la loi du 22 frimaire an VII, qui interdit aux tribunaux toute mesure tendant à suspendre le recouvrement des droits de timbre et d'enregistrement, et, devant la Cour de cassation, M. Laplagne-Barris, premier avocat général, disait que les seuls actes dont parlait l'article 58 de la loi du 7 juillet 1833 étaient nécessairement ceux qui étaient faits dans les limites du tracé autorisé par le cahier des charges, et non ceux qu'il pouvait convenir à une Compagnie de faire en dehors du tracé, sans avoir préalablement recouru à l'autorité administrative ; que, dès lors, à l'égard de ces derniers, la Compagnie devait être considérée comme un acquéreur ordinaire et subir la loi commune.

C'est qu'en effet, d'après les articles, 4, 28 et 59 de la loi du 22 frimaire an VII, qui forment la loi spéciale de la matière, et aux dispositions desquelles les lois des 7 juillet 1833 et 3 mai 1841 ne contiennent aucune dérogation, tout ce qui tend à suspendre le recouvrement des droits de timbre et d'enregistrement est formellement interdit aux tribunaux dans tous les cas. Aussi, ne leur est-il permis de surseoir, sous aucun prétexte, aux poursuites intentées par la régie pour le recouvrement des droits dont la perception lui est confiée ; et le bornage à intervenir entre l'autorité supérieure administrative et la Compagnie du chemin de fer, qui avait servi de base au sursis prononcé par le jugement attaqué, était une opération entièrement étrangère à la régie, qui ne pouvait lui être opposée, ni

différer l'exécution de l'obligation contractée par l'acquéreur au profit duquel les mutations avaient été consenties ; d'où il suivait que le
sursis prononcé, sous le prétexte de ce bornage, n'avait pu l'être
sans violation, non-seulement des articles 28 et 59 ci-dessus, mais
encore de l'esprit et de l'ensemble de la loi spéciale du 22 frimaire
an VII, dont les dispositions sont toutes dirigées vers les moyens
d'opérer le plus prompt versement des droits, sauf l'action en restitution dans les cas déterminés par la loi. Nous ajouterons que ces
principes se retrouvent dans l'article 58 de la nouvelle loi du 3 mai
1841 ; de sorte que le tribunal de la Seine n'avait pu, sans excès de
pouvoir et sans contrevenir au texte précis des articles ci-dessus,
surseoir à faire droit sur l'opposition formée aux contraintes décer-
nées par la régie jusqu'à ce qu'il eût été procédé au bornage contra-
dictoire du chemin de fer dans les termes du cahier des charges. —
Cour de cassation, 16 août 1843, Enregistrement C. Compagnie du
chemin de fer de Versailles (rive droite).

230. Sont aussi soumises à la formalité de l'enregistrement les
commissions délivrées par les Compagnies de chemins de fer à
leurs agents et préposés, alors même que ces agents ont le pouvoir
de constater par des procès-verbaux les crimes, délits et contraventions commis sur les chemins de fer.

La règle de la matière, règle qui tient elle-même au principe de
l'égalité de l'impôt, est que tous les actes doivent, à moins d'une
exception spéciale, être soumis à la formalité de l'enregistrement.
Si l'article 70, § 3, n° 2, de la loi du 22 frimaire an VII exempte de
cette formalité *les actes d'administration publique*, on ne saurait
étendre cette exemption aux actes des Compagnies de chemins de
fer, ces Compagnies, quelle que soit leur importance, ne pouvant
être assimilées à l'*administration publique* et aucune autre disposition
de loi n'autorisant en leur faveur une pareille exemption. D'un autre
côté, le paragraphe 1er du même article 70, qui prescrit l'enregistrement en débet des actes qu'il spécifie, ne peut pas s'étendre aux
commissions délivrées par les sociétés particulières à leurs agents et
préposés, alors même que ces agents et préposés seraient admis, après
prestation de serment, à constater des faits délictueux et à dresser

des procès-verbaux faisant foi en justice. L'assimilation établie par le cahier des charges des Compagnies de chemins de fer entre leurs agents et préposés assermentés et les gardes champêtres n'est pas relative au payement des droits que l'administration de l'enregistrement est en droit de réclamer sur les actes qui les concernent, mais seulement au pouvoir qui leur est conféré, dans un intérêt d'ordre et de sûreté publique, de constater par des procès-verbaux les crimes, délits et contraventions commis sur les chemins de fer. — Tribunal de la Seine, 10 janvier 1855, Compagnie du chemin de fer d'Orléans. — Tribunal de Corbeil, 18 janvier 1855, même Compagnie. — Cour de cassation, 28 décembre 1859, Chemin de fer d'Orléans C. Administration de l'enregistrement.

231. C'est avec raison que les agents et préposés d'un chemin de fer ne peuvent être admis à prêter serment, sans avoir préalablement fait enregistrer les commissions qui leur sont délivrées. — Arrêt du 28 décembre 1859.

232. Les bulletins imprimés indiquant les heures de départ et les prix de transports que distribuent les Compagnies de chemins de fer sont sujets au timbre.

D'une part, on ne peut assimiler ces bulletins aux avis émanés de l'autorité publique, les Compagnies de chemins de fer exploitant dans leur intérêt privé les lignes qui leur sont accordées; d'autre part, ces bulletins, par les indications qu'ils contiennent tant sur le service de la ligne que sur les services de transports ou de messageries qui y correspondent, sont de nature à être distribués et mis en circulation, non-seulement dans l'intérêt du public, mais encore dans l'intérêt de la Compagnie. Ainsi, en les imprimant sur papier non timbré, on contrevient aux articles 1 et 4 de la loi du 13 brumaire an VII, 66, 68 et 69 de la loi du 28 avril 1816, et on encourt les pénalités déterminées par ces lois. — Tribunal de Corbeil, 7 mai 1849, Chemin de fer d'Orléans C. Enregistrement.

233. Quant à la Compagnie au nom de laquelle ces bulletins ont été imprimés, la représentation d'un seul exemplaire de ces bulletins ne prouve pas nécessairement qu'il y ait eu, de sa part, mise en circulation ou distribution, par suite contravention aux dispositions de l'article 69 de la loi du 28 avril 1816, laquelle contravention est punie, d'après le même article, d'une amende de 100 francs et des peines déterminées par l'article 474 du Code pénal. — Même dé-cision.

II. — De la patente et du droit proportionnel.

SOMMAIRE.

234. Les commissionnaires de chemins de fer avec péage sont soumis à la pa-tente et au droit proportionnel.

235. Est assujettie aux mêmes droits en France la Compagnie étrangère qui, par suite de conventions avec une Compagnie française concessionnaire d'un chemin de fer français, exploite pour son compte un tronçon de ce chemin.

236. Un service d'omnibus établi par une Compagnie de chemins de fer pour transporter les voyageurs de l'intérieur d'une ville à la gare, moyennant un prix spécial indépendant de celui des places sur le chemin de fer, donne lieu au droit proportionnel.

237. Le droit proportionnel est dû par les Compagnies de chemins de fer dans les communes où elles ont des stations intermédiaires.

238. Les logements des chefs de gares et de stations sont compris dans les lo-caux dont la valeur locative sert à fixer l'assiette du droit proportionnel.

234. Les concessionnaires de chemins de fer avec péage sont soumis à une patente de droit fixe et à un droit proportionnel.

Ce point avait été mis en question, notamment par les concession-naires du chemin de fer de Mulhouse à Thann. Mais, en ce qui tou-chait le classement, comme, aux termes du cahier des charges an-nexé à la loi de concession, ces concessionnaires, pour les indemniser de leurs travaux et dépenses, avaient reçu l'autorisation de percevoir des droits de péage et les prix de transports déterminés par le tarif établi dans ladite loi, et comme ils usaient de cette faculté, ils devaient, en conséquence, être soumis, comme tous les entrepreneurs de transports, aux obligations dont ils n'avaient pas été expressément exemptés par l'acte de concession. Or, les entrepreneurs de voitures publiques étant rangés hors classe par la loi du 1er brumaire an vii et soumis à une patente du droit fixe de 200 francs, il devait en être de même des concessionnaires du chemin de fer dont il s'agissait.

En ce qui touchait le droit proportionnel, comme, aux termes de l'article 27 de la loi du 1er brumaire an vii, les patentables doivent, dans les différentes communes où ils ont des établissements, payer le droit proportionnel pour les maisons d'habitation, écuries, ateliers, magasins et boutiques qu'ils occupent, il s'ensuivait que le droit proportionnel devait être établi sur la maison d'habitation, locaux occupés par l'administration, bureaux de recette, salles d'attente, magasins, ateliers et tous autres bâtiments servant à l'exploitation des transports dudit chemin de fer. — Conseil d'État, 26 juillet 1844, Chemin de fer de Mulhouse à Thann.

Au reste, la loi sur les patentes du 25 avril 1844 a fait disparaître les difficultés qui s'étaient élevées à cet égard. Les concessionnaires de chemins de fer compris dans la troisième partie du tableau C annexé à cette loi sont soumis à un droit fixe de 200 francs, augmenté de 20 francs par myriamètre en sus du premier jusqu'au maximum de 1,000 francs, et au droit proportionnel fixé au vingtième sur la maison d'habitation, et au quarantième sur l'établissement industriel.

235. La Compagnie étrangère qui, par suite de conventions avec une Compagnie française concessionnaire d'un chemin de fer français, exploite pour son compte un tronçon de ce chemin, est assujettie aux mêmes droits en France.

La direction royale du chemin de fer prussien de Saarbruck avait demandé l'annulation d'un arrêté par lequel le conseil de préfecture de la Moselle avait rejeté sa demande en décharge du droit fixe de patente auquel elle avait été imposée, sur le rôle de la ville de Forbach, comme exploitant en France le tronçon du chemin de fer de l'Est compris entre Forbach et la frontière prussienne, se fondant, pour obtenir la décharge demandée, sur ce que la direction royale du chemin de fer prussien n'était pas concessionnaire du tronçon de chemin de fer situé sur le territoire français.

Mais il résultait de l'instruction que la Compagnie du chemin de fer de l'Est avait cédé à la direction royale du chemin de fer prussien de Saarbruck l'exploitation du tronçon de chemin de fer situé entre la gare de Forbach et la frontière prussienne, et que, par suite de cette cession, la direction royale exploitait ce tronçon pour son propre compte. Dès lors, elle n'était pas fondée à demander décharge de la contribution des patentes à laquelle elle avait été imposée, sur le rôle de la ville de Forbach, comme exploitant un chemin de fer sur le territoire français. — Conseil d'État, 14 avril 1859, Compagnie du chemin de fer prussien de Saarbruck.

236. Un service d'omnibus établi par une Compagnie de chemins de fer pour transporter les voyageurs de l'intérieur d'une ville à la gare, moyennant un prix spécial indépendant de celui des places sur le chemin de fer, donne lieu au droit proportionnel.

En effet, un transport de cette nature constitue l'exercice d'une industrie distincte de l'exploitation de la voie ferrée. Or, d'après les dispositions contenues au tableau A annexé à la loi du 25 avril 1844, les locaux servant à l'exercice de la profession d'entrepreneur d'omnibus sont assujettis à un droit proportionnel du vingtième. C'est donc avec raison que, par application de l'article 11 de cette loi, on décide que pour le local, par exemple, servant à remiser une voiture-omnibus appartenant à une Compagnie de chemins de fer, cette Compagnie sera imposée à un droit proportionnel du vingtième en qualité d'entrepreneur d'omnibus. — Conseil d'État, 20 décembre 1855, Chemin de fer d'Orléans.

237. Le droit proportionnel est dû par les Compagnies de chemins de fer dans les communes où elles ont des stations intermédiaires.

La Compagnie du chemin de fer de Tours à Nantes avait demandé à être déchargée du droit proportionnel de patente auquel elle avait été imposée, spécialement dans les communes de Langeais, Cinq-Mars, la Chapelle-sur-Loire et Chouzé, à raison des bureaux, ateliers, salles d'attente et magasins servant à son exploitation dans ces communes, et elle rappelait que, lors de la discussion de la loi du 25 avril 1844, dont M. Vitet était le rapporteur, celui-ci avait dit que *la commission pensait que le droit proportionnel sur les chemins de fer ne devait porter que sur les chantiers, ateliers, magasins ou autres locaux servant à l'exploitation, et sur les gares situées aux deux extrémités de chaque chemin ; que, quant à la voie de fer elle-même, y compris non-seulement les rails, mais encore les stations intermédiaires, il ne devait pas être question de leur faire supporter le droit proportionnel.*

Toutefois, la demande fut rejetée, parce qu'aux termes de l'article 10 de la loi précitée, le droit proportionnel de patente est payé dans toutes les communes où sont situés les magasins, boutiques, usines, ateliers, hangars, remises, chantiers et autres locaux servant à l'exercice des professions imposables, et que, d'après les dispositions combinées des tableaux C et D annexés à ladite loi, ce droit est fixé pour les concessionnaires de chemins de fer au quarantième de la valeur locative, sans qu'aucune exception soit faite pour cette industrie à la règle établie par l'article 10 ci-dessus. — Conseil d'État, 8 mars 1851, Compagnie du chemin de fer de Tours à Nantes.

238. Enfin, les bâtiments affectés dans les gares et stations aux logements des chefs de ces gares et stations doivent être compris dans les locaux dont la valeur locative sert à fixer l'assiette du droit proportionnel.

En effet, aux termes de l'article 9 de la loi du 25 avril 1844, le droit proportionnel de patente est établi sur la valeur locative, tant de la maison d'habitation que des magasins, ateliers et autres locaux servant à l'exercice de la profession imposable ; et, d'après l'article 10, § 2, de la même loi, le droit proportionnel s'applique non-seulement à la maison où le patentable fait sa résidence principale et habituelle, mais encore à toutes les autres maisons d'habitation qu'il possède et qui servent à l'exercice de sa profession.

En ce qui concerne les concessionnaires de chemins de fer avec

péage, compris dans le tableau C, troisième partie du tarif annexé à
la loi du 25 avril 1844, ils sont imposés au droit proportionnel au
vingtième sur la maison d'habitation, et au quarantième sur l'établissement industriel. Or, les logements occupés dans les gares et stations par les chefs de ces gares ou stations, étant la propriété de la
Compagnie qui y est représentée par ses agents, doivent être considérés comme servant à l'exercice de la profession, aux termes de
l'article 10, § 2, de la loi du 25 avril 1844, et ils se trouvent ainsi
compris parmi les locaux mentionnés au tableau C, troisième partie
du tarif annexé à ladite loi, et qui sont imposables au vingtième de la
valeur locative. — Conseil d'État, 18 mars 1857, Chemin de fer de
l'Est.

III. — Des prestations en nature.

SOMMAIRE.

239. Les Compagnies de chemins de fer ne sont point assujetties aux prestations en nature dans les communes où elles ont des stations.

239. Si, aux termes de l'article 3 de la loi du 21 mai 1836,
tout habitant, chef de famille ou d'établissement, peut être appelé
à fournir chaque année une prestation de trois jours pour chaque
individu mâle, membre ou serviteur de la famille et résidant dans
la commune, il n'en peut être ainsi des Compagnies de chemins de
fer dans les communes où elles ont des stations, à raison des employés attachés à leur service. Ces employés, attachés au service
des stations, ne peuvent être considérés comme des serviteurs dans
le sens de l'article précité, et dès lors les Compagnies de chemins
de fer qui les emploient ne sont point imposables aux prestations
en nature. — Conseil d'État, 18 août 1857, Chemin de Lyon à la
Méditerranée.

IV. — De la taxe des biens de mainmorte.

Une loi du 20 février 1849, relative à l'application de l'impôt des mutations aux biens de mainmorte, établit sur les biens immeubles passibles de la contribution foncière, appartenant aux départements, communes, hospices, séminaires, fabriques, congrégations religieuses, consistoires, établissements de charité, bureaux de bienfaisance, sociétés anonymes et tous établissements publics légalement autorisés, une taxe annuelle représentative des droits de transmission entre-vifs et par·décès.

Plusieurs questions se sont présentées en ce qui concerne les chemins de fer.

SOMMAIRE.

240. Les Compagnies de chemins de fer sont-elles tenues, à raison du sol de ces chemins et de leurs dépendances, de cette taxe annuelle ?

241. Cette taxe est-elle due à raison des locaux affectés dans les gares aux buffets ou restaurants ?

242. Les Compagnies ne la doivent-elles pas pour les immeubles qu'elles possèdent en dehors de la voie ferrée et des dépendances de cette voie ?

240. Les Compagnies de chemins de fer, qu'elles soient concessionnaires ou fermières ne sont point tenues, à raison du sol de ces chemins et de leurs dépendances, de la taxe représentative des droits de transmission entre-vifs et par décès créée par la loi du 20 février 1849.

Et d'abord cette taxe ne porte que sur les immeubles passibles de la contribution foncière qui appartiennent aux établissements ou personnes civiles désignées par l'article 1er de cette loi. Si un chemin de fer et ses dépendances sont des immeubles soumis à la contribution foncière, ils n'appartiennent pas à la Compagnie à laquelle l'exploitation temporaire en a été concédée, mais ils font partie du domaine public. Donc, la taxe dont il s'agit ne saurait être assise sur le chemin de fer lui-même ni sur celles de ses dépendances qui font avec lui partie du domaine public. — Conseil d'État, 8 février 1851, Compagnie du chemin de fer du Centre; 26 juillet 1851, Compagnie du chemin de fer de Strasbourg à Bâle; 14 septembre 1852, Compagnie du chemin de fer du Nord; 2 juin 1853, Compagnie du chemin de fer de Saint-Étienne.

241. Cette taxe n'est pas due davantage à raison des locaux affectés dans les gares aux buffets ou restaurants. Il a été reconnu que l'établissement d'un buffet est un accessoire nécessaire d'un chemin de fer. Le local servant à cet usage doit donc être considéré comme une dépendance du chemin lui-même, ayant comme lui le caractère des biens du domaine public et dès lors affranchi de la taxe de mainmorte, encore bien que le buffet soit exploité par un fermier ou locataire. — Conseil d'État, 22 août 1853, Compagnie du chemin de fer de Paris à Orléans.

242. Mais cette taxe est due pour les immeubles que les Compagnies possèdent, à titre de propriétaires, en dehors de la voie ferrée et des dépendances de cette voie, parce que ces immeubles ne font pas partie du domaine public et qu'aux termes de la loi du 20 février 1849 les biens immeubles appartenant aux sociétés anonymes sont imposables à cette taxe. — Conseil d'État, 6 janvier 1853, Compagnie du chemin de fer du Nord.

V. — Du droit du dixième sur le prix de transport des voyageurs.

SOMMAIRE.

243. Le droit du dixième du prix des places, imposé sur les voitures publiques par la loi du 25 mars 1817, est dû par les Compagnies de chemins de fer qui font circuler sur ces chemins des voitures servant au transport des voyageurs.

244. Quelle est la base de la perception de ce droit ?

245. Dans quel cas l'impôt du dixième se perçoit sur le tiers du prix total des places.

246. Le droit du dixième peut être dû encore bien que la distance parcourue n'excède pas un rayon de 15 kilomètres.

247. Comment doit se calculer le rayon de 15 kilomètres ?

248. C'est aux tribunaux ordinaires de juger les contestations nées à l'occasion de la perception du droit du dixième.

243. Lorsque, en 1826, le droit de construire le chemin de fer de Saint-Étienne à Lyon avait été concédé à la Compagnie Seguin et Biot, ce chemin ne devait servir qu'au transport des marchandises. Mais, ce chemin à peine achevé, les concessionnaires le firent servir au transport des voyageurs. Alors, l'administration des contributions indirectes réclama le payement du droit du dixième du prix des places, et, sur le refus des concessionnaires, des procès-verbaux furent dressés, et la saisie des voitures circulant en contravention à la loi du 25 mars 1817 fut opérée.

La Compagnie soutint que cette loi ne lui était pas applicable, qu'elle ne concernait que les voitures parcourant les *grandes routes et les voies publiques*, tandis que le chemin de fer n'était qu'une propriété privée, dont le mode de jouissance avait pu sans doute être soumis à certaines conditions d'intérêt général, mais sans que pour cela le caractère primitif du chemin eût été changé; que d'ailleurs, l'impôt du dixième avait été établi en vue de l'entretien des routes, et que l'entretien du chemin de fer était une obligation toute personnelle des concessionnaires de ce chemin.

Cette manière de raisonner pouvait être spécieuse, mais elle n'était pas juridique. En effet, la loi du 25 mars 1817, dans son article 112, a assujetti très-impérieusement au payement du dixième du prix des places et du prix reçu pour le transport des marchan-

dises les entrepreneurs de *voitures publiques de terre et d'eau* à
service régulier, c'est-à-dire qui font le service d'une ville à une
autre. Ces termes sont généraux et comprennent toutes les voitures,
quels que soient leurs formes et leur moteur. Or, les voitures de la
Compagnie Séguin et Biot étaient publiques et faisaient le service
aller et retour de Givors à Rive-de-Gier et de Lyon à Saint-Étienne,
sans avoir fait la déclaration prescrite par l'article 115 de la loi du
25 mars 1817 ; dès lors, les entrepreneurs de ces voitures étaient
passibles du droit proportionnel, à moins qu'ils ne se trouvassent
dans un cas d'exception formellement prévu par la loi.

Il est vrai que la Compagnie Séguin et Biot faisait résulter cette
exception de la nature même des choses, c'est-à-dire que, suivant
elle, le droit ne pouvait être perçu que sur des voitures cheminant
dans une voie publique, et non sur des voitures qui parcourent une
propriété privée, telle qu'un chemin de fer. Mais, à cet égard, le
Gouvernement, qui seul a le droit d'ouvrir des routes, chemins,
rues et passages, peut également en concéder la propriété ou la
jouissance à des citoyens, et, outre les conditions particulières qu'il
peut imposer, il en est deux qui, en pareil cas, font toujours nécessairement partie des clauses de la cession : la première de ces
conditions est la surveillance active et perpétuelle du Gouvernement ; la seconde, la charge expresse de tenir la route, le chemin,
la rue ou le passage concédé à la constante disposition du public.

D'ailleurs, il n'était pas exact d'assimiler, d'une manière absolue,
le chemin de fer à une propriété particulière, car le signe carac-
téristique du domaine privé, c'est le droit d'user et d'abuser de la
chose possédée à ce titre. Mais le chemin dont il s'agissait était
réservé à une destination qui ne pouvait être changée, quelle que
fût à cet égard la volonté des propriétaires, et, sous ce rapport,
on était fondé à considérer le chemin de fer comme une propriété
publique, comme étant un sol consacré pour toujours à un but d'utilité générale ; tout aussi bien qu'on ne pouvait contester que, tout
voyageur ayant le droit de parcourir le chemin de fer à son
gré et moyennant une rétribution, en se plaçant dans les voitures
des entrepreneurs, cette voie, ouverte à tous, ne fût publique ; à
oindre que l'impôt dont il s'agit frappe l'industrie et non la pro-

priété ; que l'industrie imposée consiste dans le transport par terre des voyageurs d'un lieu déterminé à un autre, et que peu importe la manière dont ce transport a lieu, la nature de la route par laquelle il est effectué, et le propriétaire du sol sur lequel cette route est tracée, parce que, dans tous les cas, l'entrepreneur retire un bénéfice dont il doit une partie à l'État, et qu'il est impossible de faire une distinction qui ne se trouve pas dans la loi. A la vérité, l'entretien et la réparation du chemin étaient à la charge de la Compagnie ; mais la taxe du dixième est un impôt général et dont le produit n'a pas été spécialement affecté à l'entretien des routes,

En résumé, les dispositions de l'article 112 de la loi du 25 mars 1817 sont générales et ne distinguent pas les diverses espèces de lignes parcourues par les voitures qui transportent les voyageurs. L'impôt du dixième du prix des places, établi par cette loi, n'est pas restreint au cas où les voitures circulent sur les routes qui dépendent du domaine public, d'après l'article 538 du Code Napoléon ; mais il est établi, en général, sur l'industrie de tous ceux qui se livrent à des entreprises de transports de voyageurs par terre ou par eau, sans qu'on ait besoin d'examiner dans quelles mains réside la propriété de la ligne sur laquelle le transport doit s'accomplir. Pour qu'il y ait lieu d'appliquer la loi du 25 mars 1817, il suffit, d'une part, que la voiture soit en service régulier, d'après la définition qu'en donne cette loi, et, d'autre part, que la voiture soit publique, c'est-à-dire que tout voyageur puisse y être admis en payant le prix déterminé d'avance par les entrepreneurs. — Cour impériale de Lyon, 15 février 1833, l'administration des contributions indirectes C. Séguin et Biot. — Cour de cassation, 1er août 1833, entre les mêmes parties.

244. Jusqu'en 1837, l'impôt du dixième frappant les chemins de fer concédés avant cette époque avait été perçu sur la totalité du prix des places. Mais, en 1837, le Gouvernement reconnut qu'il y avait une distinction à faire et que l'impôt ne devait être pris que sur la partie correspondant au prix du transport même.

Il n'était pas juste, en effet, d'assimiler, pour la perception de cet impôt, les voies ferrées aux routes ordinaires. Sur celles-ci, la rétribution payée par les voyageurs ne fait face qu'aux frais de transport. Or, l'impôt, frappant sur l'industrie du transport exclusivement, devait être perçu sur la rétribution entière. Pour les chemins de fer, au contraire, outre la rétribution représentant les frais de transport, il en est perçu une autre bien distincte, quoique confondue avec la première : c'est celle qui s'applique aux frais d'établissement des chemins de fer, à leur entretien, au péage, en un mot. Or, l'impôt ne devait pas atteindre celle-ci.

Cette distinction fut alors introduite dans les lois, qui, depuis 1837, concédèrent des chemins de fer. Mais il en résultait une différence de position pour les concessions antérieures dont la condition se trouvait ainsi moins favorable.

Aussi, la loi du 2 juillet 1838 eut-elle pour but de faire cesser cette différence, en disposant (article 1ᵉʳ) que l'impôt dû au trésor public sur le prix des places sera perçu, pour les chemins de fer, sur la partie du tarif correspondant au prix du transport.

245. Pour les Compagnies dont les cahiers des charges ne fixent pas le tarif ou dont le tarif n'est pas divisé en deux parties correspondant, l'une au transport, l'autre au péage, l'impôt du dixième se perçoit sur le tiers du prix total des places. (Art. 3 de la loi du 2 juillet 1838.)

Il semblait que ces expressions de la loi étaient claires et précises, et qu'il était facile de les traduire en chiffres de la manière suivante : soit une perception de 300 francs, dont le tiers est de 100 francs, le dixième, plus le décime, donnant à payer 11 francs.

L'administration des contributions indirectes en pensa autrement, et prétendit que le prix des places fixé pour les voitures publiques laissait toujours l'impôt en dehors, de telle sorte que, chaque fois qu'une entreprise encaissait 100 francs, le droit du dixième était dû comme si elle encaissait 111 francs ; ce qui donnait 11 francs par 89 francs, soit alors 12 fr. 36 c. par 100 francs.

Cette prétention, ainsi formulée dans un cas régi spécialement par la loi du 2 juillet 1838, était évidemment mal fondée. En effet, *en droit*, lorsque cette loi fixe, dans son article 3, *au dixième du tiers du prix total des places* l'impôt dû au trésor public, pour ce

qui concerne les voitures des *chemins de fer* dont le cahier des
charges ne fixe pas le tarif, ou dont le tarif n'est pas divisé en deux
parties correspondant, l'une au transport, l'autre au péage, c'est
là une loi spéciale dont le but a été de prévenir les difficultés qui
pourraient s'élever relativement à la perception des droits dans les
cas qu'elle prévoit; dès lors, on ne peut invoquer, pour l'appliquer
aux *chemins de fer non tarifés*, le mode suivant lequel la perception
des droits a lieu sur *les routes ordinaires* ou *sur les chemins de fer
pour lesquels la division du tarif en deux parties a été faite*. *En
fait*, dès là que le chemin de fer à l'occasion duquel la question se
présentait rentrait sous l'application de l'article 3 de la loi précitée,
la somme due n'était que la représentation exacte du dixième du
prix total des places, plus le décime, soit alors pour une perception de 300 francs, dont le tiers est de 100 francs, 11 francs seulement. — Cour de cassation, 17 août 1841, l'Administration des
contributions indirectes C. Chemin de fer d'Andrézieux à Roanne.

246. Le droit du dixième est dû, encore bien que la distance
parcourue par le chemin de fer n'excède pas un rayon de quinze
kilomètres, si la loi qui a concédé l'autorisation de l'établir impose
cette obligation aux concessionnaires.

L'administration des contributions indirectes avait réclamé de la
Compagnie du chemin de fer de Paris à Versailles le payement de
cet impôt, que cette Compagnie refusa d'acquitter, en se fondant
sur l'article 8 de la loi du 28 juin 1833, qui dispense de cette charge
les voitures publiques qui ne sortent pas d'une même ville ou d'un
rayon de quinze kilomètres de ses limites, et en soutenant que, si le
chemin de fer de Paris à Versailles avait plus de quinze kilomètres
de développement, la Compagnie n'en devait pas moins profiter de
l'exception établie par la loi de 1833, parce que la distance en ligne
droite de Paris à Versailles n'était pas de quinze kilomètres.

En admettant que la distance parcourue ne fût pas de quinze kilomètres, était-il possible que la Compagnie profitât de l'exception écrite
dans la loi de 1833? Non, car la loi de concession du 9 juillet 1836
avait autorisé une nouvelle voie de communication par un trajet
plus direct de Paris à Versailles, et, à cet effet, l'établissement d'un

chemin de fer d'une de ces villes à l'autre, pour le transport des voyageurs à raison de 1 fr. 80 c. par tête, non compris l'impôt sur le prix des places. En outre, le cahier des charges, clauses et conditions arrêtées par le Ministre et acceptées dans toute leur teneur au nom de la Compagnie par son directeur, concédait à la Société anonyme du chemin de fer l'autorisation de percevoir les droits de péage et les droits de transports, tels que les déterminait le tarif y annexé, c'est-à-dire *non compris*, y était-il dit, *le dixième du prix des places dû au trésor public*. Donc, cette disposition spéciale pour une entreprise nouvelle était tout à fait indépendante de la fixation des distances parcourues et de celles à parcourir dans l'hypothèse d'un prolongement dudit chemin ou d'un embranchement d'un autre chemin ; d'où il résultait que le droit du dixième du prix des places sur les transports effectués par le chemin de fer de Paris à Versailles était légalement réclamé par l'administration des contributions indirectes. — Cour de cassation, 29 novembre 1843, Compagnie du chemin de fer de Paris à Versailles C. l'Administration des contributions indirectes.

247. Quant à la détermination de la distance parcourue, il est vrai de dire que le mot *rayon*, employé dans la loi de 1833, n'étant accompagné d'aucune addition ni restriction, devait naturellement s'interpréter dans son sens usuel et géométrique, c'est-à-dire comme expression de la distance calculée en ligne droite d'un point à un autre, signification qui, au surplus, lui est formellement attribuée par la loi elle-même, dans divers cas, notamment à l'égard du tarif de la poste aux lettres. — Même arrêt.

248. C'est aux tribunaux ordinaires qu'il appartient de juger les constestations nées à l'occasion de la perception de ce droit du dixième, alors même qu'une clause du cahier des charges attribuerait au conseil de préfecture la connaissance des difficultés pouvant s'élever entre l'Administration et la Compagnie du chemin de fer. — Conseil d'État, 30 mars 1838, Henri et Mellet C. Ministre des finances et des travaux publics.

VI. — Droits d'octroi.

SOMMAIRE.

249. L'exemption des droits d'octroi admise par le règlement spécial d'une ville en faveur des établissements industriels, sur le charbon de terre employé à la préparation des produits destinés au commerce général, ne s'applique pas aux charbons consommés dans les gares de chemins de fer.

249. Une exemption de ce genre accordée en vue seulement des produits qui se préparent dans ces établissements, d'où ils se répandent hors des limites du rayon de l'octroi pour être livrés à la consommation extérieure, doit nécessairement se renfermer dans les hypothèses et dans les conditions expressément prévues. On ne saurait, sans en faire une abusive extension, l'appliquer, sous prétexte d'analogie, à un chemin de fer dont l'exploitation n'a ni pour objet ni pour résultat de préparer des produits manufacturés destinés au commerce général. D'où il suit qu'à moins d'une disposition contraire, les droits d'octroi sont dus non-seulement sur les charbons consommés dans les bureaux ou par la machine destinée à fournir de l'eau à la gare, mais encore sur les charbons consommés tant par les locomotives chargées des mouvements de gare que par les locomotives de secours. — Cour de cassation, 7 janvier 1852, Compagnie du chemin de fer du Nord C. l'octroi de Lille.

VII. — Des droits de poste.

SOMMAIRE.

250. L'entrepreneur de voitures publiques servant au transport des voyageurs qui exploite, sur une route postale, un chemin de fer *américain* ou *voies* *ferrées desservies par des chevaux*, est tenu d'acquitter l'indemnité postale due au maître de poste, s'il relaye sans employer les chevaux de celui-ci.

250. Un décret du 28 avril 1855 avait autorisé le sieur Tardieu à établir, sur la route de Paris à Sèvres et à Versailles, une voie ferrée desservie par des chevaux, ou chemin de fer dit américain. Le maître de poste à Sèvres, entre Paris et Versailles, réclama du sieur Tardieu le payement de l'indemnité de 25 centimes par poste et par cheval, et sa réclamation fut accueillie par un arrêt de la Cour de Paris, qui condamna le sieur Tardieu à payer une amende de cinq cents francs.

Le sieur Tardieu se pourvut contre cette décision par le moyen unique tiré de la fausse application de la loi du 15 ventôse an XIII. Mais le pourvoi fut rejeté. En effet, le décret du 28 avril 1855 et les autres actes qui avaient autorisé l'établissement, sur la route publique de Paris à Sèvres et à Versailles, de voies ferrées desservies par des chevaux, n'emportaient pas distraction d'une partie de la voie publique. Ce décret ne contenait que l'autorisation d'user limitativement de travaux à effectuer sur cette partie du domaine public, qui conservait d'ailleurs, dans sa totalité, sa destination primitive. Cette interprétation résultait notamment du texte même du décret du 28 avril 1855, comme de la forme dans laquelle ce décret avait été rendu, puisque cette forme n'était pas celle des règlements d'administration publique, prescrite par l'article 4 du sénatus-consulte du 25 décembre 1852. Dès lors, le sieur Tardieu ne pouvait puiser dans son autorisation la dispense des charges générales imposées à ceux qui parcourent les voies publiques. D'un autre côté, la route de Paris à Sèvres et à Versailles était postale, et l'arrêt attaqué, en déclarant le sieur Tardieu entrepreneur de voitures publiques, constatait qu'il avait parcouru avec ces voitures servant au transport des voyageurs, attelées de chevaux et relayant à Sèvres, la route indiquée. En décidant, par suite, qu'en n'acquittant pas l'indemnité postale, Tardieu avait contrevenu aux articles 1er et 2 de la loi du 15 ventôse an XIII, l'arrêt attaqué n'avait fait qu'une juste application de ces articles. — Cour de cassation, 6 janvier 1860, Tardieu C. Collas.

VIII. — Des dépenses occasionnées par les mesures prises pour assurer la police des Chemins de fer et la perception des droits.

SOMMAIRE.

251. Les dépenses occasionnées par les mesures prises pour assurer la police des chemins de fer sont à la charge des concessionnaires de ces chemins.

252. Le recouvrement de ces dépenses se fait comme en matière de contributions publiques.

253. En l'absence d'une disposition expresse qui les y assujetisse, les Compagnies concessionnaires ne sont point obligées de supporter les frais de services spéciaux d'octroi nécessités par l'entrée des chemins de fer dans les villes.

251. Il s'agissait de deux commissaires de police spéciaux établis sur le chemin de fer d'Alais à Beaucaire, et l'administration des ponts et chaussées avait mis la dépense qui en résultait à la charge de la Compagnie concessionnaire du chemin.

En ce qui touchait le traitement et les frais de bureau de ces commissaires, il était constant que c'était uniquement pour la surveillance des chemins de fer du Gard, et plus particulièrement dans la partie comprise entre le Mas de Pouze et la station de Beaucaire, que la nomination avait eu lieu. Or, comme les dépenses qu'entraîne l'exécution des mesures nécessaires à la police, à la sûreté, à l'usage et à la conservation des chemins de fer, doivent rester à la charge des concessionnaires, c'était à ceux-ci de supporter les frais qui étaient la conséquence de ces nominations. — Conseil d'État, 3 septembre 1844, Compagnie du chemin de fer du Gard.

252. En ce qui touchait le mode de recouvrement de ces frais : comme, à moins de dispositions spéciales, toutes les taxes perçues pour le compte de l'État doivent être recouvrées comme en matière de contributions publiques, et comme aucune disposition particulière, dans l'espèce, ne prescrivait un autre mode pour le recouvrement dont il s'agissait, le rôle exécutoire dressé par le préfet du Gard à cet effet devait être maintenu. — Même décision.

253. En l'absence d'une disposition expresse qui les y assujettisse, les Compagnies concessionnaires ne sont point obligées de supporter les frais de services spéciaux d'octroi nécessités par l'entrée des chemins de fer dans les villes.

La ville de Paris, qui avait établi des postes d'employés d'octroi aux débarcadères des chemins de fer de Saint-Germain et d'Orléans, voulut en faire supporter les frais aux Compagnies concessionnaires de ces chemins. Le conseil de préfecture de la Seine, saisi de la question, la résolut en faveur de la ville, en se fondant sur une clause du cahier des charges ainsi conçue : « L'administration arrêtera, de concert avec la Compagnie, ou du moins après l'avoir entendue, les mesures et les dispositions nécessaires pour assurer la police, la sûreté, *l'usage* et la conservation du chemin de fer et des ouvrages qui en dépendent. Toutes les dépenses qu'entraînera l'exécution de ces mesures et de ces dispositions resteront à la charge de la Compagnie. » Le conseil de préfecture avait pensé que le mot *usage* comprenait la perception des droits d'octroi, qui n'était, à ses yeux, qu'une conséquence de l'exploitation du chemin.

Les Compagnies se pourvurent devant le Conseil d'État et soutinrent que, les frais de perception des droits d'octroi étant à la charge des villes, et la nature des voies nouvelles de communication exigeant que la perception se fît aux débarcadères, c'était à la ville de Paris à supporter les frais des postes qu'elle avait établis.

De son côté, la ville soutint que la concession faite aux Compagnies ne pouvait lui être préjudiciable, en ce qui concernait le point d'entrée des chemins de fer s'avançant dans l'intérieur de Paris.

Mais ces prétentions furent combattues par le commissaire du roi : « L'État, disait-il, en concédant aux villes la faculté de percevoir des droits sur les objets de consommation qui y sont introduits, ne s'est point privé de la toute-puissance qu'il a pour l'établissement des voies de communication. L'administration générale ne pourrait-elle pas créer une nouvelle route qui pénétrerait dans l'enceinte de

Paris par un point où il n'y a pas de bureau de perception? Cela n'est pas douteux, et, dans ce cas, il faudrait bien que la ville augmentât les frais de perception, ou du moins établît un nouveau bureau. Ce que l'État pourrait faire lui-même, il le fait par l'intermédiaire des Compagnies concessionnaires. On leur a fixé un point d'arrivée qui se trouve dans l'intérieur de l'enceinte, et l'entrée a lieu dans Paris dans des circonstances qui ne permettent la perception des droits qu'au débarcadère. C'est donc à la ville à envoyer ses préposés sur ces derniers points, et les frais de perception doivent être à sa charge, comme ceux de la perception aux barrières. »

Ce fut aussi ce qui fut décidé, attendu qu'aux termes du cahier des charges annexé à la loi de concession le point de départ et d'arrivée devait être pris dans l'intérieur de Paris; que c'était nécessairement à ce point qu'avait dû être établi le service organisé par la ville de Paris pour assurer la perception des produits de l'octroi; qu'enfin aucune disposition des lois de concession ni des cahiers des charges y annexés n'imposait aux Compagnies concessionnaires l'obligation de supporter les frais de ce service. — Conseil d'État, 17 juillet 1843, Compagnies des chemins de fer de Paris à Saint-Germain et à Orléans C. la ville de Paris.

CONCLUSION.

Quoique notre pensée principale ait été de renfermer notre travail
dans un cercle exclusivement pratique, nous croyons néanmoins
qu'il n'est pas sans intérêt de le clore par un résumé rapide de l'é-
tat actuel de la législation sur les chemins de fer et de leur situation
industrielle et financière, suivis d'extraits substantiels des statuts et
des conventions qui régissent les Compagnies. Nous rattacherons
ainsi, d'une manière plus sensible aux observations qui précèdent,
les principes particuliers qui ont plus ou moins déterminé, en fait et
en droit, les décisions diverses que nous avons rapportées.

Dans cette appréciation sommaire nous comprendrons ensemble
les dix années de 1830 à 1840, que l'on doit considérer comme une
période de débuts, où des tentatives plus ou moins hardies, mêlées
d'incertitudes et de tâtonnements, n'ont, pour ainsi dire, donné
lieu qu'à des dispositions réglementaires provisoires et de transition.

L'ère légale des voies ferrées ne date réellement que de la loi du
3 mai 1841 sur l'expropriation pour cause d'utilité publique, qui a
compris l'établissement des chemins de fer dans la nomenclature
des grands travaux publics donnant ouverture au droit d'expropriation.

A cause de la grandeur de son but et de la généralité de ses appli-
cations, cette nouvelle industrie devait subir, plus que toute autre,
l'influence des événements publics. Aussi, dès les premiers pas de
leur exploitation, les Compagnies concessionnaires ont-elles eu be-

soin de recourir à l'État, qui, pour calmer les craintes et prévenir les découragements, a dû, en raison des circonstances, modifier la rigueur des conditions primitivement arrêtées.

C'est ainsi que déjà, en 1840, les Compagnies de Paris à Orléans, de Strasbourg à Bâle et de Paris à Rouen, obtinrent : la première, une exonération de ses charges et la garantie d'un minimum d'intérêt ; la seconde, un prêt de 12,600,000 francs ; et la troisième, également un prêt de 14,000,000 de francs. Ces manifestations encourageantes, de la part du Gouvernement, témoignaient de l'intérêt qu'il attachait au développement progressif de ces entreprises, qui reçurent en 1842 une impulsion d'activité plus considérable par la détermination des grandes lignes. La loi du 11 juin 1842 disposait d'abord, articles 3 et 5, que le tiers des indemnités d'expropriation des terrains et bâtiments et des dépenses de terrassements, ouvrages d'art et stations, serait à la charge de l'État ; mais ensuite, en 1845, la totalité de ces indemnités et de ces dépenses est portée au compte de l'Etat (1).

Les années 1845 et 1846 voient consacrer d'une manière complète et générale l'existence industrielle et légale de ces entreprises.

La loi du 15 juillet 1845 a pour objet la police des chemins de fer (2).

L'ordonnance royale du 15 novembre 1846 règle les conditions de leur exploitation (3).

Cette loi et cette ordonnance contiennent les dispositions fondamentales en matière de chemins de fer, car elles embrassent l'exploitation générale de ces établissements dans tous leurs rapports, soit

---

(1) Loi des 19 et 25 juillet 1845. — « Article unique. Est et demeure abrogée la disposition de l'article 3 de la loi du 11 juin 1842, aux termes de laquelle les départements et les communes devaient rembourser à l'État les deux tiers du prix des indemnités dues pour les terrains et bâtiments dont l'occupation sera nécessaire à l'établissement des chemins de fer et de leurs dépendances.

(2) Voir page 281 le texte de cette loi.

(3) Voir page 290 le texte de cette ordonnance.

avec les propriétés immobilières, publiques ou privées, soit avec les personnes pour tout ce qui se rattache à la sûreté individuelle des voyageurs, soit avec les choses commerciales industrielles ou purement mobilières pour ce qui concerne la conservation et la garantie en matière de transports.

Quant à ce qui regarde plus spécialement l'économie financière des diverses entreprises, l'Etat a successivement, et suivant que les circonstances le réclamaient, manifesté son intervention efficace.

Nous signalerons, en 1847, la restitution de la moitié de leurs cautionnements à deux Compagnies concessionnaires, l'une du chemin de Bordeaux à Cette, l'autre de Lyon à Avignon, toutes les deux ayant renoncé à leurs concessions.

En 1848, le Gouvernement reprit la concession du chemin de fer de Paris à Lyon, et remboursa les actionnaires de toutes les sommes qu'ils avaient versées.

En 1850, les Compagnies d'Orléans à Bordeaux et de Tours à Nantes sont exonérées de diverses charges de leurs cahiers, et la durée de leurs concessions prolongée jusqu'à cinquante ans.

Enfin, en 1852, une mesure générale est venue porter à quatre-vingt-dix-neuf ans la durée des concessions. Cette disposition capitale a eu une grande influence pour les développements nécessaires à ces entreprises ; la confiance, d'incertaine et partielle qu'elle avait été, est devenue générale et permanente ; les capitaux sont allés au-devant des opérations, dont le côté matériel, c'est-à-dire la réalisation active, n'avait pas jusqu'alors répondu assez rapidement aux vœux et aux besoins des populations. En effet, en 1852, et quelque important que fût le nombre des concessions accordées antérieurement et jusqu'à la fin de cette année, on ne comptait encore que 6,914 kilomètres, dont à peine la moitié était livrée à la circulation.

Le Gouvernement sentit la nécessité de presser activement la réalisation de nouvelles voies, d'autant plus impatiemment attendues qu'elles devaient se développer dans des contrées moins riches que celles qui avaient été favorisées les premières.

Après la protection et les faveurs successives que l'Etat avait constamment accordées aux entreprises depuis leur origine, il ne pouvait que compter sur un empressement général et simultané de la part des Compagnies les plus anciennes. En effet, il ne s'agissait pour elles que de concentrer leurs forces et d'agrandir le cercle de leur action sur les points où la création de lignes secondaires eût été difficilement entreprise par des Compagnies nouvelles. D'abord, une étude sérieuse des rapports de toute nature, commerciaux, industriels, agricoles, qu'il s'agissait de rendre plus faciles et plus étroits, entre les contrées privées de voies ferrées, et ensuite une heureuse et savante combinaison des intérêts financiers des Compagnies, dont les bases fondamentales allaient ainsi s'élargir, amenèrent le système de fusion qui a donné lieu à de nouvelles et nombreuses concessions faites aux grandes Compagnies.

Ainsi, dans le cours de l'année 1853, il a été concédé 1,946 kilomètres, comprenant notamment les premières sections du Grand-Central, le chemin des Ardennes, et la nouvelle ligne de l'Est, de Paris à Mulhouse, avec les divers embranchements qui s'y rattachent.

En 1854 et 1855, les concessions ont compris une étendue de 2,485 kilomètres, qui embrassent tout le réseau nord de Normandie et de Bretagne, concédé à la Compagnie de l'Ouest ; celui de Bretagne sud, attribué à la Compagnie d'Orléans ; le surplus au réseau Grand-Central.

En 1857, des modifications importantes ont eu lieu dans les dispositions générales des chemins de fer par suite de la fusion du Grand-Central avec la Compagnie d'Orléans et les Compagnies réunies de Lyon et de la Méditerranée. Un grand nombre de lignes ont été concédées à des conditions ménagées dans le but de favoriser les populations dont les territoires étaient encore privés du bienfait de ce mode de communication.

La Compagnie du Nord, en recevant la concession du chemin de Paris à Soissons, s'est engagée en outre à exécuter plusieurs lignes importantes. Le réseau des Pyrénées a été concédé à la Compagnie du Midi. Plusieurs lignes nouvelles ont été concédées aux Compagnies de l'Est, des Ardennes et du Dauphiné. L'ensemble des concessions faites dans le cours de cette année 1857 comprenait 2,596 kilomètres. A la fin de l'année, l'étendue des concessions définitives sur le territoire français s'élevait à 14,162 kilomètres, sans y comprendre 1,794 kilomètres concédés à titres éventuels, avec la faculté, pour le Gouvernement comme pour les concessionnaires, d'en provoquer, pendant un délai de quatre années, la concession définitive.

La crise financière qui se manifesta dans les derniers mois de l'année 1857 devait nécessairement réagir sur la situation des entreprises des chemins de fer, car la diminution que la stagnation commerciale amenait dans les transports de marchandises et de denrées, comme dans la circulation générale, faisait naturellement un grand vide aux recettes kilométriques. La dépréciation des actions et des obligations fut la suite de cette diminution de recettes, qui n'était au fond que le résultat d'un fait accidentel dont le public exagéra la portée.

De là des inquiétudes sur l'avenir des entreprises, sur le crédit même des Compagnies dont les charges, disait-on, s'étaient accrues de toutes les nouvelles concessions acceptées sans *subvention ni garantie d'intérêt*, et entraînant des dépenses considérables sur un ensemble de lignes secondaires d'un produit incertain.

Ces craintes, manifestées généralement et développées par des raisonnements plus ou moins spécieux, attirèrent l'attention de l'Etat, et, le 15 avril 1852, une note insérée au *Moniteur* annonça que la situation des Compagnies de chemins de fer serait examinée avec soin et deviendrait l'objet de propositions spéciales si la nécessité en était reconnue.

C'est à la suite de ces impressions qu'est venue la loi des 11 juin —14 juillet 1859. Elle a relevé les Compagnies des engagements résultant de la loi du 9 juin — 28 juillet 1857, qui disposait que les concessions des nouvelles lignes pour compléter le réseau des chemins de fer auraient lieu *sans subvention* ni *garantie d'intérêt* de la part de l'Etat.

Les conséquences de la nouvelle loi sont pour les Compagnies d'une importance qui semble devoir régler d'une manière définitive les destinées des chemins de fer.

On peut les résumer ainsi :

Garantie d'intérêt. — Subvention pour quelques cas particuliers.

En vue de la garantie d'intérêt, les concessions de chaque Compagnie sont divisées en deux sections distinctes : *ancien* et *nouveau réseau.*

« Les revenus de l'ancien réseau ne sont nullement garantis ; seulement les droits des tiers sont réservés en ce qui concerne les garanties d'intérêt accordées par des actes antérieurs.

« Le nouveau réseau seul jouit pendant cinquante ans d'une garantie d'intérêt, avec amortissement calculé au taux de 4 0/0.

« Toutefois, comme il est juste que le nouveau réseau profite de l'accroissement de tarif qu'il doit apporter aux concessions primitives, toute la portion de revenu de l'ancien réseau qui excédera un certain chiffre kilométrique déterminé pour chaque Compagnie sera attribuée, comme supplément de recettes, au nouveau réseau, et viendra couvrir, jusqu'à due concurrence, l'intérêt garanti par l'Etat.

« En compensation des avantages qui leur sont accordés, toutes les Compagnies s'engagent à partager avec l'Etat, à partir de l'année 1872, la portion de leur revenu qui excéderait un chiffre déterminé.

« Enfin, il est stipulé que toutes les sommes que l'Etat aura pu verser, par application de la clause de garantie, lui seront remboursées, avec les intérêts à 4 0/0, dès que les produits du nouveau réseau auront dépassé l'intérêt garanti, et à quelque époque que cet excédant se produise. »

Le bénéfice des dispositions de cette nouvelle loi est immédiatement appliqué à huit Compagnies, par suite de conventions intervevenues entre elles et le Ministre de l'agriculture, du commerce et des travaux publics. Ces Compagnies sont : la Compagnie du chemin de fer d'Orléans; celle du chemin de fer de Paris à Lyon et à la Méditerranée; celle des chemins de fer du Dauphiné; celle des chemins de fer du Nord; celle des chemins de fer de l'Est; celle des chemins de fer des Ardennes; celle des chemins de fer de l'Ouest, et celle des chemins de fer du Midi et du canal latéral à la Garonne.

Ces conventions ont été approuvées chacune par un décret particulier.

APPENDICE.

LOI

Sur la police des chemins de fer, 15-21 juillet 1845.

TITRE PREMIER.

MESURES RELATIVES A LA CONSERVATION DES CHEMINS DE FER.

Art. 1er. Les chemins de fer construits ou concédés par l'État font partie de la grande voirie.

2. Sont applicables aux chemins de fer les lois et règlements sur la grande voirie qui ont pour objet d'assurer la conservation des fossés, talus, levées et ouvrages d'art dépendant des routes, et d'interdire, sur toute leur étendue, les pacage des bestiaux et les dépôts de terre et autres objets quelconques.

3. Sont applicables aux propriétés riveraines des chemins de fer les servitudes imposées par les lois et règlements sur la grande voirie, et qui concernent : — l'alignement; — l'écoulement des eaux; — l'occupation temporaire des terrains en cas de réparation; — la distance à observer pour les plantations et l'élagage des arbres plantés; — le mode d'exploitation des mines, minières, tourbières, carrières et sablières, dans la zone déterminée à cet effet. — Sont également applicables à la confection et à l'entretien des chemins de fer les lois et règlements sur l'extraction des matériaux nécessaires aux travaux publics.

4. Tout chemin de fer sera clos des deux côtés et dans toute l'étendue

de la voie. L'administration déterminera, pour chaque ligne, le mode de cette clôture, et pour ceux des chemins qui n'y sont pas assujettis l'époque à laquelle elle devra être effectuée. — Partout où les chemins de fer croiseront de niveau les routes de terre, des barrières seront établies et tenues fermées, conformément aux règlements.

5. A l'avenir, aucune construction autre qu'un mur de clôture ne pourra être établie dans une distance de deux mètres d'un chemin de fer. — Cette distance sera mesurée, soit de l'arête supérieure du déblai, soit de l'arête inférieure du talus du remblai, soit du bord extérieur des fossés du chemin, et, à défaut d'une ligne tracée, à un mètre cinquante centimètres à partir des rails extérieurs de la voie de fer. — Les constructions existantes au moment de la promulgation de la présente loi, ou lors de l'établissement d'un nouveau chemin de fer, pourront être entretenues dans l'état où elles se trouveront à cette époque. — Un règlement d'administration publique déterminera les formalités à remplir par les propriétaires pour faire constater l'état desdites constructions, et fixera le délai dans lequel ces formalités devront être remplies.

6. Dans les localités où le chemin de fer se trouvera en remblai de plus de trois mètres au-dessus du terrain naturel, il est interdit aux riverains de pratiquer, sans autorisation préalable, des excavations dans une zone de largeur égale à la hauteur verticale du remblai, mesurée à partir du pied du talus. — Cette autorisation ne pourra être accordée sans que les concessionnaires ou fermiers de l'exploitation du chemin de fer aient été entendus ou dûment appelés.

7. Il est défendu d'établir à une distance de moins de vingt mètres d'un chemin de fer desservi par des machines à feu des couvertures en chaume, des meules de paille, de foin, et aucun autre dépôt de matières inflammables. — Cette prohibition ne s'étend pas aux dépôts de récoltes faits seulement pour le temps de la moisson.

8. Dans une distance de moins de cinq mètres d'un chemin de fer, aucun dépôt de pierres ou objets non inflammables ne peut être établi sans autorisation préalable du préfet. — Cette autorisation sera toujours révocable. — L'autorisation n'est pas nécessaire : — 1° pour former, dans les localités où le chemin de fer est en remblai, des dépôts de matières non inflammables dont la hauteur n'excède pas celle du remblai du chemin ;

— 2° pour former des dépôts temporaires d'engrais et autres objets nécessaires à la culture des terres.

9. Lorsque la sûreté publique, la conservation du chemin et la disposition des lieux le permettront, les distances déterminées par les articles
précédents pourront être diminuées en vertu d'ordonnances royales rendues après enquêtes.

10. Si, hors des cas d'urgence prévus par la loi des 16-24 août 1790
la sûreté publique ou la conservation du chemin de fer l'exige, l'administration pourra faire supprimer, moyennant une juste indemnité, les
constructions, plantations, excavations, couvertures en chaume, amas de
matériaux combustibles ou autres, existant dans les zones ci-dessus spécifiées, au moment de la promulgation de la présente loi, et, pour l'avenir,
lors de l'établissement du chemin de fer. — L'indemnité sera réglée, pour
la suppression des constructions, conformément aux titres IV et suivants
de la loi du 3 mai 1841, et, pour tous les autres cas, conformément à la
loi du 16 septembre 1807.

11. Les contraventions aux dispositions du présent titre seront constatées, poursuivies et réprimées comme en matière de grande voirie. —
Elles seront punies d'une amende de seize à trois cents francs, sans préjudice, s'il y a lieu, des peines portées au Code pénal et au titre III de la
présente loi. Les contrevenants seront, en outre, condamnés à supprimer,
dans le délai déterminé par l'arrêté du conseil de préfecture, les excavations, couvertures, meules ou dépôts faits contrairement aux dispositions
précédentes. — A défaut par eux de satisfaire à cette condamnation dans
le délai fixé, la suppression aura lieu d'office, et le montant de la dépense
sera recouvré contre eux par voie de contrainte, comme en matière de
contributions publiques.

TITRE DEUXIÈME.

DES CONTRAVENTIONS DE VOIRIE COMMISES PAR LES CONCESSIONNAIRES OU FERMIERS DE CHEMINS DE FER.

12. Lorsque le concessionnaire ou le fermier de l'exploitation d'un che-

min de fer contreviendra aux clauses du cahier des charges, ou aux décisions rendues en exécution de ces clauses, en ce qui concerne le service de la navigation, la viabilité des routes royales, départementales et vicinales, ou le libre écoulement des eaux, procès-verbal sera dressé de la contravention, soit par les ingénieurs des ponts et chaussées ou des mines, soit par les conducteurs, gardes-mines et piqueurs dûment assermentés.

13. Les procès-verbaux, dans les quinze jours de leur date, seront notifiés administrativement au domicile élu par le concessionnaire ou le fermier, à la diligence du préfet, et transmis dans le même délai au conseil de préfecture du lieu de la contravention.

14. Les contraventions prévues à l'article 12 seront punies d'une amende de trois cents francs à trois mille francs.

15. L'administration pourra, d'ailleurs, prendre immédiatement toutes mesures provisoires pour faire cesser le dommage, ainsi qu'il est procédé en matière de grande voirie. — Les frais qu'entraînera l'exécution de ces mesures seront recouvrés, contre le concessionnaire ou fermier, par voie de contrainte, comme en matière de contributions publiques.

TITRE TROISIÈME.

DES MESURES RELATIVES A LA SURETÉ DE LA CIRCULATION SUR LES CHEMINS DE FER.

16. Quiconque aura volontairement détruit ou dérangé la voie de fer, placé sur la voie un objet faisant obstacle à la circulation, ou employé un moyen quelconque pour entraver la marche des convois ou les faire sortir des rails, sera puni de la reclusion. S'il y a eu homicide ou blessures, le coupable sera, dans le premier cas, puni de mort, et, dans le second, de la peine des travaux forcés à temps.

17. Si le crime prévu par l'article 16 a été commis en réunion sédi-

tieuse, avec rébellion ou pillage, il sera imputable aux chefs, auteurs, instigateurs et provocateurs de ces réunions, qui seront punis comme coupables du crime et condamnés aux mêmes peines que ceux qui l'auront personnellement commis, lors même que la réunion séditieuse n'aurait pas eu pour but direct et principal la destruction de la voie de fer. — Toutefois, dans ce dernier cas, lorsque la peine de mort sera applicable aux auteurs du crime, elle sera remplacée, à l'égard des chefs, auteurs, instigateurs et provocateurs de ces réunions, par la peine des travaux forcés à perpétuité.

18. Quiconque aura menacé, par écrit anonyme ou signé, de commettre un des crimes prévus par l'article 16, sera puni d'un emprisonnement de trois à cinq ans, dans le cas où la menace aurait été faite avec ordre de déposer une somme d'argent dans un lieu indiqué, ou de remplir toute autre condition. — Si la menace n'a été accompagnée d'aucun ordre ou condition, la peine sera d'un emprisonnement de trois mois à deux ans, et d'une amende de cent à cinq cents francs. — Si la menace avec ordre ou condition a été verbale, le coupable sera puni d'un emprisonnement de quinze jours à six mois, et d'une amende de vingt-cinq à trois cents francs. — Dans tous les cas, le coupable pourra être mis par le jugement sous la surveillance de la haute police, pour un temps qui ne pourra être moindre de deux ans ni excéder cinq ans.

19. Quiconque, par maladresse, imprudence, inattention, négligence ou inobservation des lois ou règlements, aura involontairement causé sur un chemin de fer, ou dans les gares ou stations, un accident qui aura occasionné des blessures, sera puni de huit jours à six mois d'emprisonnement, et d'une amende de cinquante francs à mille francs. — Si l'accident a occasionné la mort d'une ou plusieurs personnes, l'emprisonnement sera de six mois à cinq ans, et l'amende de trois cents francs à trois mille francs.

20. Sera puni d'un emprisonnement de six mois à deux ans, tout mécanicien ou conducteur garde-frein qui aura abandonné son poste pendant la marche du convoi.

21. Toute contravention aux ordonnances royales portant règlement d'administration publique sur la police, la sûreté et l'exploitation du chemin de fer, et aux arrêtés pris par les préfets, sous l'approbation du

Ministre des travaux publics, pour l'exécution desdites ordonnances, sera punie d'une amende de seize à trois mille francs. — En cas de récidive dans l'année, l'amende sera portée au double, et le tribunal pourra, selon les circonstances, prononcer en outre un emprisonnement de trois jours à un mois.

22. Les concessionnaires ou fermiers d'un chemin de fer seront responsables, soit envers l'État, soit envers les particuliers, du dommage causé par les administrateurs, directeurs ou employés à un titre quelconque au service de l'exploitation du chemin de fer. — L'État sera soumis à la même responsabilité envers les particuliers, si le chemin de fer est exploité à ses frais et pour son compte.

23. Les crimes, délits ou contraventions prévus dans les titres Ier et III de la présente loi, pourront être constatés par des procès-verbaux dressés concurremment par les officiers de police judiciaire. — Les ingénieurs des ponts et chaussées et des mines, les conducteurs, gardes-mines, agents de surveillance et gardes nommés ou agréés par l'administration et dûment assermentés. — Les procès-verbaux des délits et contraventions feront foi jusqu'à preuve contraire. — Au moyen du serment prêté devant le tribunal de première instance de leur domicile, les agents de surveillance de l'Administration et des concessionnaires ou fermiers pourront verbaliser sur toute la ligne du chemin de fer auquel ils seront attachés.

24. Les procès-verbaux dressés en vertu de l'article précédent seront visés pour timbre et enregistrés en débet. — Ceux qui auront été dressés par des agents de surveillance et gardes assermentés devront être affirmés dans les trois jours, à peine de nullité, devant le juge de paix ou le maire, soit du lieu du délit ou de la contravention, soit de la résidence de l'agent.

25. Toute attaque, toute résistance avec violence et voies de fait envers les agents des chemins de fer, dans l'exercice de leurs fonctions, sera punie des peines appliquées à la rébellion, suivant les distinctions faites par le Code pénal.

26. L'article 463 du Code pénal est applicable aux condamnations qui seront prononcées en exécution de la présente loi.

27. En cas de conviction de plusieurs crimes ou délits prévus par la

présente loi ou par le Code pénal, la peine la plus forte sera seule prononcée. — Les peines encourues pour des faits postérieurs à la poursuite pourront être cumulées, sans préjudice des peines de la récidive.

EXTRAIT

De la loi du 15-21 juillet 1845, relative au chemin de fer de Paris à la Belgique.

TITRE SEPTIÈME.

DISPOSITIONS GÉNÉRALES.

7. Nul ne sera admis à concourir à l'adjudication d'un chemin de fer, si préalablement il n'a été agréé par le Ministre des travaux publics, — et s'il n'a déposé, — à la caisse des dépôts et consignations, la somme indiquée au cahier des charges; au secrétariat général du ministère du commerce, en double exemplaire, le projet des statuts de la Compagnie; — au secrétariat du ministère des travaux publics, le registre à souche d'où auront été détachés les titres délivrés aux souscripteurs, ou, pour les Compagnies dont les souscriptions auraient été ouvertes antérieurement à la présente loi, l'état appuyé de pièces justificatives constatant les engagements réciproques des fondateurs et des souscripteurs, les versements reçus et la répartition définitive du montant du capital social. — A dater de la remise des registres ou états ci-dessus entre les mains du Ministre des travaux publics, toute stipulation par laquelle les fondateurs se seraient réservé la faculté de réduire le nombre des actions souscrites sera nulle et sans effet.

8. Les récépissés de souscriptions ne sont point négociables. — Les souscripteurs seront responsables, jusqu'à concurrence des cinq dixièmes,

du versement du montant des actions qu'ils auront souscrites. — Chaque souscripteur aura le droit d'exiger de la Compagnie adjudicataire la remise de toutes les actions pour lesquelles il aura été porté sur l'état définitif de répartition déposé au secrétariat général du ministère des travaux publics. — Ces conditions seront mentionnées sur les registres ouverts et sur les récépissés émis postérieurement à la promulgation de la présente loi.

9. Les adjudications ne seront valables et définitives qu'après avoir été homologuées par une ordonnance royale.

10. La Compagnie adjudicataire ne pourra émettre d'actions ou promesses d'actions négociables avant de s'être constituée en Société anonyme dûment autorisée, conformément à l'article 37 du Code de commerce.

11. Les fondateurs de la Compagnie n'auront droit qu'au remboursement de leurs avances, dont le compte, appuyé de pièces justificatives, aura été accepté par l'assemblée générale des actionnaires. — L'indemnité qui pourra être attribuée aux administrateurs, à raison de leurs fonctions, sera réglée par l'assemblée générale des actionnaires.

12. Nul ne pourra voter par procuration dans le conseil d'administration de la Compagnie. — Dans le cas où deux membres dissidents sur une question demanderaient qu'elle fût ajournée jusqu'à ce que l'opinion d'un ou plusieurs administrateurs absents fût connue, il pourra être envoyé à tous les absents une copie du procès-verbal, avec invitation de venir voter dans une prochaine réunion à jour fixe, ou d'adresser par écrit leur opinion au président. Celui-ci en donnera lecture au conseil, après quoi la décision sera prise à la majorité des membres présents.

13. Toute publication quelconque de la valeur des actions, avant l'homologation de l'adjudication, sera punie d'une amende de cinq cents francs à trois mille francs. — Sera puni de la même peine tout agent de change qui, avant la constitution de la Société anonyme, se serait prêté à la négociation de récépissés ou promesses d'actions.

14. A moins d'une autorisation spéciale de l'Administration supérieure, il est interdit à la Compagnie, sous les peines portées par l'article 419 (1)

---

(1) *Coalition, réunion.* — En ce sens que la Compagnie traiterait avec une entreprise, à l'exclusion de toute autre, pour le transport des voyageurs et des

du Code pénal, de faire directement ou indirectement, avec des entre-prises de transports de voyageurs ou de marchandises, par terre ou par eau, sous quelque dénomination ou forme que ce puisse être, des arrangements qui ne seraient pas également consentis en faveur de toutes les autres entreprises desservant les mêmes routes. — Des ordonnances royales, portant règlement d'administration publique, prescriront toutes les mesures nécessaires pour assurer la plus complète égalité entre les diverses entreprises de transports, dans leurs rapports avec le service des chemins de fer et de leurs embranchements.

---

marchandises sur les routes aboutissant aux gares de départ et d'arrivée. Sous ce rapport, la jurisprudence assimile le fait de transporter des voyageurs ou des marchandises d'un lieu à un autre, par exclusion, au fait d'accaparement ou d'influence en matière de denrées et de marchandises.

ORDONNANCE

**du 15-21 novembre 1846, portant règlement sur la police,
la sûreté et l'exploitation des chemins de fer (1).**

TITRE PREMIER.

DES STATIONS ET DE LA VOIE DES CHEMINS DE FER.

SECTION Ire. — *Des stations.*

ART. 1er. L'entrée, le stationnement et la circulation des voitures publiques ou particulières destinées, soit au transport des personnes, soit au transport des marchandises, dans les cours dépendant des stations des chemins de fer, seront réglés par des arrêtés du préfet du département. Ces arrêtés ne seront exécutoires qu'en vertu de l'approbation du Ministre des travaux publics.

SECTION II. — *De la voie.*

2. Le chemin de fer et les ouvrages qui en dépendent seront constamment entretenus en bon état.

La Compagnie devra faire connaître au Ministre des travaux publics les mesures qu'elle aura prises pour cet entretien.

Dans le cas où ces mesures seraient insuffisantes, le Ministre des travaux publics, après avoir entendu la Compagnie, prescrira celles qu'il jugera nécessaires.

---

(1) Circulaire du Ministre des travaux publics, qui détermine les attributions des préfets relativement à la police des chemins de fer, conformément à cette ordonnance.

3. Il sera placé, partout où besoin sera, des gardiens, en nombre suffisant, pour assurer la surveillance et la manœuvre des aiguilles des croisements et changements de voie ; en cas d'insuffisance, le nombre de ces gardiens sera fixé par le Ministre des travaux publics, la Compagnie entendue.

4. Partout où un chemin de fer est traversé à niveau, soit par une route à voitures, soit par un chemin destiné au passage des piétons, il sera établi des barrières.

Le mode, la garde et les conditions de service des barrières seront réglés par le Ministre des travaux publics, sur la proposition de la Compagnie.

5. Si l'établissement de contre-rails est jugé nécessaire dans l'intérêt de la sûreté publique, la Compagnie sera tenue d'en placer sur les points qui seront désignés par le Ministre des travaux publics.

6. Aussitôt après le coucher du soleil et jusqu'après le passage du dernier train, les stations et leurs abords devront être éclairés.

Il en sera de même des passages à niveau pour lesquels l'Administration jugera cette mesure nécessaire.

TITRE II.

DU MATÉRIEL EMPLOYÉ A L'EXPLOITATION.

7. Les machines locomotives ne pourront être mises en service qu'en vertu de l'autorisation de l'administration et après avoir été soumises à toutes les épreuves prescrites par les règlements en vigueur.

Lorsque, par suite de détérioration ou pour toute autre cause, l'interdiction d'une machine aura été prononcée, cette machine ne pourra être remise en service qu'en vertu d'une nouvelle autorisation.

8. Les essieux des locomotives, des tenders et des voitures de toute espèce, entrant dans la composition des convois de voyageurs ou dans celle des trains mixtes de voyageurs et de marchandises, allant à grande vitesse, devront être en fer martelé de premier choix.

9. Il sera tenu des états de service pour toutes les locomotives. Ces

états seront inscrits sur des registres qui devront être constamment à jour, et indiquer, à l'article de chaque machine, la date de sa mise en service, le travail qu'elle a accompli, les réparations ou modifications qu'elle a reçues, et le renouvellement de ses diverses pièces.

Il sera tenu, en outre, pour les essieux de locomotives, tenders et voitures de toute espèce, des registres spéciaux sur lesquels, à côté du numéro d'ordre de chaque essieu, seront inscrits sa provenance, la date de sa mise en service, l'épreuve qu'il peut avoir subie, son travail, ses accidents et ses réparations; à cet effet, le numéro d'ordre sera poinçonné sur chaque essieu.

Les registres mentionnés aux deux paragraphes ci-dessus seront représentés, à toute réquisition, aux ingénieurs et agents chargés de la surveillance du matériel et de l'exploitation.

10. Il est interdit de placer, dans un convoi comprenant des voitures de voyageurs, aucune locomotive, tender ou autre voiture d'une nature quelconque, montés sur des roues en fonte.

Toutefois, le Ministre des travaux publics pourra, par exception, autoriser l'emploi de roues en fonte, cerclées en fer, dans les trains mixtes de voyageurs et de marchandises et marchant à la vitesse d'au plus vingt-cinq kilomètres à l'heure.

11. Les locomotives devront être pourvues d'appareils ayant pour objet d'arrêter les fragments de coke tombant de la grille et d'empêcher la sortie des flammèches par la cheminée.

12. Les voitures destinées au transport des voyageurs seront d'une construction solide; elles devront être commodes et pourvues de ce qui est nécessaire à la sûreté des voyageurs.

Les dimensions de la place affectée à chaque voyageur devront être d'au moins quarante-cinq centimètres en largeur, soixante-cinq centimètres en profondeur et un mètre quarante-cinq centimètres en hauteur; cette disposition sera appliquée aux chemins de fer existants, dans un délai qui sera fixé pour chaque chemin par le Ministre des travaux publics.

13. Aucune voiture pour les voyageurs ne sera mise en service sans une autorisation du préfet, donnée sur le rapport d'une commission constatant que la voiture satisfait aux conditions de l'article précédent.

L'autorisation de mise en service n'aura d'effet qu'après que l'estampille prescrite pour les voitures publiques par l'article 117 de la loi du 25 mars 1817 aura été délivrée par le directeur des contributions indirectes.

14. Toute voiture de voyageurs portera, dans l'intérieur, l'indication apparente du nombre des places.

15. Les locomotives, tenders et voitures de toute espèce, devront porter : 1° le nom ou les initiales du nom du chemin de fer auquel ils appartiennent ; 2° un numéro d'ordre. Les voitures de voyageurs porteront, en outre, l'estampille délivrée par l'administration des contributions indirectes. Ces diverses indications seront placées d'une manière apparente sur la caisse ou sur les côtés des châssis.

16. Les machines, locomotives, tenders et voitures de toute espèce, et tout le matériel d'exploitation, seront constamment maintenus dans un bon état d'entretien.

La Compagnie devra faire connaître au Ministre des travaux publics les mesures adoptées par elle à cet égard, et, en cas d'insuffisance, le Ministre, après avoir entendu les observations de la Compagnie, prescrira les dispositions qu'il jugera nécessaires à la sûreté de la circulation.

TITRE III.

DE LA COMPOSITION DES CONVOIS.

17. Tout convoi ordinaire de voyageurs devra contenir, en nombre suffisant, des voitures de chaque classe, à moins d'une autorisation spéciale du Ministre des travaux publics.

18. Chaque train de voyageurs devra être accompagné :

1° D'un mécanicien et d'un chauffeur par machine : le chauffeur devra être capable d'arrêter la machine en cas de besoin ;

2° Du nombre de conducteurs gardes-freins qui sera déterminé pour chaque chemin, suivant les pentes et suivant le nombre de voitures, par le Ministre des travaux publics, sur la proposition de la Compagnie.

Sur la dernière voiture de chaque convoi ou sur l'une des voitures placées à l'arrière, il y aura toujours un frein et un conducteur chargé de le manœuvrer.

Lorsqu'il y aura plusieurs conducteurs dans un convoi, l'un d'entre eux devra toujours avoir autorité sur les autres.

Un train de voyageurs ne pourra se composer de plus de vingt-quatre voitures à quatre roues. S'il entre des voitures à six roues dans la composition du convoi, le maximum du nombre de voitures sera déterminé par le Ministre.

Les dispositions des paragraphes précédents sont applicables aux trains mixtes de voyageurs et de marchandises marchant à la vitesse des voyageurs.

Quant aux convois de marchandises qui transportent en même temps des voyageurs et des marchandises, et qui ne marchent pas à la vitesse ordinaire des voyageurs, les mesures spéciales et les conditions de sûreté auxquelles ils devront être assujettis seront déterminées par le Ministre, sur la proposition de la Compagnie.

19. Les locomotives devront être en tête des trains.

Il ne pourra être dérogé à cette disposition que pour les manœuvres à exécuter dans le voisinage des stations ou pour le cas de secours. Dans ces cas spéciaux, la vitesse ne devra pas dépasser vingt-cinq kilomètres par heure.

20. Les convois de voyageurs ne devront être remorqués que par une seule locomotive, sauf les cas où l'emploi d'une machine de renfort deviendrait nécessaire, soit pour la montée d'une rampe de forte inclinaison, soit par suite d'une affluence extraordinaire de voyageurs, de l'état de l'atmosphère, d'un accident ou d'un retard exigeant l'emploi de secours, ou de tout autre cas analogue ou spécial préalablement déterminé par le Ministre des travaux publics.

Il est, dans tous les cas, interdit d'atteler simultanément plus de deux locomotives à un convoi de voyageurs.

La machine placée en tête devra régler la marche du train.

Il devra toujours y avoir en tête de chaque train, entre le tender et la première voiture de voyageurs, autant de voitures ne portant pas de voyageurs, qu'il y aura de locomotives attelées.

Dans tous les cas où il sera attelé plus d'une locomotive à un train, mention en sera faite sur un registre à ce destiné, avec indication du motif de la mesure, de la station où elle aura été jugée nécessaire et de l'heure à laquelle le train aura quitté cette station.

Ce registre sera représenté à toute réquisition aux fonctionnaires et agents de l'administration publique chargés de la surveillance de l'exploitation.

21. Il est défendu d'admettre, dans les convois qui portent des voyageurs, aucune matière pouvant donner lieu soit à des explosions, soit à des incendies.

22. Les voitures entrant dans la composition des trains de voyageurs seront liées entre elles par des moyens d'attache tels que les tampons à ressort de ces voitures soient toujours en contact.

Les voitures des entrepreneurs de messageries ne pourront être admises dans la composition des trains qu'avec l'autorisation du Ministre des travaux publics, et que moyennant les conditions indiquées dans l'acte d'autorisation.

23. Les conducteurs gardes-freins seront mis en communication avec le mécanicien pour donner, en cas d'accident, le signal d'alarme, par tel moyen qui sera autorisé par le Ministre des travaux publics, sur la proposition de la Compagnie.

24. Les trains devront être éclairés extérieurement pendant la nuit. En cas d'insuffisance du système d'éclairage, le Ministre des travaux publics prescrira, la Compagnie entendue, les dispositions qu'il jugera nécessaires.

Les voitures fermées, destinées aux voyageurs, devront être éclairées intérieurement pendant la nuit et au passage des souterrains qui seront désignés par le Ministre.

TITRE IV.

DU DÉPART, DE LA CIRCULATION ET DE L'ARRIVÉE DES CONVOIS.

25. Pour chaque chemin de fer, le Ministre des travaux publics déterminera, sur la proposition de la Compagnie, le sens du mouvement des trains et des machines isolées sur chaque voie quand il y a plusieurs voies, ou les points de croisement quand il n'y en a qu'une.

Il ne pourra être dérogé, sous aucun prétexte, aux dispositions qui auront été prescrites par le Ministre, si ce n'est dans le cas où la voie serait interceptée ; et, dans ce cas, le changement devra être fait avec les précautions indiquées en l'article 34 ci-après.

26. Avant le départ du train, le mécanicien s'assurera si toutes les parties de la locomotive et du tender sont en bon état, si le frein de ce tender fonctionne convenablement.

La même vérification sera faite par les conducteurs gardes-freins, en ce qui concerne les voitures et les freins de ces voitures.

Le signal du départ ne sera donné que lorsque les portières seront fermées.

Le train ne devra être mis en marche qu'après le signal du départ.

27. Aucun convoi ne pourra partir d'une station avant l'heure déterminée par le règlement de service.

Aucun convoi ne pourra également partir d'une station avant qu'il se soit écoulé, depuis le départ ou le passage du convoi précédent, le laps de temps qui aura été fixé par le Ministre des travaux publics, sur la proposition de la Compagnie.

Des signaux seront placés à l'entrée de la station pour indiquer aux mécaniciens des trains qui pourraient survenir si le délai déterminé en vertu du paragraphe précédent est écoulé.

Dans l'intervalle des stations, des signaux seront établis, afin de donner le même avertissement au mécanicien sur les points où il ne peut pas voir devant lui à une distance suffisante. Dès que l'avertissement lui sera donné, le mécanicien devra ralentir la marche du train. En cas d'insuffisance des signaux établis par la Compagnie, le Ministre prescrira, la Compagnie entendue, l'établissement de ceux qu'il jugera nécessaires.

28. Sauf le cas de force majeure ou de réparation de la voie, les trains ne pourront s'arrêter qu'aux gares ou lieux de stationnement autorisés pour le service des voyageurs ou des marchandises.

Les locomotives ou les voitures ne pourront stationner sur les voies du chemin de fer affectées à la circulation des trains.

29. Le Ministre des travaux publics déterminera, sur la proposition de la Compagnie, les mesures spéciales de précaution relatives à la circulation des trains sur les plans inclinés et dans les souterrains à une ou à deux voies, à raison de leur longueur et de leur tracé.

Il déterminera également, sur la proposition de la Compagnie, la vitesse maximum que les trains de voyageurs pourront prendre sur les diverses parties de chaque ligne et la durée du trajet.

30. Le Ministre des travaux publics prescrira, sur la proposition de la Compagnie, les mesures spéciales de précaution à prendre pour l'expédition et la marche des convois extraordinaires.

Dès que l'expédition d'un convoi extraordinaire aura été décidée, déclaration devra en être faite immédiatement au commissaire spécial de police, avec indication du motif de l'expédition du convoi et de l'heure du départ.

31. Il sera placé le long du chemin, pendant le jour et pendant la nuit, soit pour l'entretien, soit pour la surveillance de la voie, des agents en nombre assez grand pour assurer la libre circulation des trains et la transmission des signaux ; en cas d'insuffisance, le Ministre des travaux publics en réglera le nombre, la Compagnie entendue.

Ces agents seront pourvus de signaux de jour et de nuit, à l'aide desquels ils annonceront si la voie est libre et en bon état, si le mécanicien doit ralentir sa marche ou s'il doit arrêter immédiatement le train.

Ils devront, en outre, signaler de proche en proche l'arrivée des convois.

32. Dans le cas où, soit un train, soit une machine isolée s'arrêterait sur la voie pour cause d'accident, le signal d'arrêt indiqué en l'article précédent devra être fait à cinq cents mètres au moins à l'arrière.

Les conducteurs principaux des convois et les mécaniciens conducteurs des machines isolées devront être munis d'un signal d'arrêt.

33. Lorsque des ateliers de réparation seront établis sur une voie, des signaux devront indiquer si l'état de la voie ne permet pas le passage des trains, ou s'il suffit de ralentir la marche de la machine.

34. Lorsque, par suite d'un accident, de réparation ou de toute autre cause, la circulation devra s'effectuer momentanément sur une voie, il devra être placé un garde auprès des aiguilles de chaque changement de voie.

Les gardes ne laisseront les trains s'engager dans la voie unique réservée à la circulation qu'après s'être assurés qu'ils ne seront pas rencontrés par un train venant dans un sens opposé.

Il sera donné connaissance au commissaire spécial de police du signal ou de l'ordre de service adopté pour assurer la circulation sur la voie unique.

35. La Compagnie sera tenue de faire connaître au Ministre des travaux publics le système de signaux qu'elle a adopté ou qu'elle se propose d'adopter pour les cas prévus par le présent titre. Le Ministre prescrira les modifications qu'il jugera nécessaires.

36. Le mécanicien devra porter constamment son attention sur l'état de la voie, arrêter ou ralentir la marche en cas d'obstacles, suivant les circonstances, et se conformer aux signaux qui lui seront transmis ; il surveillera toutes les parties de la machine, la tension de la vapeur et le niveau d'eau de la chaudière. Il veillera à ce que rien n'embarrasse la manœuvre du frein du tender.

37. A cinq cents mètres au moins avant d'arriver au point où une ligne d'embranchement vient croiser la ligne principale, le mécanicien devra modérer la vitesse de telle manière que le train puisse être complétement arrêté avant d'atteindre ce croisement, si les circonstances l'exigent.

Au point d'embranchement ci-dessus désigné, des signaux devront indiquer le sens dans lequel les aiguilles sont placées.

A l'approche des stations d'arrivée, le mécanicien devra faire les dispositions convenables pour que la vitesse acquise du train soit complétement amortie avant le point où les voyageurs doivent descendre, et de telle sorte qu'il soit nécessaire de remettre la machine en action pour atteindre ce point.

38. A l'approche des stations, des passages à niveau, des courbes, des tranchées et des souterrains, le mécanicien devra faire jouer le sifflet à vapeur, pour avertir de l'approche du train.

Il se servira également du sifflet comme moyen d'avertissement, toutes les fois que la voie ne lui paraîtra pas complétement libre.

39. Aucune personne autre que le mécanicien et le chauffeur ne pourra monter sur la locomotive ou sur le tender, à moins d'une permission spéciale et écrite du directeur de l'exploitation du chemin de fer.

Sont exceptés de cette interdiction les ingénieurs des ponts et chaussées, les ingénieurs des mines chargés de la surveillance, et les commissaires spéciaux de police. Toutefois, ces derniers devront remettre au chef de la station ou au conducteur principal du convoi une réquisition écrite et motivée.

40. Des machines dites *de secours* ou *de réserve* devront être entretenues constamment en feu et prêtes à partir, sur les points de chaque
ligne qui seront désignés par le Ministre des travaux publics, sur la proposition de la Compagnie.

Les règles relatives au service de ces machines seront également déterminées par le Ministre, sur la proposition de la Compagnie.

41. Il y aura constamment, au lieu de dépôt des machines, un wagon
chargé de tous les agrès et outils nécessaires en cas d'accident.

Chaque train devra d'ailleurs être muni des outils les plus indispensables.

42. Aux stations qui seront désignées par le Ministre des travaux publics, il sera tenu des registres sur lesquels on mentionnera les retards
excédant dix minutes pour les parcours dont la longueur est inférieure à
cinquante kilomètres, et quinze minutes pour les parcours de cinquante
kilomètres et au delà. Ces registres indiqueront la nature et la composition des trains, le nom des locomotives qui les ont remorqués, les heures
de départ et d'arrivée, la cause et la durée du retard.

Ces registres seront représentés à toute réquisition aux ingénieurs,
fonctionnaires et agents de l'administration publique chargés de la surveillance du matériel et de l'exploitation.

43. Des affiches placées dans les stations feront connaître au public les
heures de départ des convois ordinaires de toute sorte, les stations qu'ils
doivent desservir, les heures auxquelles ils doivent arriver à chacune des
stations et en partir.

Quinze jours, au moins, avant d'être mis à exécution, ces ordres de
service seront communiqués en même temps aux commissaires royaux,
au préfet du département et au Ministre des travaux publics, qui pourra
prescrire les modifications nécessaires pour la sûreté de la circulation ou
pour les besoins du public.

TITRE V.

DE LA PERCEPTION DES TAXES ET DES FRAIS ACCESSOIRES.

44. Aucune taxe, de quelque nature qu'elle soit, ne pourra être per-

çue par la Compagnie qu'en vertu d'une homologation du Ministre des travaux publics.

Les taxes perçues actuellement sur les chemins dont les concessions sont antérieures à 1835, et qui ne sont pas encore régularisées, devront l'être avant le 1er avril 1847 (1).

45. Pour l'exécution du paragraphe 1er de l'article qui précède, la Compagnie devra dresser un tableau des prix qu'elle a l'intention de percevoir, dans la limite du maximum autorisé par le cahier des charges, pour le transport des voyageurs, des bestiaux, marchandises et objets divers, et en transmettre en même temps des expéditions au Ministre des travaux publics, aux préfets des départements traversés par le chemin de fer et aux commissaires royaux.

46. La Compagnie devra, en outre, dans le plus court délai et dans les formes énoncées en l'article précédent, soumettre ses propositions au Ministre des travaux publics pour les prix de transport non déterminés par le cahier des charges, et à l'égard desquels le Ministre est appelé à statuer.

47. Quant aux frais accessoires, tels que ceux de chargement, de déchargement et d'entrepôt dans les gares et magasins du chemin de fer, et quant à toutes les taxes qui doivent être réglées annuellement, la Compagnie devra en soumettre le règlement à l'approbation du Ministre des travaux publics, dans le dixième mois de chaque année. Jusqu'à décision, les anciens tarifs continueront à être perçus.

48. Les tableaux des taxes et des frais accessoires approuvés seront constamment affichés dans les lieux les plus apparents des gares et stations des chemins de fer.

49. Lorsque la Compagnie voudra apporter quelques changements aux prix autorisés, elle en donnera avis au Ministre des travaux publics, aux préfets des départements traversés et aux commissaires royaux.

Le public sera en même temps informé par des affiches des changements soumis à l'approbation du Ministre.

---

(1) Cette mesure n'a été définitivement réalisée que le 31 décembre 1847, en vertu d'une ordonnance du 10 août précédent.

A l'expiration du mois, à partir de la date de l'affiche, lesdites **taxes** pourront être perçues, si, dans cet intervalle, le Ministre des travaux publics les a homologuées.

Si des modifications à quelques-uns des prix affichés étaient prescrites par le Ministre, les prix modifiés devront être affichés de nouveau et ne pourront être mis en perception qu'un mois après la date de ces affiches.

50. La Compagnie sera tenue d'effectuer avec soin, exactitude et célérité, et sans tour de faveur, les transports des marchandises, bestiaux et objets de toute nature qui lui seront confiés.

Au fur et à mesure que des colis, des bestiaux ou des objets quelconques arriveront au chemin de fer, enregistrement en sera fait immédiatement avec mention du prix total dû pour le transport. Le transport s'effectuera dans l'ordre des inscriptions, à moins de délais demandés ou consentis par l'expéditeur, et qui seront mentionnés dans l'enregistrement.

Un récépissé devra être délivré à l'expéditeur, s'il le demande, sans préjudice, s'il y a lieu, de la lettre de voiture. Le récépissé énoncera la nature et le poids des colis, le prix total du transport et le délai dans lequel ce transport devra être effectué.

Les registres mentionnés au présent article seront représentés à toute réquisition des fonctionnaires et agents chargés de veiller à l'exécution du présent règlement.

TITRE VI.

DE LA SURVEILLANCE DE L'EXPLOITATION.

51. La surveillance de l'exploitation des chemins de fer s'exécutera concurremment :

Par les commissaires royaux (1);

Par les ingénieurs des ponts et chaussées, les ingénieurs des mines, et par les conducteurs, les gardes-mines et autres agents sous leurs ordres;

---

(1) Décret du 26 juillet 1852, qui remplace par des *inspecteurs de l'exploitation commerciale* les commissaires royaux supprimés par une circulaire du Ministre des travaux publics, du 20 mars 1848. — Voir page 308.

Par les commissaires spéciaux de police et les agents sous leurs ordres.

52. Les commissaires royaux seront chargés :

De surveiller le mode d'application des tarifs approuvés et l'exécution des mesures prescrites pour la réception et l'enregistrement des colis, leur transport et leur remise aux destinataires;

De veiller à l'exécution des mesures approuvées ou prescrites pour que le service des transports ne soit pas interrompu aux points extrêmes de lignes en communication l'une avec l'autre;

De vérifier les conditions des traités qui seraient passés par les Compagnies avec les entreprises de transport par terre ou par eau, en correspondance avec les chemins de fer, et de signaler toutes les infractions au principe de l'égalité des taxes;

De constater le mouvement de la circulation des voyageurs et des marchandises sur les chemins de fer, les dépenses d'entretien et d'exploitation, et les recettes.

53. Pour l'exécution de l'article ci-dessus, les Compagnies seront tenues de représenter, à toute réquisition, aux commissaires royaux, leurs registres de dépenses et de recettes et les registres mentionnés à l'article 50 ci-dessus.

54. A l'égard des chemins de fer pour lesquels les Compagnies auraient obtenu de l'État soit un prêt avec intérêt privilégié, soit la garantie d'un minimum d'intérêt, ou pour lesquels l'État devrait entrer en partage des produits nets, les commissaires royaux exerceront toutes les autres attributions qui seront déterminées par les règlements spéciaux à intervenir dans chaque cas particulier.

55. Les ingénieurs, les conducteurs et autres agents du service des ponts et chaussées seront spécialement chargés de surveiller l'état de la voie de fer, des terrassements et des ouvrages d'art et des clôtures.

56. Les ingénieurs des mines, les gardes-mines et autres agents du service des mines seront spécialement chargés de surveiller l'état des machines fixes et locomotives employées à la traction des convois, et, en général, de tout le matériel roulant servant à l'exploitation.

Ils pourront être suppléés par les ingénieurs, conducteurs et autres agents du service des ponts et chaussées, et réciproquement.

57. Les commissaires spéciaux de police et les agents sous leurs ordres

sont chargés particulièrement de surveiller la composition, le départ, l'arrivée, la marche et les stationnements des trains, l'entrée, le stationnement et la circulation des voitures dans les cours et stations, l'admission du public dans les gares et sur les quais des chemins de fer.

58. Les Compagnies sont tenues de fournir des locaux convenables pour les commissaires spéciaux de police et les agents de surveillance.

59. Toutes les fois qu'il arrivera un accident sur le chemin de fer, il en sera fait immédiatement déclaration à l'autorité locale et au commissaire spécial de police, à la diligence du chef du convoi. Le préfet du département, l'ingénieur des ponts et chaussées et l'ingénieur des mines chargés de la surveillance, et le commissaire royal, en seront immédiatement informés par les soins de la Compagnie.

60. Les Compagnies devront soumettre à l'approbation du Ministre des travaux publics leurs règlements relatifs au service et à l'exploitation des chemins de fer.

TITRE VII.

DES MESURES CONCERNANT LES VOYAGEURS ET LES PERSONNES ÉTRANGÈRES AU SERVICE DU CHEMIN DE FER.

61. Il est défendu à toute personne étrangère au service du chemin de fer :

1º De s'introduire dans l'enceinte du chemin de fer, d'y circuler ou stationner ;

2º D'y jeter ou déposer aucuns matériaux et objets quelconques ;

3º D'y introduire des chevaux, bestiaux ou animaux d'aucune espèce ;

4º D'y faire circuler ou stationner aucunes voitures, wagons ou machines étrangères au service.

62. Sont exceptés de la défense portée au premier paragraphe de l'article précédent, les maires et adjoints, les commissaires de police, les officiers de gendarmerie, les gendarmes et autres agents de la force publique, les préposés aux douanes, aux contributions indirectes et aux oc-

trois, les gardes champêtres et forestiers dans l'exercice de leurs fonctions et revêtus de leurs uniformes ou de leurs insignes.

Dans tous les cas, les fonctionnaires et les agents désignés au paragraphe précédent seront tenus de se conformer aux mesures spéciales de précaution qui auront été déterminées par le Ministre, la Compagnie entendue.

63. Il est défendu :

1° D'entrer dans les voitures sans avoir pris un billet, et de se placer dans une voiture d'une autre classe que celle qui est indiquée par le billet ;

2° D'entrer dans les voitures ou d'en sortir autrement que par la portière qui fait face au côté extérieur de la ligne du chemin de fer ;

3° De passer d'une voiture dans une autre, de se pencher au dehors.

Les voyageurs ne doivent sortir des voitures qu'aux stations, et lorsque le train est complétement arrêté.

Il est défendu de fumer dans les voitures ou sur les voitures et dans les gares ; toutefois, à la demande de la Compagnie et moyennant des mesures spéciales de précaution, des dérogations à cette disposition pourront être autorisées.

Les voyageurs sont tenus d'obtempérer aux injonctions des agents de la Compagnie pour l'observation des dispositions mentionnées aux paragraphes ci-dessus.

64. Il est interdit d'admettre dans les voitures plus de voyageurs que ne le comporte le nombre de places indiqué conformément à l'article 14 ci-dessus.

65. L'entrée des voitures est interdite :

1° A toute personne en état d'ivresse ;

2° A tous individus porteurs d'armes à feu chargées ou de paquets qui, par leur nature, leur volume ou leur odeur, pourraient gêner ou incommoder les voyageurs.

Tout individu porteur d'une arme à feu devra, avant son admission sur les quais d'embarquement, faire constater que son arme n'est point chargée.

66. Les personnes qui voudront expédier des marchandises de la nature de celles qui sont mentionnées à l'article 21 devront les déclarer au moment où elles les apporteront dans les stations du chemin de fer.

Des mesures spéciales de précaution seront prescrites, s'il y a lieu, pour le transport desdites marchandises, la Compagnie entendue.

67. Aucun chien ne sera admis dans les voitures servant au transport des voyageurs; toutefois, la Compagnie pourra placer dans des caisses de voitures spéciales les voyageurs qui ne voudraient pas se séparer de leurs chiens, pourvu que ces animaux soient muselés, en quelque saison que ce soit.

68. Les cantonniers, gardes-barrières et autres agents du chemin de fer devront faire sortir immédiatement toute personne qui se serait introduite dans l'enceinte du chemin, ou dans quelque portion que ce soit de ses dépendances où elle n'aurait pas le droit d'entrer.

En cas de résistance de la part des contrevenants, tout employé du chemin de fer pourra requérir l'assistance des agents de l'administration et de la force publique.

Les chevaux ou bestiaux abandonnés qui seront trouvés dans l'enceinte du chemin de fer seront saisis et mis en fourrière.

TITRE VIII.

DISPOSITIONS DIVERSES.

69. Dans tous les cas où, conformément aux dispositions du présent règlement, le Ministre des travaux publics devra statuer sur la proposition d'une Compagnie, la Compagnie sera tenue de lui soumettre cette proposition dans le délai qu'il aura déterminé, faute de quoi le Ministre pourra statuer directement.

Si le Ministre pense qu'il y a lieu de modifier la proposition de la Compagnie, il devra, sauf le cas d'urgence, entendre la Compagnie avant de prescrire les modifications.

70. Aucun crieur, vendeur ou distributeur d'objets quelconques ne pourra être admis par les Compagnies à exercer sa profession dans les cours ou bâtiments des stations et dans les salles d'attente destinées aux voyageurs qu'en vertu d'une autorisation spéciale du préfet du département.

71. Lorsqu'un chemin de fer traverse plusieurs départements, les attributions conférées aux préfets par le présent règlement pourront être centralisées en tout ou en partie dans les mains de l'un des préfets des départements traversés.

72. Les attributions données aux préfets des départements par la présente ordonnance seront, conformément à l'arrêté du 3 brumaire an 9, exercées par le préfet de police dans toute l'étendue du département de la Seine, et dans les communes de Saint-Cloud, Meudon et Sèvres, département de Seine-et-Oise.

73. Tout agent employé sur les chemins de fer sera revêtu d'un uniforme ou porteur d'un signe distinctif; les cantonniers, gardes-barrières et surveillants pourront être armés d'un sabre.

74. Nul ne pourra être employé en qualité de mécanicien conducteur de train, s'il ne produit des certificats de capacité délivrés dans les formes qui seront déterminées par le Ministre des travaux publics.

75. Aux stations désignées par le Ministre, les Compagnies entretiendront les médicaments et moyens de secours nécessaires en cas d'accident.

76. Il sera tenu dans chaque station un registre coté et parafé, à Paris, par le préfet de police, ailleurs, par le maire du lieu, lequel sera destiné à recevoir les réclamations des voyageurs qui auraient des plaintes à former, soit contre la Compagnie, soit contre ses agents. Ce registre sera présenté à toute réquisition des voyageurs.

77. Les registres mentionnés aux articles 9, 20 et 42 ci-dessus sont cotés et parafés par le commissaire de police.

78. Des exemplaires du présent règlement seront constamment affichés, à la diligence des Compagnies, aux abords des bureaux des chemins de fer et dans les salles d'attente.

Le conducteur principal d'un train en marche devra également être muni d'un exemplaire du règlement.

Des extraits devront être délivrés, chacun pour ce qui le concerne, aux mécaniciens, chauffeurs, gardes-freins, cantonniers, gardes-barrières et autres agents employés sur le chemin de fer.

Des extraits, en ce qui concerne les règles à observer par les voyageurs pendant le trajet, devront être placés dans chaque caisse de voiture.

79. Seront constatées, poursuivies et réprimées, conformément au titre 3 de la loi du 15 juillet 1845 sur la police des chemins de fer, les contraventions au présent règlement, aux décisions rendues par le Ministre des travaux publics, et aux arrêtés pris, sous son approbation, par par les préfets, pour l'exécution dudit règlement.

---

27 février — 6 mars 1850. — Loi relative aux commissaires et aux sous-commissaires préposés à la surveillance des chemins de fer.

ART. 1er. Les commissaires et sous-commissaires spécialement préposés à la surveillance des chemins de fer sont nommés par le Ministre des travaux publics.

2. Un règlement d'administration publique déterminera les conditions et le mode de leur nomination et de leur avancement.

3. Ils ont, pour la constatation des crimes, délits et contraventions commis dans l'enceinte des chemins de fer et de leurs dépendances, les pouvoirs d'officiers de police judiciaire.

4. Ils sont, en cette qualité, sous la surveillance du procureur de la République, et lui adressent directement leurs procès-verbaux.

Néanmoins, ils adressent aux ingénieurs, sous les ordres desquels ils continuent à exécuter leurs fonctions, les procès-verbaux qui constatent les contraventions à la grande voirie, et en double original aux procureurs de la République et aux ingénieurs, ceux qui constatent des infractions aux règlements de l'exploitation.

Dans la huitaine du jour où ils auront reçu les procès-verbaux constatant des infractions aux règlements de l'exploitation, les ingénieurs transmettront au procureur de la République leurs observations sur ces procès-verbaux.

Dans le même délai ils transmettront au préfet les procès-verbaux qui auront été dressés pour contravention à la grande voirie.

---

27 mars — 19 avril 1852. — Décret qui soumet à la surveillance de l'administration publique, le personnel actif employé par les Compagnies de chemins de fer.

Louis-Napoléon, etc. — Sur le rapport du Ministre des travaux publics ; — Vu l'article 1er de la loi du 15 juillet 1845 sur la police des chemins de fer, portant que les chemins de fer construits ou conservés par l'État font partie de la grande voirie ; — Vu les règlements généraux de surveillance et de police qui régissent la grande voirie ; — Considérant qu'il importe d'assurer à l'État, dans un intérêt d'ordre et de sécurité, une action propre sur un personnel nombreux et qui tend à s'augmenter, — Décrète :

Art. 1er. Le personnel actif, employé aujourd'hui par les diverses Compagnies de chemins de fer, et celui qui sera ultérieurement employé par les Compagnies qui viendront à se former, est soumis à la surveillance de l'administration publique.

L'administration aura le droit, les Compagnies entendues, de requérir la révocation d'un agent de ces Compagnies.

2. Le Ministre des travaux publics est chargé de l'exécution du présent décret.

---

26 juillet — 1er décembre 1852. — Décret concernant les inspecteurs de l'exploitation commerciale des chemins de fer.

Art. 1er. Les inspecteurs de l'exploitation commerciale des chemins de fer exercent, sous la direction des ingénieurs en chef chargés du service de contrôle des chemins de fer, la surveillance de l'exploitation commerciale et des opérations financières des Compagnies concessionnaires. — Ils sont spécialement chargés de vérifier les propositions des Compagnies, touchant l'application ou la modification des tarifs ; la perception des taxes et des frais accessoires, les conventions et traités passés par les Compagnies avec les expéditeurs ou entrepreneurs de transports, de constater le mouvement de la circulation, les dépenses et recettes de l'exploitation, etc. — Ils sont consultés sur la fixation des heures de départ et d'arrivée des convois, sur l'organisation du service des trains, et sur les règlements de service et d'exploitation des Compagnies, toutes les fois que ces règlements se rapportent à des objets placés dans leurs attributions.

2. Les inspecteurs de l'exploitation commerciale sont divisés en deux grades : — inspecteurs principaux ; — inspecteurs particuliers. — Les inspecteurs principaux centralisent les affaires et coordonnent les documents statistiques pour l'ensemble des lignes de chemins de fer auxquelles ils sont attachés. — Les inspecteurs particuliers correspondent avec les inpecteurs principaux et sont placés sous leur direction immédiate. — Les inspecteurs principaux et particuliers ont sous leurs ordres, pour tout ce qui concerne les détails de leur service, les commissaires et les sous-commissaires de surveillance administrative des chemins de fer.

3. Le traitement des inspecteurs principaux et particuliers est fixé ainsi qu'il suit : — inspecteurs principaux, cinq mille francs par an ; — inspec-particuliers, quatre mille francs par an. — Il leur est accordé en outre, pour frais de tournées et de bureau, une indemnité qui est fixée par un règlement particulier.

4. Les inspecteurs principaux sont pris parmi les inspecteurs particuliers ayant deux années, au moins, de service en cette qualité, ou parmi les fonctionnaires de l'ordre civil et militaire, comptant la même durée de service.

5. Les inspecteurs principaux et particuliers sont nommés et révoqués par le Ministre des travaux publics. — Leur nombre est réglé d'après les besoins du service et les allocations du budget.

---

10 — 18 *juin* 1853. — *Loi qui approuve les articles 4 et 6 du cahier des charges de la concession du chemin de fer de Lyon à Genève, avec embranchement sur Bourg et Mâcon, et contient les dispositions applicables à tous les chemins de fer.* (Extrait.)

TITRE II.

DISPOSITIONS GÉNÉRALES APPLICABLES A TOUS LES CHEMINS DE FER.

2. Tout agent de change qui se prête à une négociation d'actions inter-

dite par le décret de concession de chemin de fer est passible des peines prononcées par l'article 13 de la loi du 15 juillet 1845.

3. Toute publication quelconque de la valeur d'actions dont la négociation est interdite par le décret de concession d'un chemin de fer rend le contrevenant passible des mêmes peines.

EXTRAITS

des Statuts et Conventions relatifs aux Compagnies de
Chemins de fer.

Compagnie du Chemin de fer du Nord.

*Extrait des statuts du 27 juin 1857, modifiant ceux du
18 septembre 1845.*

EXÉCUTION ET EXPLOITATION des chemins de fer de : Paris à la frontière
de Belgique, par Lille et Valenciennes, avec embranchements sur Beauvais ;
de Lille à Calais et Dunkerque ; de Creil à Saint-Quentin et à Erquelines :
d'Amiens à Boulogne, avec embranchement de Noyelle à Saint-Valery,
avec raccordement de Busigny à Somains, par Cambrai ; de Tergnier
à Laon ; de Paris à Creil directement ; d'Haumont à la frontière de Belgique. (Par suite des dispositions de la loi du 11 juin 1859, les lignes qui
précèdent font partie de l'ancien réseau, et celles qui suivent constituent
le nouveau réseau, dont une partie est concédée à titre définitif et l'autre à
titre éventuel.) — *A titre définitif, nouveau réseau :* De Paris à Soissons ;
de Boulogne à Calais, avec embranchement sur Marquise ; de Rouen à Amiens,
pour les deux tiers ; d'Amiens à la ligne de Creil à Saint-Quentin ; des houil-
lères du Pas-de-Calais ; de Chantilly à Senlis ; de Pontoise vers la ligne de
Belgique ; d'Ermont à Argenteuil ; de Villers-Cotterets au Port-aux-Perches.
— *A titre éventuel :* De Soissons à la frontière de Belgique ; de la ligne de
Saint-Quentin à Erquelines à un point à déterminer de la ligne précédente ;
de Senlis à un point à déterminer de la ligne de Paris à Soissons ; de
Beauvais à un point de la ligne de Paris à Dieppe, par Pontoise. — La
durée des concessions est de quatre-vingt-dix-neuf ans, à partir de la date
de chacune d'elles. — Le fonds social se compose : 1° de 400,000 actions
déjà émises et entièrement libérées, appartenant aux souscripteurs primitifs de la Compagnie du chemin de fer du Nord ou à leurs ayants droits ;
2° 125,000 actions mises à la disposition des porteurs des 400,000 actions
anciennes. — Chaque action donne droit à un 525 millième dans la propriété de l'actif social et dans les bénéfices de l'entreprise. — La Compa-

gnie est administrée par un conseil composé de vingt-six membres nommés par l'assemblée générale. Chaque administrateur doit être propriétaire de cent actions, qui sont inaliénables pendant la durée de ses fonctions. Les titres de ces actions demeurent déposés dans la caisse de la Société. Les fonctions d'administrateur sont gratuites ; ils reçoivent des jetons de présence dont la valeur est fixée par l'assemblée générale. Une rémunération pourra être attribuée aux administrateurs qui seraient particulièrement chargés de la direction active des affaires de la Société. Les fonctions d'administrateur ont une durée de cinq ans.

Pendant trois ans, à partir de leur émission, les actions nouvelles n'auront aucune part au dividende ; elles auront droit seulement à un intérêt de 6 p. 0/0 pour les versements effectués sur le prix d'émission. — Un tiers des 125,000 actions nouvelles, désigné par la voie du sort, sera admis au partage du dividende à partir du second semestre de l'année 1860. Il sera procédé de même à l'égard du second tiers pour l'année 1861 et à l'égard du troisième tiers pour l'année 1862.

Aussi longtemps qu'elle ne sera pas admise à prendre part au dividende, chaque action nouvelle continuera de recevoir l'intérêt de 5 0/0 ; mais à dater de l'entrée en jouissance du dividende, elle sera complétement assimilée aux actions anciennes et ne recevra plus, en conséquence, à titre d'intérêt, qu'une somme de 16 francs par an.

Il sera prélevé sur l'excédant des produits annuels, après le payement des charges : 1º une retenue destinée à constituer un fonds de réserve pour les dépenses imprévues. La quotité de cette retenue ne pourra être inférieure à 5 p. 0/0 du produit net, tant que le fonds de réserve n'atteindra pas 2 millions. Au-dessus de cette somme, la quotité de la retenue sera réduite à 1 p. 0/0 du produit net. Le maximum de la réserve est fixé à la somme de 3 millions de francs ; quand ce maximum sera atteint, le prélèvement destiné à le former sera suspendu. Il reprendra cours aussitôt que le fonds de réserve sera descendu au-dessous de ce chiffre.

2º Une retenue destinée à constituer un fonds d'amortissement, et calculée de telle sorte que le capital social soit complétement amorti pendant la durée de la concession, à raison de 400 francs par action.

3º 4 p. 0/0 du prix d'amortissement des actions, pour le montant en être employé à servir aux actions amorties et non amorties un intérêt de 16 francs par an, l'intérêt afférent aux actions amorties devant être versé au fonds d'amortissement, afin de compléter la somme nécessaire pour amortir la totalité des actions dans le délai prescrit.

Le surplus des produits annuels sera réparti également entre toutes les

actions amorties ou non amorties ; la portion afférente aux actions amorties sera distribuée aux propriétaires des titres qui auront été délivrés en
échange de ces actions. — S'il arrivait que, dans le cours d'une ou de
plusieurs années, les produits nets de l'entreprise fussent insuffisants
pour assurer le remboursement du nombre d'actions à amortir, la somme
nécessaire pour compléter le fonds d'amortissement serait prélevée sur
les premiers produits nets des années suivantes, par préférence et anté-
riorité à toute attribution du dividende aux actionnaires. — La désignation
des actions à amortir aura lieu au moyen d'un tirage au sort qui se fera
publiquement à Paris chaque année, aux époques et suivant la forme qui
seront déterminées par le conseil d'administration. — Les propriétaires
des actions désignées par le tirage au sort pour le remboursement recevront en numéraire le capital effectivement versé de leurs actions et les
dividendes jusqu'au jour indiqué pour le remboursement, et en échange
de leurs actions primitives, des actions spéciales au porteur, qui donnent
droit à une part proportionnelle dans les bénéfices et aux attributions relatives à l'administration et au vote, dans les mêmes conditions que les
actions non amorties. — Le payement des intérêts a lieu par semestre,
le 1er janvier et le 1er juillet.—Le payement du dividende a lieu le 1er juillet ; le montant en est fixé définitivement par l'assemblée générale des
actionnaires dans sa réunion ordinaire du mois d'avril. — Le payement
des intérêts et dividendes se fait au siége de la Société. Tous intérêts et
dividendes qui n'ont pas été touchés à l'expiration de cinq années après
l'époque de leur payement dûment annoncé dans les deux journaux d'annonces légales du département de la Seine sont acquis à la Société, conformément à l'article 2,277 du Code Napoléon.

Nota. En vertu de la loi du 11 juin 1859, et conformément à la convention arrêtée le 24 juillet 1858 entre le Ministre des travaux publics et
la Compagnie du chemin de fer du Nord, le Ministre s'engage, au nom de
l'État, à garantir à la Compagnie, pendant cinquante années, à partir du
1er janvier 1865, l'intérêt à 4 p. 0/0 et l'amortissement calculé au même
taux pour un terme de cinquante ans du capital affecté à la construction
des lignes composant le nouveau réseau de la Compagnie, sans que le capital garanti puisse excéder, pour l'ensemble des lignes concédées à titre
définitif, la somme totale de 139,500,000 francs. — Le capital garanti
pour l'ensemble des lignes concédées à titre éventuel ne pourra excéder
la somme totale de 60,500,000 francs. — Celles des lignes du nouveau
réseau qui ne seront pas terminées avant le 1er janvier 1865 ne participeront à la garantie d'intérêt qu'à partir du 1er janvier qui suivra leur mise

en exploitation. — La garantie d'intérêt s'appliquera ainsi qu'il suit : — Il sera établi chaque année deux comptes distincts des produits nets, y compris les produits accessoires de toute nature, 1° de l'ancien réseau; 2° du nouveau réseau, de manière à ce que la garantie de l'État ne vienne qu'en cas d'insuffisance des produits successivement balancés.

Compagnie des Chemins de fer de l'Est.

Ligne de Paris à Strasbourg. — Statuts. — 1845.

— Durée de la concession : quarante-cinq ans. — Fonds social : 125 millions de francs, divisé en 250 mille actions de 500 francs. — Chaque action donne droit à un deux cent cinquante millième dans la propriété de l'actif social et dans les bénéfices de l'entreprise. — Elles ont été souscrites entièrement à l'émission.—Les actions sont nominatives ou au porteur. — Elles ne sont au porteur qu'après complète libération. — Les actions sont indivisibles; la Société ne reconnaît qu'un seul propriétaire pour chaque action. — Les actionnaires ne sont engagés que jusqu'à concurrence du capital de chaque action.

— La Compagnie est administrée par un conseil composé de trente-deux membres nommés par l'assemblée générale. — Chaque membre doit être propriétaire de cent actions, dont les titres, inaliénables pendant la durée des fonctions, restent déposés dans la caisse de la Société. — Les fonctions des administrateurs sont gratuites; ils reçoivent des jetons de présence dont la valeur est déterminée par l'assemblée générale. — Le conseil d'administration peut déléguer tout ou partie de ses pouvoirs, pour une ou plusieurs affaires déterminées. — Il peut également déléguer des pouvoirs généraux à un comité de direction composé de sept de ses membres. — Tous pouvoirs sont donnés d'avance au conseil d'administration pour consentir les changements que le Gouvernement jugerait nécessaires.

Modifications. — Extrait de la convention arrêtée le 24 juillet 1858 avec le Ministre des travaux publics et la Compagnie des chemins de fer de l'Est, par suite du traité de fusion passé le 12 mai 1857 entre la Compagnie des chemins de fer de l'Est et la Compagnie du chemin de fer des Ardennes ; ladite convention modifiant les conventions antérieures relatives à la ligne de l'Est, approuvée par la loi du 11 juin 1859 et par décret spécial du 14 juillet même année :

La concession de la Compagnie de l'Est sera considérée, au point de vue de l'application des clauses stipulées par la présente convention, comme partagée en deux réseaux distincts, savoir :

1° L'ancien réseau, comprenant les lignes énoncées ci-après : — de Paris à Strasbourg, avec embranchement sur Reims et sur Mourmelon, et prolongement jusqu'à Kehl ; de Paris à Vincennes et Saint-Maur, avec raccordement sur la ligne de Mulhouse ; de Frouard à Metz et à la frontière prussienne ; de Metz à Thionville et à la frontière du grand-duché de Luxembourg ; de Strasbourg à Wissembourg ; de Strasbourg à Bâle ; de Mulhouse à Thann ; de Thann à Wesserling ; le chemin de fer de ceinture de Paris, pour la part afférente à la Compagnie de l'Est.

2° Le nouveau réseau, comprenant les lignes énoncées ci-après :

Concédées à titre définitif. — De Paris à Mulhouse, avec embranchement sur Coulommiers, Provins, Montereau et Bar-sur-Seine ; de Blesme à Saint-Dizier et à Gray ; de Nancy à Gray, par Épinal ; de Reims à la frontière belge, par Mézières, Charleville et Givet, avec embranchement sur Sedan ; de Sedan à la ligne de Metz à Thionville, avec embranchement sur la frontière belge, par Longwy ; de Reims à la ligne de Paris à Soissons ; de Reims à Laon.

Ligne concédée à titre éventuel. — De Mézières vers un point à déterminer de la ligne de Soissons à la frontière de Belgique.

Le Ministre des travaux publics s'engage, au nom de l'État, à garantir à la Compagnie pendant cinquante années, à partir du 1er janvier 1864, l'intérêt à 4 p. 0/0 et l'amortissement calculé au même taux pour un terme de cinquante ans, du capital affecté au rachat ou à la construction des lignes composant le nouveau réseau. Le capital garanti ne pourra excéder, pour l'ensemble des lignes concédées à titre définitif, la somme totale de 505 millions, et pour la ligne éventuelle de Mézières, la somme de 17 millions. Celles des lignes du nouveau réseau qui ne seront pas terminées avant le 1er janvier 1864 ne participeront à la garantie qu'à partir du 1er janvier qui suivra leur mise en exploitation.

La garantie d'intérêt stipulée s'appliquera ainsi qu'il suit : il sera établi chaque année deux comptes distincts des produits nets, y compris les produits accessoires de toute nature : — 1° de l'ancien réseau ; — 2° du nouveau réseau. — Pour arriver, par suite de l'appréciation et de la balance des produits et des dépenses, à cette conséquence : que la garantie de l'État ne s'appliquera que dans le cas où les produits nets du nouveau réseau, accrus de l'excédant des produits de l'ancien réseau, ne couvriraient pas l'intérêt de l'amortissement à 4 p. 0/0 du capital garanti par l'État.

Le partage des bénéfices entre l'État et la Compagnie s'exercera à partir du 1er janvier 1872, lorsque l'ensemble des produits nets, tant de l'ancien que du nouveau réseau, excédera la somme nécessaire pour représenter à la fois 6 p. 0/0 du capital effectivement dépensé pour la construction des lignes rétrocédées par la Compagnie des Ardennes en vertu de la présente convention, et 8 p. 0/0 du capital effectivement dépensé pour la construction du surplus des lignes concédées à la Compagnie de l'Est. — Les lignes qui ne seraient pas achevées avant ladite époque seront comprises dans le compte général du partage à partir du 1er janvier qui suivra leur mise en exploitation.

Un règlement d'administration publique déterminera, en ce qui concerne la garantie d'intérêt, les formes suivant lesquelles la Compagnie sera tenue de justifier vis-à-vis de l'État, et sous le contrôle de l'administration supérieure : 1° des frais de construction ; 2° des frais annuels d'entretien et d'exploitation ; 3° des recettes. — Dans tous les cas, la Compagnie n'a droit qu'au prélèvement sur les produits nets des intérêts et de l'amortissement des dépenses.

Du 1er janvier 1859 jusqu'au 1er janvier 1880, l'Administration des postes jouit des avantages stipulés dans le cahier des charges pour son service spécial moyennant une somme annuelle de 300,000 francs.

Extrait de la convention entre M. le Ministre de l'agriculture, du commerce et des travaux publics, et la Compagnie des chemins de fer des Ardennes, relative à la fusion de cette Compagnie avec celle de l'Est, et à la subvention qui est accordée.

Art. 2. Le Ministre de l'agriculture, du commerce et des travaux publics, s'engage, au nom de l'État, à payer à la Compagnie, à titre de subvention, pour l'exécution des lignes qui lui sont concédées, une somme de quatre millions cinq cent mille francs (4,500,000 fr.). — Cette somme sera versée en trois payements annuels égaux, dont le premier aura lieu le quinze février mil huit cent soixante (1860), et le second le quinze février mil huit cent soixante et un (1861) ; le dernier versement ne sera fait qu'au moment où l'ensemble des lignes concédées à la Compagnie aura été livré à l'exploitation. — Toutefois, dans le cas où, pendant les deux années d'exploitation qui précéderont la réunion définitive des lignes des Ardennes à la concession de l'Est, la moyenne des produits nets annuels représenterait une somme supérieure à l'intérêt à cinq francs cinquante centimes pour cent (5 fr. 50 c. p. 0/0) du capital dépensé par la Compagnie, sans que ce capital puisse excéder cent trente-sept millions cinq cent mille francs (137,500,000 fr.), ladite subvention sera réduite d'une somme égale à cet excédant de produits, capitalisé au taux de cinq francs cinquante centimes pour cent. La somme à restituer, s'il y a lieu, en exécution de la disposition qui précède, sera remboursée à l'État par la Compagnie des Ardennes, dans l'année où aura lieu la réalisation de la fusion approuvée par l'article 1er de la présente convention.

Art. 3. Le Ministre de l'agriculture, du commerce et des travaux publics, s'engage, au nom le d'État, à garantir à la Compagnie, à partir du 1er janvier qui suivra la mise en exploitation de l'ensemble des lignes concédées par les décrets des 20 juillet 1853 et 10 juin 1857, l'intérêt à quatre pour cent (4 p. 0/0) et l'amortissement calculé au même taux, pour un terme de cinquante années, du capital affecté à la construction desdites lignes, sans que, dans aucun cas, ce capital puisse excéder la somme de cent trente-sept millions cinq cent mille francs (137,500,000 fr.). — A partir de l'époque où, en exécution du traité, les lignes des Ardennes seront définitivement réunies à la concession de la Compagnie de l'Est, ladite garantie se confondra avec celle qui, par l'article 6 de la convention des 24 juillet 1858 et 11 juin 1859, a été accordée au nouveau réseau de cette dernière Compagnie. —A partir de la même époque, les lignes des Ardennes seront soumises au cahier des charges de la Compagnie de l'Est.

Art. 4. Dans le cas où, avant la réunion définitive des lignes des Ardennes à la concession de l'Est, l'État aurait payé, à titre de garant, en exécution de la disposition qui précède, tout ou partie d'une annuité garantie, il en sera remboursé avec les intérêts à quatre pour cent (4 p. 0/0) par an, conformément aux conditions déterminées par l'article 8 de la convention intervenue, les 24 juillet 1858 et 11 juin 1859, entre le Ministre de l'agriculture, du commerce et des travaux publics, et la Compagnie de l'Est. Les conséquences de la présente stipulation seront réglées d'accord entre les deux Compagnies des Ardennes et de l'Est, sous l'approbation de l'administration supérieure. — La garantie de l'État ne pourra être réclamée par la Compagnie des Ardennes qu'après que cet accord sera intervenu.

Art. 5. Un règlement d'administration publique déterminera, en ce qui concerne la garantie d'intérêt accordée par l'article 3 de la présente convention, les formes suivant lesquelles la Compagnie sera tenue de justifier vis-à-vis de l'Etat et sous le contrôle de l'administration supérieure :

1º Des frais de construction; 2º des frais annuels d'entretien et d'exploitation ; 3º des recettes. — Ne seront pas comptés dans les frais annuels l'intérêt d'amortissement des emprunts que la Compagnie pourrait contracter pour l'achèvement des travaux, en cas d'insuffisance du capital garanti par l'État. — Sera compris dans ces frais annuels le prélèvement à opérer pour la réserve, conformément à l'article 22 des statuts de la Compagnie. — Le compte de premier établissement sera arrêté provisoirement, tant pour l'application de la garantie d'intérêt que pour le règlement définitif du chiffre de la subvention, avant le premier janvier qui suivra la mise en exploitation de l'ensemble des lignes concédées, et arrêté définitivement cinq ans après ladite époque.

Art. 6. La somme d'un million sept cent mille francs, formant le reliquat du cautionnement relatif au chemin de fer des Ardennes, sera rendue à la Compagnie immédiatement après l'ouverture de la ligne entière de Reims à Mézières et Charleville et de l'embranchement de Sedan.

Art. 7. Sont abrogées celles des dispositions des articles 1er et 2 de la convention du 19 juillet 1853, et des articles 1er et 3 de la convention du 10 juillet 1857, desquelles il résulte que la Compagnie accepte, sans garantie d'intérêts, les concessions qui lui ont été faites par lesdites conventions.

Art. 8. La présente convention et le traité de fusion, approuvés par l'article 1er ci-dessus, ne seront passibles que du droit fixe d'un franc.

Compagnie des Chemins de fer de l'Ouest.

Extrait des statuts. — 13 juin 1855.

EXÉCUTION ET EXPLOITATION des chemins de fer : de Paris à Saint-Germain, Argenteuil et Auteuil; de Paris à Versailles (rive droite et rive gauche); de Paris à Rouen; de Rouen au Havre; de Rouen à Dieppe et à Fécamp; de Paris à Caen et à Cherbourg. — Tous ces chemins concédés par les lois et décrets des 19 juillet 1835, 15 juillet 1840, 11 juin 1842, 19 juillet 1845, 13 mai 1851, 16 juillet 1851, 8 juillet 1852 et 18 août 1852. — Par suite du décret du 7 avril 1855, la concession comprend, en outre, les lignes et embranchements suivants (1) : de Serquigny à Rouen; de Lisieux à Honfleur; de Saint-Cyr à Surdon; d'Argentan à Granville; de Rennes à Brest; de Rennes à Redon; de Rennes à Saint-Malo; du Mans à Angers; de Rouen à Amiens, pour un tiers; de Paris à Dieppe, par Pontoise et Gisors; de Pont-l'Évêque à Trouville; de Laigle à ou près Conches (2). — Le fonds social est de 150 millions, divisé en trois cent mille actions donnant droit chacune à un trois cent millième dans la propriété de l'actif social et dans les bénéfices nets de l'entreprise. — Les actions sont au porteur; — elles sont indivisibles; — tous les copropriétaires d'une action sont tenus de se faire représenter auprès de la Société par une seule et même personne; — les actionnaires ne sont engagés que jusqu'à concurrence du capital de chaque action; au delà, tout appel de fonds est interdit. — Après le payement des charges, il est prélevé chaque année sur les bénéfices nets : 1° une retenue destinée à constituer un fonds d'amortissement, et calculée de telle sorte que le capital de 150 millions, dont l'intérêt à 3 1/2 p. 0/0 est garanti par l'État, soit complétement amorti cinq ans avant l'expiration de la concession, l'amortissement devant s'opérer à raison de 500 francs par action ; 2° 3 1/2 p. 0/0 dudit capital de 150 millions, destinés à servir, pour les actions amorties ou non amorties, un intérêt annuel de même somme; la portion afférente aux actions amorties devant être versée pour compléter le fonds d'amortissement du capital. — Les sommes que l'État aurait versées pour le payement ou le complément des annuités de l'intérêt à 3 1/2 p. 0/0 par lui garanti, lui seront remboursées sur l'excédant des produits nets de l'entreprise, après 3 1/2 p. 0/0. — La désignation des actions à amortir a lieu au moyen d'un tirage au sort; les numéros des actions désignées sont publiés dans deux des journaux d'annonces légales à Paris. — Les propriétaires des actions désignées par le tirage au sort recevront, indépen-

---

(1) Ces lignes se trouvent comprises dans le nouveau réseau déterminé par suite de la loi du 11 juin 1859.

(2) Subvention de 500,000 francs votée par délibération du conseil général de l'Eure, en dehors de la garantie d'intérêt.

damment de leur remboursement en capital et dividendes, et en échange
de leurs actions primitives, des actions spéciales donnant droit à une part
proportionnelle dans les bénéfices. — La Compagnie est administrée par
un conseil de dix-huit membres; — chaque administrateur doit être propriétaire de cent actions, dont les titres sont déposés à la caisse de la
Société; — les administrateurs sont nommés par l'assemblée générale,
leurs fonctions durent cinq ans. — La présence de cinq administrateurs
est nécessaire pour valider les délibérations qui, dans ce cas, doivent
être prises à l'unanimité.—Les fonctions d'administrateurs sont gratuites;
ils reçoivent des jetons de présence, dont la valeur est déterminée par
l'assemblée générale. — Les actionnaires sont réunis en assemblée générale le 1er mai de chaque année; — tout porteur de vingt actions est de
droit membre de l'assemblée générale.

Compagnie des Chemins de fer de Paris à Lyon et à la Méditerranée.

Extrait des statuts. — 30 juin 1857.

EXÉCUTION ET EXPLOITATION du réseau comprenant les lignes suivantes : 1º de Paris à Lyon, par la Bourgogne, avec embranchement sur
Auxerre, sur Châtillon, sur Besançon et Belfort, Gray, Salins, les Terrières,
Jougne's, Montbéliard et Audincourt, sur Nevers et Moulins; 2º de Bourg
à Lons-le-Saulnier et Besançon, et de Châlon à Dôle; 3º de Lyon à Marseille
et à Cette, avec embranchement sur Alais et la Grand'Combe, sur Aix et
sur Toulon; 4º de Paris à Lyon, par le Bourbonnais, avec embranchement
sur Moret, sur Vichy et Montbrison; 5º de Saint-Germain-des-Fossés à
Clermont, de Clermont à Arvant, et d'Arvant à Saint-Etienne, par le Puy;
6º les lignes concédées éventuellement par l'article 7 de la convention du
11 avril 1857, entre l'État et les Compagnies de Paris à Lyon et de Lyon
à la Méditerranée, annexée au décret précité, savoir : de Brioude à Alais,
de Toulon à Nice, desservant, soit directement, soit par un embranchement, la ville de Draguignan; d'Avignon à Gap et à la frontière sarde,
avec embranchements sur Aix et sur Miramas; — embranchements sur

Crest, sur Privas et sur Carpentras; 7° de Lyon à Genève, avec embranchements sur Mâcon et sur Culoz, dans les conditions qui résultent des
conventions intervenues les 19 décembre 1855 et 11 avril 1857, entre la
Compagnie du chemin de fer de Lyon à la Méditerranée et la Compagnie
de Lyon à Genève.

Le décret qui autorise la Société est du 3 juillet 1857, mais ses effets
remontent au 1er janvier de la même année. — Sa durée est celle de la
concession. Le fonds social est divisé en 800,000 actions, dont 577,500
sont entièrement libérées. — Chaque action donne droit, dans la propriété
de l'actif social et dans le partage des bénéfices, à une part proportionnelle au nombre des actions émises. — Fonds de réserve pour les dépenses extraordinaires ou imprévues, par un prélèvement annuel de
3 p. 0/0 sur les bénéfices. — Fonds d'amortissement au moyen d'un prélèvement qui ne commencera qu'à partir de l'année 1907, et qui a pour
objet : 1° d'amortir le capital des 800,000 actions cinq ans avant l'expiration de la concession ; 2° de servir aux actions amorties et non amorties un intérêt annuel de 4 p. 0/0, l'intérêt afférent aux actions amorties
devant être versé au fonds d'amortissement afin de compléter l'annuité nécessaire pour amortir la totalité du capital dans le délai fixé.

Les bénéfices sont répartis entre toutes les actions amorties ou non
amorties. La portion des bénéfices afférente aux actions amorties sera
distribuée aux propriétaires des titres qui auront été délivrés en échange
de ces actions.

Le conseil d'administration est composé de trente membres répartis en
deux sections administrant, l'une la partie nord du réseau, l'autre la partie
sud. Les fonctions des administrateurs sont gratuites ; ils reçoivent des
jetons de présence. Néanmoins ceux des administrateurs qui seraient investis d'un mandat spécial ou général pourront être rémunérés jusqu'à
concurrence d'une somme qui sera fixée, de même que la valeur des jetons de présence, par l'assemblée générale. A l'expiration de la concession, toutes les valeurs provenant de la liquidation seront employées
avant toute répartition aux actionnaires : 1° à mettre le chemin en état
d'être livré au gouvernement dans les conditions déterminées par le
cahier des charges de la concession ; 2° à compléter, s'il y a lieu, l'a-
mortissement du fonds social.

Nota. Les statuts auront à subir une modification par suite de la convention du 22 juillet 1858, passée avec le ministre des travaux publics, et
de la loi du 11 juin 1859, qui autorise cette convention.

Cette modification portera principalement sur les lignes du nouveau réseau rétrocédées ou concédées à titre définitif et celles concédées à titre éventuel.

L'intérêt à garantir par l'État, et seulement à partir du 1er janvier 1865, portera, pour l'ensemble des lignes concédées à titre définitif, sur un capital qui ne pourra excéder 814 millions, et 310 millions pour l'ensemble des lignes concédées à titre éventuel à partir de la même époque, 1er janvier 1865, pour toutes les lignes terminées à ce moment, et, pour celles qui ne le seraient pas, la garantie d'intérêt ne partirait que du 1er janvier de l'année qui suivra celle de leur mise en exploitation.

Un règlement d'administration publique déterminera, en ce qui concerne la garantie d'intérêt accordée, les formes suivant lesquelles la Compagnie sera tenue de justifier, vis-à-vis de l'État et sous le contrôle de l'administration supérieure : 1o des frais de construction ; — 2o des frais annuels d'entretien et d'exploitation ; — 3o des recettes. — Ne seront pas comptés dans les frais annuels l'intérêt et l'amortissement des emprunts que la Compagnie pourrait contracter pour l'achèvement des travaux, en cas d'insuffisance du capital garanti par l'État. — Sera compris dans ces frais annuels le prélèvement à opérer pour la réserve, conformément à l'article 24 des statuts de la Compagnie. — Le même règlement d'administration publique déterminera les dispositions destinées à régler l'exercice du droit de partage des bénéfices.

La modification portera aussi sur la fusion des chemins de fer du Dauphiné avec le réseau de Paris à Lyon et à la Méditerranée, fusion qui, bien qu'arrêtée définitivement, reste néanmoins suspendue, quant à son exécution, jusqu'à la fin de l'exercice de 1860, et pourrait être ajournée, pour certains cas prévus, jusqu'à la fin de 1863.

Compagnie du Chemin de fer d'Orléans.

Extrait des Statuts. — 24 août 1852.

EXÉCUTION ET EXPLOITATION des chemins de fer du Centre, d'Orléans à Bordeaux, de Tours à Nantes, de Chateauroux à Limoges, du Bec-d'Allier à Clermont, avec embranchement de Saint-Germain-des-Fossés sur Roanne, de Poitiers à la Rochelle et à Rochefort.

Le fonds social est de 150 millions de francs, intérêt à 4 p. 0/0 garanti par l'État pendant cinquante ans. — Le fonds social est divisé en 300 mille actions au porteur.

La Société est administrée par un conseil de 26 membres, renouvelables d'année en année par cinquième et rééligibles. — Leurs fonctions sont gratuites, ils n'ont droit qu'à des jetons de présence. Ils doivent être propriétaires chacun de cent actions. L'action administrative est concentrée entre les mains d'un directeur nommé par l'assemblée générale des actionnaires. Il doit être propriétaire de cent actions nominatives, qui restent déposées dans la caisse comme garantie de sa gestion. — Il assiste aux délibérations du conseil d'administration avec voix délibérative. Il reçoit des appointements fixes et annuels. Il peut être révoqué par l'assemblée générale. — L'assemblée générale est régulièrement constituée lorsque les actionnaires présents sont au nombre de soixante et représentent au moins le dixième du capital social. — Les bénéfices nets se répartissent ainsi : 1° 1 p. 0/0 du capital social à l'amortissement ; 2° 3 p. 0/0 d'intérêt aux actions amorties ou non, la part des actions amorties devant être versée à l'amortissement ; 3° et, s'il y a lieu, 3 p. 0/0 du produit net pour concourir à la constitution du fonds de réserve ; après ces prélèvements, l'excédant est partagé entre toutes les actions amorties ou non jusqu'à concurrence de un trois-cent-millième par action.

Après l'acquittement des charges et l'affectation de la part ci-dessus aux actionnaires, il sera fait distraction de 15 p. 0/0 sur le surplus des produits annuels, pour être répartis entre les employés de la Compagnie en proportion des traitements ou à raison des services, d'après les bases arrêtées par l'assemblée générale.

Pour compléter ce qu'a de trop restreint l'extrait qui précède, nous croyons devoir donner ici *in extenso* la convention arrêtée entre le ministre des travaux publics et la Compagnie, afin que nos lecteurs soient fixés sur l'importance des détails que comporte ce genre de transactions, et aussi sur le développement considérable qu'a pris l'exploitation des voies ferrées dans les contrées où cette Compagnie l'a dirigée.

Convention entre M. le ministre de l'agriculture, du commerce et des travaux publics, et la Compagnie du chemin de fer d'Orléans, qui modifie la convention approuvée par les décret et loi du 19 juin 1857.

L'an mil huit cent cinquante-huit, le dix juillet, et l'an mil huit cent cinquante neuf, le onze juin, — entre le ministre de l'agriculture, du commerce et des travaux publics, agissant au nom de l'État, et sous la réserve de l'approbation des présentes par décret de l'Empereur, et par la loi en ce qui concerne les clauses financières, — d'une part ; — et la Société anonyme établie à Paris sous la dénomination de *Compagnie du chemin de fer de Paris à Orléans*, ladite Compagnie représentée par M. Jean-François Bartholony, président du conseil d'administration de cette Compagnie, — élisant domicile au siége de ladite Société, à Paris, et agissant en vertu des pouvoirs qui lui ont été conférés par délibération dudit conseil d'administration, en date du 2 juillet 1858, et sous la réserve de l'approbation par l'assemblée générale des actionnaires dans un délai de dix mois au plus tard, laquelle approbation a été donnée par ladite assemblée générale dans sa séance du 30 mars 1859, — d'autre part, — il a été dit et convenu ce qui suit : .

Art. 1er. La convention passée, le 11 avril 1857, entre le ministre de l'agriculture, du commerce et des travaux publics, et la Compagnie du chemin de fer d'Orléans, ladite convention approuvée par le décret du 19 juin 1857 et par la loi du même jour, est modifiée conformément aux dispositions suivantes.

Art. 2. La concession de la Compagnie d'Orléans sera considérée, au point de vue de l'application des clauses stipulées par la présente convention, comme partagée en deux réseaux distincts, savoir :

1° L'ancien réseau, comprenant les lignes énoncées ci-après : de Paris à Orléans; d'Orléans à Tours et Bordeaux, avec embranchement sur la Rochelle et Rochefort, et raccordement avec le chemin de fer du Midi à Bordeaux; de Tours à Nantes et Saint-Nazaire; d'Orléans à Vierzon; de Vierzon au Bec-d'Allier; de Vierzon à Limoges, par Châteauroux; de Tours au Mans; de Nantes à Châteaulin, avec embranchement sur Napoléonville; le chemin de fer de Ceinture de Paris, pour la part afférente à la Compagnie d'Orléans.

2° Le nouveau réseau, comprenant les lignes énoncées ci-après :

Lignes rétrocédées ou concédées à titre définitif.

De Montluçon à Moulins; de Limoges à Agen; de Coutras à Périgueux; de Montauban à la rivière du Lot, avec embranchement sur Marcillac et Rodez; — d'Arvant, près Lempde, à la rivière du Lot; de Périgueux à la ligne de Clermont-Ferrand à Montauban, près la Capelle; de Paris à Sceaux et Orsay; de Paris à Tours, par ou près Châteaudun et Vendôme; de Nantes à Napoléon-Vendée; de Bourges à Montluçon; de Toulouse à la ligne de Montauban au Lot.

Lignes rétrocédées ou concédées à titre éventuel.

De Tours à Vierzon; d'Orléans au chemin de fer du Bourbonnais; de Montluçon à Limoges; de Poitiers à Limoges; d'Angers à Niort; de Li-

moges à Brives; embranchements sur Cahors, Villeneuve-d'Agen, Ber-
gerac et Tulle.

Art. 3. Le ministre de l'agriculture, du commerce et des travaux publics s'engage, au nom de l'État, à garantir à la Compagnie pendant
cinquante années (50 ans), à partir du premier janvier mil huit cent
soixante-cinq (1er janvier 1865), l'intérêt à quatre pour cent (4 p. 0/0) et
l'amortissement calculé au même taux, pour un terme de cinquante ans,
du capital affecté au rachat ou à la construction des lignes composant le
nouveau réseau de la Compagnie, tel qu'il est défini à l'article précédent.
— Le capital garanti ne pourra excéder, pour l'ensemble des lignes rétrocédées ou concédées à titre définitif, la somme totale de six cent un
millions de francs (601,000,000 fr.). — Le capital garanti pour les lignes
rétrocédées ou concédées à titre éventuel ne pourra excéder respectivement les sommes ci-après :

Ligne de Tours à Vierzon, trente millions cinq cent mille francs	30,500,000
D'Orléans au chemin du Bourbonnais, dix-neuf millions cinq cent mille francs	19,500,000
De Montluçon à Limoges, trente-huit millions	38,000,000
De Poitiers à Limoges, trente-neuf millions	39,000,000
D'Angers à Niort, quarante-trois millions	43,000,000
De Limoges à Brives, trente millions	30,000,000

Embranchements :

Sur Cahors, cinq millions cinq cent mille francs	5,500,000
Sur Villeneuve-d'Agen, un million deux cent mille francs.	1,200,000
Sur Tulle, trois millions huit cent mille francs	3,800,000
Sur Bergerac, trois millions cinq cent mille francs	3,500,000

Celles des lignes du nouveau réseau qui ne seront pas terminées avant
le premier janvier mil huit cent soixante-cinq (1er janvier 1865) ne participeront à la garantie d'intérêt qu'à partir du premier janvier qui suivra
leur mise en exploitation. — Jusqu'à l'époque où commencera pour les
lignes du nouveau réseau l'application de la garantie d'intérêt stipulée
par le présent article, les intérêts et l'amortissement des titres émis pour
leur rachat ou leur construction seront payés au moyen des produits des
sections de ces lignes qui seront successivement mises en exploitation.

En cas d'insuffisance, ces intérêts et amortissements seront portés au compte de premier établissement.

Art. 4. La garantie d'intérêt stipulée par l'article précédent s'appliquera ainsi qu'il suit : — Il sera établi annuellement deux comptes distincts des produits nets, y compris les produits accessoires de toute nature :

1° De l'ancien réseau, 2° du nouveau réseau, — tels qu'ils sont définis à l'article 2 ci-dessus. — A partir du premier janvier qui suivra l'achèvement complet de l'ensemble des lignes comprises, soit dans l'ancien, soit dans le nouveau réseau, à titre, soit définitif, soit éventuel, toute la portion des produits nets de l'ancien réseau qui excédera un revenu moyen de vingt-sept mille quatre cents francs (27,400 fr.) par kilomètre sera appliquée, concurremment avec les produits nets du nouveau réseau, à couvrir l'intérêt et l'amortissement garantis par l'État. — Dans les années comprises entre le 1er janvier 1865 et l'époque de l'achèvement complet de l'ensemble des lignes concédées, le chiffre de vingt-sept mille quatre cents francs (27,400 fr.) ci-dessus fixé sera réduit de deux cents francs (200 fr.) par chaque longueur de cent kilomètres (100 kil.) du nouveau réseau non livrée à l'exploitation, sans toutefois que la réduction puisse excéder deux mille quatre cents francs (2,400 fr.). — Les lignes de l'ancien réseau qui ne seraient pas terminées avant le 1er janvier 1865 ne figureront dans le compte des produits nets de ce réseau qu'à partir du 1er janvier qui suivra leur mise en exploitation. — En conséquence des dispositions du présent article, la garantie de l'État ne s'appliquera que dans le cas où les produits nets du nouveau réseau, accrus de l'excédant des produits de l'ancien réseau, ne couvriraient pas l'intérêt et l'amortissement à quatre pour cent (4 p. 0/0) du capital garanti par l'État.

Art. 5. Lorsque l'État aura, à titre de garant, payé tout ou partie d'une annuité garantie, il en sera remboursé avec les intérêts à quatre pour cent (4 p. 0/0) par an sur les produits nets des lignes auxquelles est accordée la garantie de l'État, dès que ces produits nets, accrus de l'excédant des produits de l'ancien réseau, conformément à l'article 4 ci dessus, dépasseront l'intérêt et l'amortissement garantis, et dans quelque année que cet excédant se produise. — A l'expiration de la concession, ou dans le cas d'application de la clause de rachat stipulée par l'article 37 du cahier des charges, si l'Etat est creancier de la Compagnie, le montant de sa créance sera compensé, jusqu'à due concurrence, avec la somme due à la Compagnie pour la reprise, s'il y a lieu, aux termes de l'article 36 dudit cahier des charges, du matériel tant de l'ancien que du nouveau réseau,

Art. 6. La clause du partage des bénéfices au delà de huit pour cent, stipulée au profit de l'État par l'article 6 de la convention du 11 avril 1857, est modifiée ainsi qu'il suit : — Lorsque l'ensemble des produits nets, tant de l'ancien que du nouveau réseau, excédera la somme nécessaire pour représenter à la fois un revenu net moyen de trente-deux mille francs (32,000 fr.) par kilomètre sur l'ancien réseau, et un intérêt de six pour cent (6 p. 0/0) du capital effectivement dépensé pour le rachat ou la construction des lignes comprises dans le nouveau réseau, l'excédant sera partagé par moitié entre l'État et la Compagnie. — Ce partage s'exercera à partir du premier janvier mil huit cent soixante et douze (1er janvier 1872). Les lignes qui ne seraient pas achevées avant ladite époque seront comprises dans le compte général du partage, à partir du 1er janvier qui suivra leur mise en exploitation.

Art. 7. Un règlement d'administration publique déterminera, en ce qui concerne la garantie d'intérêt accordée par l'article 3 de la présente convention, les formes suivant lesquelles la Compagnie sera tenue de justifier, vis-à-vis de l'État et sous le contrôle de l'administration supérieure : — 1° des frais de construction ; — 2° des frais annuels d'entretien et d'exploitation ; — 3° des recettes. — Ne seront pas compris dans les frais annuels l'intérêt et l'amortissement des emprunts que la Compagnie pourrait contracter pour l'achèvement des travaux, en cas d'insuffisance du capital garanti par l'État. — Seront compris dans ces frais annuels le prélèvement à opérer pour la réserve, conformément à l'article 51 des statuts de la Compagnie, et la somme attribuée annuellement aux employés de la Compagnie, conformément à l'article 52 desdits statuts. — Le même règlement d'administration publique déterminera les dispositions destinées à régler l'exercice du droit de partage des bénéfices stipulés à l'article précédent. — Le compte de premier établissement des lignes énoncées à l'article 2 ci-dessus sera arrêté provisoirement, tant pour l'application de la garantie que pour l'exercice du droit de partage des bénéfices, avant le 1er janvier qui suivra leur mise en exploitation, et arrêté définitivement cinq ans après ladite époque. — En aucun cas, le capital garanti ne pourra excéder les sommes déterminées à l'article 3 précité. — Toutefois, après l'expiration de ce délai de cinq ans, la Compagnie pourra être autorisée, s'il y a lieu, par décrets délibérés en conseil d'État, à ajouter auxdits comptes, pour l'exercice du droit de partage des bénéfices, les dépenses faites pour l'exécution de travaux qui seraient reconnus être de premier établissement. — Dans tous les cas, la Compagnie n'aura droit qu'au prélèvement, sur les produits nets, des intérêts et de l'amortissement desdites dépenses.

Art. 8. L'ajournement de la mise en exploitation de la ligne du Mans à Angers, stipulé par l'article 7 de la convention du 16 août 1853, est et demeure levé.

Art. 9. Sont abrogées les dispositions suivantes de la convention du 11 avril 1857 :

1° L'article 6 sous la réserve des droits des tiers ; — 2° les articles 7 et 14 ; — 3° celles des dispositions des articles 8 et 9 desquelles il résulte que la Compagnie accepte, sans garantie d'intérêt, les concessions faites à titre, soit définitif, soit éventuel, par lesdits articles ; — 4° le paragraphe premier sous la réserve des droits des tiers, et les paragraphes 4, 5 et 6 de l'article 17.

Art. 10. A partir du premier janvier mil huit cent soixante et douze (1872), la somme de cent vingt francs (120 francs) par chaque kilomètre de chemin de fer exploité que la Compagnie est tenue de verser, chaque année, à la caisse centrale du Trésor public, en vertu de l'article 67 du cahier des charges, pour pourvoir aux frais de contrôle de l'exploitation, pourra être élevée par décret impérial délibéré en conseil d'État, la Compagnie préalablement entendue, à un chiffre qui, dans aucun cas, ne pourra excéder cent cinquante francs (150 fr.).

Art. 11. La présente convention ne sera passible que du droit fixe d'un franc.

Fait à Paris, les jour, mois et an que dessus. (*Suivent les signatures.*)

Compagnie des chemins de fer du Midi et du Canal latéral à la Garonne.

Statuts. — 5 novembre 1852.

EXÉCUTION ET EXPLOITATION. — 1° Chemin de fer de Bordeaux à Cette et canal latéral à la Garonne ; 2° chemins de fer de Bordeaux à Bayonne, avec embranchements sur Mont-de-Marsan et Dax, et de Narbonne à Perpignan ; 3° du chemin de fer de Bordeaux à la Teste. — La durée de la concession, commencée à partir du décret qui l'a autorisée, finira le 24 août 1847. — Le fonds social est fixé à soixante-sept millions de francs, divisé en cent trente-quatre mille actions de cinq cents francs chacune. Chaque action donne droit à une part proportionnelle dans la propriété de l'actif social et dans les bénéfices de l'entreprise. — La Compagnie est administrée par un conseil composé de quinze membres nommés par l'assemblée générale et pour cinq ans. — Les fonctions d'administrateur sont gratuites; ils reçoivent des jetons de présence dont la valeur est fixée par l'assemblée générale. — Le conseil pourvoit à la négociation des emprunts votés par l'assemblée générale, et notamment celui de 40 millions par suite de la concession du chemin de fer de Bordeaux à Cette et du canal latéral à la Garonne. — Le conseil d'administration peut déléguer ses pouvoirs à un ou deux comités composés de cinq membres, et siégeant l'un à Paris, l'autre à Bordeaux ; dans ce cas, une rémunération spéciale pourra être attribuée à chacun de ces deux comités. Le chiffre en sera réglé par l'assemblée générale. — L'assemblée générale se réunit de droit chaque année dans le courant du mois d'avril. — Elle peut être convoquée en outre toutes les fois que le conseil d'administration le juge nécessaire. — Après le payement des charges et sur l'excédant des produits annuels, il sera prélevé une retenue destinée à constituer un fonds de réserve; la quotité de cette retenue ne pourra être inférieure à cinq pour cent dudit excédant. — Après le remboursement de l'emprunt mentionné ci-dessus, il sera prélevé sur l'excédant des produits nets annuels : 1° une retenue destinée à constituer un fonds d'amortissement, et calculée de telle sorte que le fonds social soit complétement amorti cinq ans avant l'expiration de la concession ; — 2° cinq pour cent du fonds social, pour le montant en être réparti également entre toutes les actions amorties et non amorties.—Le payement des intérêts a lieu par semestre; le payement des dividendes a lieu par semestre ou par année, suivant décision de l'assemblée générale.

Le payement des intérêts et celui des dividendes se font au siége de la Société. Tous les intérêts et dividendes qui n'ont pas été touchés à l'expiration de cinq années après l'époque dûment annoncée pour leur payement sont acquis à la Société, conformément à l'article 2,277 du Code Napoléon.

Extrait de la convention arrêtée les 28 décembre 1858 et 11 juin 1859, avec le ministre des travaux publics et la Compagnie des chemins de fer du Midi et du canal latéral à la Garonne.

De ladite convention, approuvée par décret impérial du 14 juillet 1859, et, pour ce qui concerne les clauses financières, par la loi du 11 juin 1859, il appert en résumé ce qui suit :

Un traité passé, le 24 décembre 1858, entre la Compagnie des chemins de fer du Midi et du canal latéral à la Garonne et la Compagnie du chemin de fer de Bordeaux à la Teste, porte cession par cette dernière Compagnie à celle du Midi de la ligne de Bordeaux à la Teste.

Concession par le ministre, au nom de l'État, à la Compagnie des chemins de fer du Midi et du canal latéral à la Garonne : — 1° un chemin de fer de Bayonne à la frontière d'Espagne, près Irun ; — 2° le prolongement jusqu'à Lodève du chemin d'Agde à Pézenas et à Clermont. — Délais d'exécution : quatre ans pour le premier, six ans pour le second.

La concession est à titre définitif et à titre éventuel.

La concession de la Compagnie des chemins de fer du Midi et du canal latéral à la Garonne sera considérée, au point de vue de l'application des clauses stipulées en la présente convention, comme partagée en deux réseaux distincts, savoir : 1° l'ancien réseau, comprenant, *à titre définitif,* les lignes suivantes : — de Bordeaux à Cette, y compris le raccordement à Bordeaux avec les chemins de fer d'Orléans à Bordeaux et de Bordeaux à la Teste ; de Narbonne à Perpignan ; de Bordeaux à la Teste, avec prolongement sur Arcachon ; de Lamothe à Bayonne, avec embranchement sur Mont-de-Marsan ; — 2° le nouveau réseau, comprenant les lignes ci-après : — de Toulouse à Bayonne, avec embranchement sur Foix, sur Dax et sur Bagnères-de-Bigorre ; d'Agen à Tarbes ; de Mont-de-Marsan à Andrest ; d'Agde à Pézenas, Clermont et Lodève ; de Bayonne à Irun.

Concession à titre éventuel. — Embranchement de la ligne de Bordeaux à Cette, sur Castres ; de Perpignan à Port-Vendres.

La Compagnie renonce à recevoir : — 1° la somme de vingt-quatre millions de francs qui lui a été allouée à titre de subvention pour l'exécution des chemins de fer pyrénéens, par l'article 4 de la convention du 1er août 1857 ; — 2° la somme de quatre millions de francs, montant du marché à forfait passé avec ladite Compagnie par une autre convention, également du 1er août 1857, pour l'établissement de routes agricoles dans les départemens de la Gironde et des Landes.

Le ministre des travaux publics s'engage, au nom de l'État, à garantir à la Compagnie, pendant cinquante années à partir du 1er janvier 1865, l'intérêt à 4 p. 0/0 et l'amortissement calculé au même taux, pour un terme de cinquante ans, du capital affecté à l'établissement des lignes composant le nouveau réseau, sans que le capital puisse excéder, pour les lignes concédées définitivement, la somme totale de cent dix-neuf millions, et, pour les lignes à titre éventuel, treize millions. (Le reste des stipulations, comme pour la Compagnie du chemin de fer d'Orléans.)

Le développement des chemins de fer a été, en 1861, l'objet de douze décrets et de deux lois que nous rapportons ici sommairement.

Décrets déclarant d'utilité publique l'établissement des chemins de fer ou embranchements ci-après :

14 *juin* 1861. — Chemin d'Auxerre à Nevers, passant par ou près Clamecy, aboutissant à la ligne de Nevers à Chagny. — Dépense approximative : 23 millions de francs.

Même date. — Embranchement de Saint-Girons sur la ligne de Toulouse à Bayonne. — Dépense approximative : 5 millions de francs, dans laquelle le département de l'Ariége entre pour 100,000 francs et le département de la Haute-Garonne pour 38,000 francs.

Même date. — Chemin de fer s'embranchant à ou près Commentry, sur le chemin de Montluçon, aboutissant au chemin de Saint-Germain-des-Fossés à Clermont, à Gannat et Montaigne. — Dépense approximative : 17 millions de francs.

Même date. — Chemin de fer de Napoléon-Vendée à Bressuire, ligne d'Angers à Niort. — Dépense approximative : 18,200,000 francs.

Même date. — Embranchement de Sainte-Marie-aux-Mines à la gare de Schelestadt. — Dépense approximative : 1,600,000 francs.

Même date. — Embranchement d'Annonay, sur la ligne de Lyon à Marseille. — Dépense approximative : 8 millions de francs.

Même date. — Embranchement de Louviers, sur la ligne de Paris à Rouen. — Dépense approximative : 1,500,000 francs.

Même date — Embranchement de Dieuze à Réchicourt, par la ligne de Paris à Strasbourg. — Dépense approximative : 3,500,000 francs.

Même date. — Embranchement de Niederbronn à la ligne de Metz à Thionville. — Dépense approximative : 12,800,000 francs.

Même date. — De Port-Vendres à la frontière d'Espagne. — Dépense approximative : 11 millions.

Même date. — Embranchement de Dijon à la ligne de Gray à Langres, par Chalindrez. — Dépense approximative : 11,800,000 francs.

Une loi du 2 juillet 1861 autorise le ministre de l'agriculture, du commerce et des travaux publics à entreprendre les travaux des chemins de

fer dont le détail précède; elle comprend en même temps ceux ci-après :
chemin de Ceinture de Paris (rive gauche); Châteaulin à Landernau;
Napoléon-Vendée à La Rochelle; Rochefort à Saintes ; Saintes à Coutras.

— En aucun cas, les dépenses à faire par l'État ne pourront excéder
celles qui sont mises à la charge du Trésor par les lois des 11 juin 1842
et 19 juillet 1845.

— Ouverture d'un crédit de 15 millions de francs réalisables au moyen
d'une émission d'obligations du Trésor.

— Subvention de 850,000 francs en vue de l'exécution de l'embranchement de Sainte-Marie-aux-Mines à Schelestadt.

— Subvention jusqu'à concurrence de 1,500,000 francs à la Compagnie
du Nord, en vue d'une modification de tracé ayant pour effet de faire
passer par Boulogne le chemin de fer de Boulogne à Calais; la ville et la
chambre de commerce de Boulogne ayant déjà offert une somme de
500,000 francs.

22 *juin* 1861. — Concession à titre définitif du chemin de fer de Montluçon à Limoges, à exécuter par la Compagnie d'Orléans. (Loi et décret
du 19 juin 1857; concession à titre éventuel.)

Loi du 29 *juin* 1861. — Autorisant le ministre des finances à créer
pour 104 millions de bons du Trésor affectés à l'exécution des travaux des
chemins de fer ci-après : Rennes à Brest, Toulouse à Bayonne, Perpignan
à Port-Vendres, Grenoble à Montmélian, Thonon à Collonges, Aix à
Annecy.

Loi du 2 *juillet* 1861. — Ouvrant un crédit de 2,500,000 francs pour
la continuation du chemin de fer d'Alger à Blidah, dans le cas d'inexécution de la convention arrêtée le 7 juillet 1861 entre le ministre de l'Algérie
et les fondateurs de la Compagnie des chemins de fer algériens.

TABLE CHRONOLOGIQUE
DES ARRÊTS ET DÉCISIONS. [1]

COURS.	ANNÉES.	NOMS DES PARTIES.	RECUEIL DES ARRÊTS du cons. d'État		SIREY.		JOURNAL DU PALAIS.		DALLOZ.	
			volumes	pages	volumes	pages	volumes	pages	volumes	pages
d'État.	1826 22 nov.	Comp. du canal de Givors c. Comp. du ch. de fer de St-Etienne.	»	»	»	»	1826	»	»	»
Lyon.	1833 15 fév.	L'Adm. des contr. indir. c. la Comp. Séguin et Biot.	»	»	1833	150	»	»	»	»
ssation.	1er août.	La Comp. Séguin et Biot c. Contribut. indir.	»	»	1833	531	»	»	»	»
Lyon.	1836 1er juill.	Durand et Berton c. Comp. du ch. de fer de Saint-Etienne.	»	»	»	»	1836	1473	»	»
d'État.	1837 28 juin.	Comm. de Grigny c. Comp. du ch. de fer de Saint-Étienne.	1837	272	1837	502	»	»	»	»
ssation.	18 juillet	Les Concessionnaires des mines de Couzon c. les Propriétaires du ch. de fer de Saint-Etienne.	»	»	1837	664	»	»	»	»
Metz.	1838 26 janv.	Berthon c. Comp. du ch. de fer de St-Etienne.	»	»	»	»	»	»	1839	106
ssation,	26 mars.	Huard c. Blum.	»	»	1838	377	»	»	»	»
d'État.	30 mars.	Henri et Mellet c. Min. des fin. et des trav. publics.	1838	192	»	»	»	»	1839	36
Dijon.	25 mai.	Ch. de fer de St-Etienne c. Mines de Couzon.	»	»	1838	469	»	»	1838	132
ssation.	1839 9 janv.	Riant, Mignon et autres c. Ch. de fer de St-Germain.	»	»	»	»	1846	657	1839	68
Paris.	25 nov.	Hagermann c. Comp. du ch. de fer de St-Germain.	»	»	»	»	1840	67	»	»
Nimes.	28 nov.	Comp. du ch. de fer d'Alais à Beaucaire c. Min. pub.	»	»	»	»	1840	332	»	»
d'État.	19 déc.	Préfet du Gard.	1839	594	»	»	»	»	»	»
Lyon.	1840 20 fév.	Ch. de fer de Roanne c. Dugas.	»	»	»	»	1840	633	»	»

COURS.	ANNÉES.	NOMS DES PARTIES.	RECUEIL des arrêts du cons. d'État		SIREY.		JOURNAL du palais.		DALLOZ.	
			volumes	pages	volumes	pages	volumes	pages	volumes	pages
Nîmes.	1840 10 juin.	D... c. Entreprise du ch. de fer du Gard.	»	»	»	»	1840	557	»	
Nîmes.	10 juin.	Marme c. Comp. du ch. de fer du Gard.	»	»	»	»	1840	556	»	
C. d'État.	16 juill.	Comp. du ch. de fer de Paris à St-Germain c. Préfet de la Seine.	1840	325	1841	44	»	»	»	
Paris.	1841 6 janv.	Comp. du ch. de fer de St-Germain c. Bolie.	»	2	»	»	1841	251	»	
Cassation.	3 mars.	Concession des mines de Couzon c. Propriétaires du ch. de fer de Saint-Étienne.	»	»	1841	259	1841	181	»	
Cassation.	17 août.	Adm. des contr. indir. c. Ch. de fer d'Andrézieux à Roanne.	»	»	1842	41	»	»	1841	3
Lyon.	1842 30 mars.	Cailleteau c. Descours et autres.	»	»	»	»	1844	395	1844	5
Paris.	24 nov.	Comp. du ch. de fer de Paris à Rouen c. Lefèvre.	»	»	»	»	1843	263	»	
Rouen.	1843 9 fév.	Robillard c. Disper-Merlin.	»	»	»	»	1844	234	»	
C. d'État.	11 mars.	Concess. du ch. de fer de Strasbourg c. Laurent et consorts.	1843	121	»	»	»	»	1844	3
Cassation.	28 avril.	Comp. du ch. de fer de Strasbourg c. Schwartz.	»	»	1843	727	1843	500	1843	3
Nîmes.	11 mai.	Concess. du ch. de fer du Gard c. Bompard, Rose et Comp.	»	»	»	»	1843	185	1843	19
Nîmes.	12 mai.	Bompard, Rose et Comp. c. Ch. de fer de Nîmes à Alais.	»	»	1843	536	»	»	»	
Cassation.	28 juin.	Comp. du ch. de fer du Gard c. Marme.	»	»	1843	574	1843	152	1843	3
C. d'État.	17 juill.	Comp. du ch. de fer de Paris à Orléans c. Ville de Paris.	1843	368	1844	41	»	»	»	
Cassation.	16 août.	Enregistrement c. Comp. du ch. de fer de Versailles (rive droite).	»	»	»	»	1844	179	»	
T. de Rouen	30 août.	Omnibus de Rouen c. Ch. de fer de Paris à Rouen.	»	»	1843	538	»	»	»	

COURS.	ANNÉES.	NOMS DES PARTIES.	RECUEIL des arrêts du cons. d'État		SIREY.		JOURNAL du palais.		DALLOZ.	
			volumes	pages	volumes	pages	volumes	pages	volumes	pages
Cassation.	1843 29 nov.	Ch. de fer de Paris à Versailles c. Contributions indirectes.	»	»	1844	245	1844	343	1844	26
Cassation.	29 nov.	Ch. de fer de Paris à Saint-Germain c. Contributions indirectes.	»	»	»	»	»	»	1844	26
Cassation.	1844 9 mai.	Min. public c. Deyme.	»	»	»	»	1844	95	1844	271
Cassation.	9 mai.	Ch. de fer d'Orléans c. Deyme.	»	»	1844	457	»	»	»	»
Cassation.	10 mai.	Min. publ. c. Ch. de fer de Rouen.	»	»	1844	438	1844	98	1844	268
Cassation.	10 mai.	Min. publ. c. Ch. de fer de Rouen.	»	»	1844	459	1844	98	1844	270
Rouen,	17 juin.	Comp. du ch. de fer de Paris à Rouen c. Comp. Buquié.	»	»	1845	186	»	»	»	»
C. d'État.	26 juill.	Ch. de fer de Mulhouse à Thann.	1844	244	1844	601	»	»	»	»
C. d'État.	3 sept.	Comp. du ch. de fer du Gard.	1844	568	1845	122	»	»	1845	3/7
C. de Cass. Belgique	14 nov.	L'État belge c. Raskin, Chulet et Englebert.	»	»	1845	564	»	»	1846	4
C. d'État.	1845 10 janv.	Ch. de fer d'Alais à Beaucaire.	1845	2	1845	311	»	»	1843	3/1
Cassation.	4 mars.	Ch. de fer de Paris à Rouen c. Duchemin.	»	»	1845	273	»	»	1846	20
Rouen.	12 avril.	Comp. du ch. de fer de Paris à Rouen c. Decambos.	»	»	1845	485	»	»	»	»
Cassation.	2 mai.	Ch. de fer de Rouen.	»	»	1845	475	»	»	»	»
Cassation.	2 mai.	Min. public c. de Brunam.	»	»	»	»	1847	435	1845	30
Lyon.	28 juin.	Deplace c. Duernet.	»	»	»	»	1847	463	»	»
Cassation.	10 juill.	De Campredon c. Enregistrement.	»	»	»	»	1845	604	»	»
C. d'État.	21 août.	Decambos c. Comp. du chemin de fer de Rouen.	1845	434	»	»	»	»	»	»
Tr. de Lille	30 août.	Enregistrement c. N.	»	»	»	»	»	»	1846	3/

COURS.	ANNÉES.	NOMS DES PARTIES.	RECUEIL des arrêts du cons. d'État		SIREY.		JOURNAL DU PALAIS.		DALLOZ.	
			volumes	pages	volumes	pages	volumes	pages	volumes	pages
Paris.	1845 1er oct.	Barreau et autres c. Comp. Pepin Lehalleur.	»	»	»	»	1845	765	»	
assation.	3 octob.	Ville de Rouen c. Mackensie et Brassey.	»	»	»	»	1846	716	»	
. d'État.	28 nov.	Comm. de Saint-Paul en Jarret c. Chem. de fer de Saint-Étienne à Lyon.	»	»	1846	151	»	•	»	
assation.	1846 5 mai.	Ch. de Paris à Rouen c. Enregistrement.	»	»	1846	560	1846	60	1846	[illegible]
assation.	17 juin.	Floriel c. Repilly et autres.	»	»	»	»	1846	437	»	
assation.	17 juin.	Lévesque c. Admin. de l'Enregistrement.	»	»	1846	870	»	»	1846	[illegible]
Rouen.	19 juin.	Ch. de fer de Paris à Rouen c. Deriberprey.	»	»	1846	629	1847	337	1847	[illegible]
assation.	24 juin.	Ch. de fer d'Orléans c. Enregistrement.	»	»	1846	870	»	»	1846	[illegible]
Lyon.	14 juill.	Comp. de Couzon c. Ch. de fer de Saint-Étienne.	»	»	»	»	1847	30	»	
Dijon.	25 août.	Girardot c. Syndics Dumarchez.	»	»	»	»	1848	365	»	
assation.	11 sept.	De Lapanouze c. Min. public.	»	»	1846	840	1847	144	1846	[illegible]
Douai.	28 déc.	Min. public c. Petiet et autres.	»	»	»	»	1847	375	1847	[illegible]
Lyon.	1847 27 janv.	Ch. de fer de Saint-Étienne c. Madinier.	»	»	»	»	1847	448	»	
assation.	17 févr.	Préfet de la Seine c. Ch. de fer de Lyon.	»	»	»	»	1847	526	1847	[illegible]
assation.	3 mars.	Ch. de fer de Strasbourg à Bâle c. Gros.	»	»	1848	47	1849	152	1848	[illegible]
Douai.	17 mars.	Ch. de fer du Nord c. Dispen.	»	»	1847	207	1849	362	1847	[illegible]
. d'État.	8 avril.	Min. des travaux publics c. Ch. de fer de Paris à Rouen.	1847	180	1847	493	1847	521	»	
Paris.	8 avril.	Duchemin et autres c. Ch. de fer de Rouen.	»	»	»	»	1847	521	•	
assation.	24 avril.	Petiet et Duthoit c. Ch. de fer du Nord.	»	»	1847	618	1847	698	1847	[illegible]

COURS.	ANNÉES.	NOMS DES PARTIES.	RECUEIL des arrêts du cons. d'État		SIREY.		JOURNAL DU PALAIS.		DALLOZ.	
			volumes	pages	volumes	pages	volumes	pages	volumes	pages
Cassation.	1847 10 mai.	Etienne et Delachaume c. Ch. de fer de Paris à Orléans.	»	»	»	»	1847	678	»	»
C. d'État.	15 juin.	Rigault c Ch. de fer de Versailles (rive gauche).	1847	396	1847	622	»	»	»	»
Orléans.	7 juillet.	Ch. de fer d'Orléans à Bordeaux c. Min. public.	»	»	1847	430	1847	381	1847	152
Douai.	31 juill.	Traullé c. Traullé.	»	»	»	»	1847	376	»	»
Cassation.	6 août.	Anspach.	»	»	1847	873	1847	589	1847	301
Cassation.	7 août.	Magdenier c. Min. public et Ch. de fer de Saint-Étienne.	»	»	»	»	1847	584	1847	319
Paris.	14 août.	Ch. de fer de Versailles (rive gauche)c. Malapeau.	»	»	1847	509	1847	321	1848	11
Cassation.	20 août.	Ch. de fer du Nord c. Subellier.	»	»	1847	855	1848	60	1847	4/421
Cassation.	20 août.	Blouin et Ch. de fer du Nord c. Min. public.	»	»	1847	873	1847	590	1847	302
Paris.	21 août.	Ch. de fer de Rouen c. Maillet - Duboullay et autres.	»	»	»	»	1847	390	»	»
Paris.	27 août.	Ch. de fer d'Amiens c. de Vatry.	»	»	1847	511	1847	467	1847	200
Paris.	30 août.	Ch. de fer de Montereau c. Gauthier, Decorny et autres.	»	»	»	»	1847	677	»	»
Cassation.	19 nov.	La Ville d'Abbeville c. Ch. de fer d'Amiens à Boulogne.	»	»	1847	861	1847	658	»	•
Tribunal de Tours.	23 nov.	Ch. de fer d'Orléans à Bordeaux c. Degaille.	»	»	1848	15	»	»	•	»
Orléans.	24 nov.	Ch. de fer du Nord c. Ve Subellier.	»	»	»	»	1848	254	»	»
Cassation.	1er déc.	De Rochetaillée c. Ch. de fer de Saint-Étienne.	»	»	1848	235	1848	461	1848	28
Cassation.	1848 6 janv.	Ch. de fer d'Orléans à Bordeaux.	»	»	1848	249	»	»	1848	42
Lyon.	11 janv.	Min. public c. M...	»	»	»	»	1848	6	»	»
Orléans.	19 fév.	Caillet c. Caisse commerciale du Loiret.	»	»	1848	666	1848	564	1848	34

COURS.	ANNÉES.	NOMS DES PARTIES.	RECUEIL DES ARRÊTS du cons. d'État volumes	pages	SIREY. volumes	pages	JOURNAL DU PALAIS. volumes	pages	DALLOZ. volumes	pages
Colmar.	1848 23 févr.	Ch. de fer de Strasbourg à Bâle.	»	»	1848	371	1848	230	1848	15
C. d'État.	10 mars.	Brunet et autres c. Ch. de fer de Paris à Rouen.	1848	125	1848	405	»	»	»	»
C. d'État.	11 avril.	Ch. de fer de Paris à Rouen c. Maillet-Duboullay.	1848	178	1848	497	»	»	»	»
Cassation.	18 avril.	Ch. de fer du Gard c. Bernard.	»	»	1848	399	»	»	»	»
Paris.	19 mai.	Chapelle c. Ch. de fer de Rouen au Havre.	»	»	1848	299	»	»	»	»
Cassation.	22 mai.	Ch. de fer de Strasbourg à Bâle c. Oflecg et Comp.	»	»	1848	328	1848	122	1851	3/100
C. d'État.	31 mai.	Fonderies et forges de l'Ardèche c. Ch. de fer de Saint-Étienne.	1848	334	1848	632	»	»	»	»
Cassation.	31 mai.	L'Administration de l'Enregistrement c. Héritiers Taphinon.	»	»	1848	444	1848	123	»	»
C. d'État.	5 juin.	Ch. de fer de Montpellier à Nîmes c. Min. des fin.	1848	361	»	»	»	»	1848	3/103
Douai.	24 juin.	Rogeau c. Desbois et Comp. du ch. de fer du Nord.	»	»	»	»	1849	665	1849	194
C. d'État.	22 juill.	Tournois c. Min. des travaux publics.	1848	430	1848	762	»	»	1849	3/3
Orléans.	17 août.	Cuillet c. Caisse commerciale du Loiret.	»	»	1849	561	1849	54	1849	1
Cassation.	1er sept.	Ratelot c. Beaumais.	»	»	1848	653	»	»	»	»
Cassation.	13 nov.	Enregistrement c. Comp. du ch. de fer de Versailles (rive gauche).	»	»	»	»	1848	533	»	»
Orléans.	16 nov.	Lysmiewski c. Caisse commerciale du Loiret.	»	»	1849	564	1849	57	1849	3
Paris.	20 nov.	Vexel c. Jardy.	»	»	1848	739	1849	178	1849	201
Nîmes.	23 nov.	Ch. de fer de Montpellier.	»	»	1849	43	1849	341	1849	54
Cassation.	23 déc.	Talabot et autres c. Laurier.	»	»	»	»	1850	256	»	»
Cassation.	27 déc.	Maduré c. Ch. de fer du Nord.	»	»	1840	612	1850	91	»	»
Cassation.	1849 10 janv.	Ch. de fer de Montpellier à Nîmes c. Lamouroux.	»	»	1849	190	»	»	1849	19

COURS.	ANNÉES.	NOMS DES PARTIES.	RECUEIL DES ARRÊTS du cons. d'État volumes	pages	SIREY. volumes	pages	JOURNAL DU PALAIS. volumes	pages	DAL. volume
Cassation.	1849 10 janv.	Ch. de fer du Gard c. Lamouroux.	»	»	1849	191	»	»	1849
Cassation.	10 janv.	Ch. de fer du Gard c. Besnard et autres.	»	»	1849	191	1849	307	1849
Cassation.	21 févr.	Ch. de fer de Montpellier c. Noblet.	»	»	1850	112	1850	148	1849
Paris.	14 mars.	Syndic Larade c. Savalette.	»	»	1850	316	»	»	»
Tribun. de Corbeil.	7 mai.	Ch. de fer d'Orléans c. Enregistrement.	»	»	»	»	»	»	1849
Angers.	30 mai.	Blet c. Ch. de fer de Tours à Nantes.	»	»	1851	601	»	»	»
Tribunal d'Orléans.	11 juill.	Relut et Brière c. Ch. de fer de Paris à Orléans.	»	»	1850	28	»	»	»
C. d'État.	28 juill.	Ch. de fer de Rouen au Havre c. Commnes de Mesnil.	1849	449	1850	56	»	»	»
Paris.	5 déc.	Vaneck c. Gaillard et Rampin.	»	»	1850	661	1850	217	»
C. d'État.	1850 12 janv.	Ch. de fer de Rouen au Havre c. Tourblain.	1850	40	1850	232	»	»	1850
Paris.	9 mars.	Douane c. Ch. de fer du Nord.	»	»	»	»	1850	407	1855
Paris.	14 mars.	Syndic Larade c. Savalette.	»	»	»	»	1851	140	»
Paris.	26 avril.	Freret et consorts c. Comp. du ch. de fer de Dieppe et Fécamp.	»	»	1850	329	»	»	»
Cassation.	5 juin (19).	Maillet-Duboullay c. Chemin de fer de Rouen.	»	»	1850	607	1850	257	185.
Montpellier.	24 juin.	Min. public c. Sabatier.	»	»	1850	342	1850	56	1850
Orléans.	24 juin.	Chamisso c. Ch. de fer d'Orléans à Bordeaux.	»	»	»	»	1851	641	»
C. d'État.	13 juill.	Ch. de fer de Strasbourg à Bâle.	1850	686	1851	57	»	»	»
Tribun. de la Seine.	27 juill.	L'État et Ch. de fer de Sceaux c. Legrain et autres.	»	»	1850	599	»	»	185.
Paris.	3 octob.	Leprovost c. Marion-Vallée.	»	»	»	»	1852	408	»
Cassation.	4 octob.	Volait.	»	»	»	»	»	»	185.
Paris.	8 déc.	Lodat c. Ch. de fer de Bordeaux à Paris.	»	»	1851	807	1851	231	188.

COURS.	ANNÉES.	NOMS DES PARTIES.	RECUEIL des arrêts du cons. d'État (volumes)	(pages)	SIREY (volumes)	(pages)	JOURNAL DU PALAIS (volumes)	(pages)	DALLOZ (volumes)	(pages)
	1851									
o. des nflits.	3 janv.	Ch. de fer d'Amiens à Boulogne c. Ch. de-fer du Nord.	1851	1	1851	376	»	»	1851	3/39
sation.	15 janv.	Ch. de fer de Rouen au Havre c. Lebaron.	»	»	1851	177	1851	458	1851	27
aris.	16 janv.	Ch. de fer d'Amiens à Boulogne c. La Paternelle.	»	»	1852	351	1851	111	»	»
l'État.	8 févr.	Ch. de fer du Centre.	1851	99	1851	450	»	»	1851	3/49
sation.	1er mars.	Chamisso.	»	»	»	»	»	»	1851	5/394
l'État.	8 mars.	Ch. de fer de Tours à Nantes.	1851	166	1851	460	1852	243	»	»
l'État.	16 avril.	Délier.	1851	274	1851	578	»	»	1851	3/35
aris.	30 avril.	Ch. de fer d'Orléans c. Delarue.	»	»	»	»	1852	640	1854	42
léans.	24 juin.	Chamisso et Comp. c. Ch. de fer d'Orléans à Bordeaux.	»	»	1851	734	»	»	1852	22
sation.	28 juin.	Min. public c. Ch. de fer de Tours à Nantes.	»	»	1852	150	1852	243	1851	329
d'État.	26 juill.	Comp. du ch. de fer de Strasbourg à Bâle.	1851	532	»	»	»	»	1851	3/68
d'État.	2 août.	Bocquié c. Ch. de fer de Paris à Rouen.	1851	578	1852	58	»	»	»	»
sation.	12 août.	Caisse commerciale du Loiret c. Caillet.	»	»	1851	650	1851	433	1851	235
aris.	12 déc.	Ch. d'Orléans c. Commune d'Etampes.	»	»	»	»	1852	241	»	»
léans.	22 déc.	Ch. de fer de Tours à Nantes.	»	»	»	»	1852	473	1854	3/109
	1852									
sation.	3 janv.	Ch. de fer de St-Etienne c. Fleurdelis et consorts.	»	»	1853	347	»	»	»	»
sation.	7 janv.	Ch. de fer du Nord c. l'Octroi de Lille.	»	»	1852	136	1852	396	1852	39
sation.	9 janv.	Gervais.	»	»	1852	862	1853	470	1852	272
aris.	12 janv.	Ch. de fer de Boulogne à Amiens c. veuve Hoyd.	»	»	»	»	1852	420	1852	294
iens.	24 janv.	Ch. de fer du Nord c. Guérin.	»	»	»	»	1852	204	1852	210
ogne.	29 janv.	Weber et Comp. du ch. de fer de Cologne c. Schmith.	»	»	»	»	1853	146	»	»

COURS.	ANNÉES.	NOMS DES PARTIES.	RECUEIL des arrêts du cons. d'État (volumes)	(pages)	SIREY (volumes)	(pages)	JOURNAL DU PALAIS (volumes)	(pages)	DALLOZ (volumes)	(pages)
	1852									
Cassation.	19 fév.	Chamisso c. Ch. de fer d'Orléans à Bordeaux.	»	»	1852	600	»	»	1852	5/91
Paris.	26 juin.	Rosselli c. Comp. du ch. de fer de Dieppe.	»	»	»	»	1853	35	1854	5/107
Cassation.	7 juillet.	Ch. de fer de Strasbourg à Bâle c. Pfley et Cie.	»	»	1852	713	1854	520	1852	204
Cassation.	27 juill.	Ch. de fer de Tours à Nantes c. Duverger et autres.	»	»	1852	829	1852	465	1852	226
Paris.	31 juill.	Taylor c. Syndic Larade.	»	»	1852	690	1853	370	1855	5/67
C. d'État.	14 sept.	Comp. du ch. de fer du Nord.	1851	406	»	»	»	»	1853	3/12
Cassation.	16 nov.	Veyrac et Ruffler c. Ch. de fer de Dieppe à Fécamp.	»	»	»	»	1853	161	»	»
	1853									
Cassation.	3 janv.	Administr. de l'enregistr. c. Ch. de fer de Paris à Rouen.	»	»	1853	99	1853	11	1853	26
Lyon.	3 janv.	De Béarn c. de Parny.	»	»	»	»	1853	246	»	»
Cassation.	3 janv.	Ch. de fer de Saint-Étienne c. Fleurdelix et autres.	»	»	»	»	1854	9	»	»
C. d'État.	6 janv.	Ch. de fer du Nord.	1853	24	1853	515	»	»	1854	3/1
Amiens.	21 janv.	Ch. de fer du Nord c. Guérin.	»	»	1853	44	1853	37	1854	221
Tr. corr. de Paris.	14 fév.	Ch. de fer de Strasbourg à Bâle c. Briquet.	»	»	1853	259	»	»	»	»
Cassation.	14 fév.	Freret et autres c. Comp. du Ch. de fer de Dieppe et Fécamp.	»	»	1853	421	1854	479	»	»
C. d'État.	17 fév.	Comp. du ch. de fer de Montpellier à Cette.	1853	249	»	»	»	»	1853	3/36
Cassation.	21 fév.	Liquidateurs Larade c. Sichès et Bazier.	»	»	»	»	1853	346	»	»
Paris.	7 avril.	Schramm c. Ch. de fer du Nord.	»	»	»	»	1853	584	1853	24
Cassation.	15 avril.	Savenay c. Audibert.	»	»	1853	797	1854	441	»	»
C. d'État.	21 avril.	Dupont et autres c. Ch. de fer de l'Ouest.	1853	485	1854	66	»	»	»	»
Cassation.	29 avril.	Burnouf.	»	»	»	»	»	»	1853	5/227
C. d'État.	12 mai.	Chauvin.	1853	517	1854	151	»	»	1854	3/36

COURS.	ANNÉES.	NOMS DES PARTIES.	RECUEIL DES ARRÊTS du cons. d'État		SIREY.		JOURNAL DU PALAIS.		DALLOZ.	
			volumes	pages	volumes	pages	volumes	pages	volumes	pages
Douai.	1853 13 mai.	Ratel et Laval.	»	»	1854	18	»	»	1854	3/68
C. d'État.	2 juin.	Comp. du Ch. de fer de Saint-Etienne.	1853	587	»	»	»	»	1854	3/1
Cassation.	28 juin.	Dufaure c. Préfet de l'Allier.	»	»	»	»	1853	101	»	»
Cassation.	19 juill.	Guérin c. Cie du Ch. de fer du Nord.	»	»	1853	641	1855	292	1855	217
Angers.	29 juill.	Ch. de fer de Paris à Nantes c. Duribert.	»	»	1854	57	1855	72	»	»
Cassation.	30 juill.	Fauchet c. Renard et Comp. du Ch. de fer de Rouen à Dieppe.	»	»	»	»	1854	209	»	»
Paris.	16 août.	Ch. de fer d'Orléans c. Messageries impériales.	»	»	1853	708	»	»	»	»
C. d'État.	22 août.	Ch. de fer de Paris à Orléans.	1853	841	1854	280	»	»	»	»
Bourges.	24 sept.	Suif.	»	»	»	»	1855	335	1854	201
Paris.	12 nov.	Ch. de fer d'Orléans c. Comm. d'Etampes.	»	»	1854	40	1854	518	1854	155
Paris.	19 nov.	Cardon et Lecomte c. Ch. de fer de Tours à Nantes.	»	»	»	»	1854	602	1855	310
Tr. corr. de St-Amand.	20 déc.	Min. public c. Debrade.	»	»	»	»	»	»	1854	3/20
C. d'État.	29 déc.	Ch. de fer de Dieppe à Fécamp.	1853	1129	1854	403	»	»	»	.
Aix.	1854 21 janv.	Ch. de fer de Lyon à la Méditerranée.	»	»	1854	195	»	»	»	»
Cassation.	6 fév.	Préfet de la Mayenne c. Berset de Vaufleury.	»	»	»	»	1854	445	»	»
Rouen.	8 fév.	Liquidateurs Larade c. Sichés et Bazier.	»	»	»	»	1854	603	1854	133
Paris.	27 fév.	Ch. de fer d'Orléans c. Vanrieux.	»	»	»	»	1854	604	»	»
Bourges.	1er avril.	Ch. de fer du Centre c. X...	»	»	1854	592	»	»	»	»
Paris.	10 avril.	Varnier, Roger c. Ch. de fer d'Orléans.	»	»	1854	313	1854	586	1855	14
Cassation.	22 avril.	Ch. de fer de Lyon à la Méditerranée.	»	»	1854	504	1855	142	1854	214

COURS.	ANNÉES.	NOMS DES PARTIES.	RECUEIL DES ARRÊTS du cons. d'État		SIREY.		JOURNAL DU PALAIS.		DALLOZ	
			volumes	pages	volumes	pages	volumes	pages	volumes	pages
Bourges.	1854 26 avril.	Ch. de fer de Paris à Orléans c. Taschard.	»	»	1854	340	»	»	»	
Cassation.	19 mai.	Debrade.	»	»	1854	505	1854	527	1854	
Poitiers.	12 juill.	Didion c. Marcet.	»	»	»	»	»	»	1855	
Cassation.	17 juill.	Batherel et Larade c. Lavalette.	»	»	»	»	1854	261	1854	
Cassation.	24 nov.	Ch. de fer de Lyon à la Méditerranée.	»	»	1854	742	1856	111	1853	
Montpellier	27 nov.	Min. public c. Ch. de fer de Lyon à la Méditerranée.	»	»	»	»	»	»	1853	
Douai.	28 nov.	Administr. des postes c. Gherquière et Ch. de fer du Nord.	»	»	»	»	»	»	1855	
Douai.	28 nov.	Min. public c. Degeney.	»	»	»	»	»	»	1855	
Bordeaux.	13 déc.	Min. public c. Saige et Ch. de fer du Midi.	»	»	»	»	»	»	1855	
Aix.	1855 3 janv.	Min. public c. Ch. de fer de Lyon à la Méditerranée.	»	»	1855	198	1855	365	1855	
Tribunal de la Seine.	10 janv.	Ch. de fer d'Orléans.	»	»	»	»	»	»	1855	
Tribunal de Corbeil.	18 janv	Ch. de fer d'Orléans.	»	»	»	»	»	»	1855	
Poitiers.	18 janv.	Manrot c. Préfet de la Vienne.	»	»	»	»	»	»	1855	
Cassation.	1er fév.	Flachat.	»	»	1855	230	1855	319	1855	
Cassation.	15 fév.	Min. public c. Gherquière.	»	»	»	»	»	»	1855	
Paris.	17 fév.	Regnier.	»	»	1855	402	1855	457	1855	
Cassation.	17 avril.	Gérente c. Ch. de fer de Dieppe et Fécamp.	»	»	1855	652	»	»	1855	
Angers.	3 mai.	Ch. de fer d'Orléans c. Marais.	»	»	1855	331	1855	377	»	
Cassation.	5 mai.	Fournier.	»	»	1855	556	»	»	1855	
Cassation.	9 mai.	Ch. de fer d'Orléans c. Messageries impériales.	»	»	1855	351	»	»	1855	
Metz.	4 juin.	Schmitt.	»	»	1855	694	1855	449	1855	
Rouen.	15 juin.	Guérin c. Comp. du ch. de fer du Nord.	»	»	»	»	»	»	1855	
Cassation.	19 juin.	Weiss c. Bouglé.	»	»	»	»	1855	409		

COURS.	ANNÉES.	NOMS DES PARTIES.	RECUEIL DES ARRÊTS du cons. d'état		SIREY.		JOURNAL DU PALAIS.		DALLOZ.	
			volumes	pages	volumes	pages	volumes	pages	volumes	pages
...en.	1855 21 juin	Ch. de fer de Rouen au Havre c. Vasse.	»	»	1856	19	»	»	»	»
...ai.	11 août	Ch. de fer du Nord c. Bertelle et Hermeron.	»	»	»	»	»	»	1856	89
...tz.	29 août	Contet-Muiron c. Ch. de fer de l'Est.	»	»	1855	721	1856	329	»	»
Etat	29 nov.	Belle et Doazan.	1855	695	1856	375	»	»	»	»
Etat.	13 déc.	Ch. de fer de Lyon à la Méditerranée c. Hannaron.	1855	726	1856	567	»	»	1859	3/6
Etat.	20 déc.	Ch. de fer d'Orléans.	1855	763	1856	547	»	»	»	»
Etat.	20 déc.	Ch. de fer de Dieppe et Fécamp.	1855	773	1856	468	»	»	»	»
...tion.	1856 5 fév.	Ch. de fer de Lyon à la Méditerranée c. Escoffier.	»	»	1856	687	1856	604	1856	131
...is.	12 fév.	Jumelais c. Mancel.	»	»	»	»	1856	79	1856	181
...tion	23 fév.	Mortal c. Min. public.	»	»	»	»	»	»	1856	351
...tion	28 fév.	Fournier.	»	»	1856	277	1856	595	1856	161
...on.	5 avril	Comp. du Grand central c. Gourey.	»	»	1857	297	1858	774	»	»
...ation	29 avril	Ch. de fer de Rouen c. Vasse.	»	»	1856	579	1856	445	»	»
...ris.	24 mai	Dame de Mazin c. Roubo.	»	»	»	»	1857	755	»	»
...tion.	12 août	Ch. de fer d'Orléans c. Bourdeau et autres.	»	»	1857	48	1857	395	1856	338
...ellier	27 déc.	Sabatier c. Ch. de fer de la Méditerranée.	»	»	»	»	»	»	1857	143
...tion.	1857 21 janv.	Ch. de fer de l'Est c. Amel.	»	»	1857	566	1857	1150	1857	169
Etat.	26 fév.	Chemin de fer du Nord c. l'Etat.	1857	176	1857	774	»	»	1857	3/82
...tion.	4 mars	Ch. de fer du Midi c. Parage.	»	»	1858	264	1857	366	1857	124
...ai.	9 mars	Ch. de fer du Nord c. Cail et Cie.	»	»	1857	577	1858	623	1857	145
Etat.	18 mars	Ch. de fer de l'Est.	1857	229	»	»	»	»	1858	3/4
...on.	25 mars	Venillet.	»	»	1857	507	1857	305	1857	124

COURS.	ANNÉES.	NOMS DES PARTIES.	RECUEIL DES ARRÊTS du cons. d'État		SIREY.		JOURNAL DU PALAIS.		DALLOZ.	
			volumes	pages	volumes	pages	volumes	pages	volumes	pages
Metz.	1857 26 mars	Vve Fenot c. Chem. de fer de l'Est.	»	»	»	»	1859	1189	»	»
C. d'État.	2 avril	De Puix.	1857	244	»	»	»	»	1858	3/5
Cassation.	21 avril	Ch. de fer de l'Est c. Bourdeau.	»	»	1858	76	1857	745	1857	176
Cassation.	23 avril	Martin c. Min. publ.	»	»	»	»	»	»	1857	269
Cassation.	13 mai	Ch. de fer de Lyon c. Cuisset.	»	»	1857	669	1858	702	»	»
Lyon.	17 mai	Mayer c. Ch. de fer d'Orléans.	»	»	1858	313	1858	1162	»	»
Cassation.	19 mai	Gérente c. Ch. de fer de l'Ouest.	»	»	»	»	1857	748	1857	397
Cassation.	26 mai	Ch. de fer d'Orléans c. Barrat-Saulet.	»	»	1858	263	1857	1212	1857	246
Cassation.	12 juin	Min. pub. c. Jehly.	»	»	»	»	»	»	1857	370
Bordeaux.	22 juill.	Ch. de fer d'Orléans c. Capucins.	»	»	1858	264	»	»	1858	59
Paris.	24 juill.	Ch. de fer de Lyon à Genève c. Comp. générale des asphaltes.	»	»	»	»	1858	287	1858	214
Paris.	30 juill.	Syndics Leroy, de Chabrol et comp. c. Bonnesseau.	»	»	1858	200	»	»	»	»
Cassation.	31 juill.	Romieu.	»	»	1858	174	1858	939	1857	384
Bordeaux.	11 août	Ch. du Midi c. Lartigue.	»	»	1858	257	1857	1215	1858	60
Bordeaux.	12 août	Mandret c. Ch. de fer du Midi.	»	»	1857	758	1857	1215	»	»
Bordeaux.	12 août	Ch. de fer du Midi c. Mandret.	»	»	1858	258	»	»	1858	31
Montpellier	17 août	Ch. de fer du Midi c. Bourdon et autres.	»	»	1858	259	1858	117	1858	131
C. d'État.	18 août	Ch. de fer de Lyon à la Méditerranée.	1857	683	»	»	»	»	1858	3/34
Colmar.	26 août	Dolfus et autres c. Ch. de fer de l'Est.	»	»	1858	260	1857	1098	1858	128
Paris.	24 nov.	Sempé c. Ch. de fer d'Orléans.	»	»	»	»	1858	213	»	»
C. d'État.	3 déc.	Forquenot.	1857	752	»	»	»	»	1858	3/42
Cassation.	14 déc.	Chem. de fer de l'Est c. Schlaeter.	»	»	1858	263	»	»	1858	83

COURS.	ANNÉES.	NOMS DES PARTIES.	RECUEIL DES ARRÊTS du cons. d'État		SIREY.		JOURNAL DU PALAIS.		DALLOZ.	
			volumes	pages	volumes	pages	volumes	pages	volumes	pages
Paris.	1857 26 déc.	Ch. de fer d'Orsay c. de Trévise.	»	»	»	»	1858	183	»	»
Cassation.	28 déc.	Depeaux c. Ch. de fer de l'Ouest.	»	»	1858	236	1858	622	»	»
Cassation.	30 déc.	Ch. de fer du Nord c. Barthélemy.	»	»	1858	607	1858	387	1858	395
Paris.	1858 6 janv.	Ch. de fer de l'Est c. Contet-Muiron.	»	»	1858	483	1858	291	1859	29
Cassation.	19 janv.	Ch. de fer d'Orléans c. Guéridon.	»	»	1858	238	1858	634	1858	62
Angers.	20 janv.	Brauchereau c. Ch. de fer d'Orléans.	»	»	1858	13	1858	401	1858	132
Douai.	1er mars.	Veloine c. Ch. de fer du Nord.	»	»	1858	401	1858	1225	»	»
Douai.	11 mars.	Ch. de fer du Nord c. Vanondendielle et Dousseleine.	»	»	1858	403	1858	1227	»	»
Paris.	12 mars.	Ch. de fer de l'Est c. Collet.	»	»	1858	263	1858	235	1858	131
Bordeaux.	17 mars.	Laffargue c. Cornu.	»	»	1858	684	»	»	1859	6
Bordeaux.	24 mars.	Cornu c. Cornu.	»	»	1858	684	»	»	»	»
Cassation.	3 avril.	Derbré.	»	»	1858	559	1858	1204	1858	5/59
Paris.	28 avril.	Ch. de fer de l'Est c. Leblanc.	»	»	1858	584	1858	973	»	»
C. d'État.	1er mai.	Ch. de fer du Midi c. commune de Pexiora.	1858	332	»	»	»	»	1859	3/36
C. d'État.	15 mai.	Ch. de fer du Midi c. ville de Bordeaux et autres.	1858	372	»	»	»	»	1859	3/37
Bordeaux.	24 mai.	Ch. de fer du Midi c. Forrest.	»	»	1859	219	»	»	1858	133
Cassation.	7 juin.	Ch. de fer d'Orléans c. Rousselet et Comp.	»	»	»	»	»	»	1858	116
Cassation.	9 mars.	Ch. de fer de l'Ouest c. Hulin et ch. de fer du Nord.	»	»	1859	36	1858	885	1858	421
Cassation.	30 juin.	Ch. de fer de l'Est c. Oswald.	»	»	1858	651	1859	161	1858	424
Cassation.	30 juin.	Ch. de fer de l'Est c. Bernard et autres.	»	»	1858	652	»	»	1858	396
Nancy.	7 juill.	Schlacter c. Ch. de fer de l'Est.	»	»	1859	47	»	»	»	»

COURS.	ANNÉES.	NOMS DES PARTIES.	RECUEIL DES ARRÊTS du cons. d'État		SIREY.		JOURNAL DU PALAIS.		DA[LLOZ.]	
			volumes	pages	volumes	pages	volumes	pages	volumes	
Cassation.	1858 27 juill.	Ch. de fer de Paris à Lyon c. N.....	»	»	1858	653	1859	162	»	
Cassation.	28 juill.	Ch. de fer du Midi c. Mérillon et Consorts	»	»	»	»	»	»	185...	
Colmar.	10 août	Bilger.	»	»	1859	384	1859	1064	185...	
C. d'État.	26 août.	Crespin c. ch. de fer de Bordeaux à Cette.	1858	613	»	»	»	»	185...	
Besançon.	26 août.	Graugier.	»	»	1860	143	1859	1158	185...	
C. d'État.	1er sept.	Ch. de fer du Nord c. commune de Bergues.	1858	622	»	»	»	»	185...	
Paris.	6 nov.	De Trévise c. Ch. de fer d'Orsay.	»	»	»	»	1860	331	»	
Cassation.	16 nov.	Longuet et Comp. d'ass. maritime c. Ch. de fer d'Orléans.	»	»	»	»	1859	22	»	
Cassation.	8 déc.	Ch. de fer d'Orléans c. Caille et Manceau.	»	»	1859	312	1859	808	185...	
Cassation.	1859 26 janv.	Ch. de fer de l'Ouest c. Savaglio et autres.	»	»	1859	316	1859	812	185...	
Cassation.	31 janv.	Savalotte c. Parent et autres.	»	»	1859	740	1859	1209	185...	
Cassation.	2 fév.	Ch. de fer de Paris à Lyon c. Fluttard.	»	»	»	»	1859	669	185...	
Cassation.	14 fév.	Manuel c. Jumelais et Pitois.	»	»	1859	207	1859	346	185...	
Poitiers.	9 mars.	Green et Comp. c. Goepfert.	»	»	1859	284	1859	880	185...	
Cassation.	16 mars.	Forrest c. Ch. de fer du Midi.	»	»	1859	463	1859	906	185...	
Cassation.	16 mars.	Ch. de fer de Lyon c. De Villarçon.	»	»	1859	461	1859	909	185...	
C. d'État.	16 mars.	Hue.	1858	211	1859	696	»	»	»	
C. d'État.	17 mars.	Ch. de fer de l'Ouest c. Martell.	1858	217	»	»	»	»	185...	
Cassation.	5 avril.	Ch. de fer de Lyon c. Deschet.	»	»	1859	673	»	»	185...	
Douai.	11 avril.	Ch. de fer du Nord c. Bertelle.	»	»	1860	44	1860	407	»	
C. d'État.	14 avril.	Ch. de fer Prussien de Saarbruck.	1859	284	»	»	»	»	185...	
Cassation.	26 avril.	Ch. de fer de Lyon c. Montessuy et Chomer.	»	»	1859	454	1859	910	18...	

COURS.	ANNÉES.	NOMS DES PARTIES.	RECUEIL DES ARRÊTS du cons. d'État		SIREY.		JOURNAL DU PALAIS.		DALLOZ.	
			volumes	pages	volumes	pages	volumes	pages	volumes	pages
etz.	1859 4 mai.	Ch. de fer des Ardennes c. Depambourg-Froissart.	»	»	»	»	1859	1191	»	»
ation.	10 mai.	Ch. de fer de l'Ouest c. Maréchal.	»	»	1859	924	1859	673	1859	368
ation.	10 mai.	Ch. de fer de l'Ouest c. Langangne et autres.	»	»	1859	927	»	»	1859	369
État.	24 mai.	Ch. de fer de l'Ouest c. Vattier.	1859	384	1860	216	»	»	»	»
tion.	8 juin.	Leclerc-Fleureau c. Ch. de fer d'Orléans.	»	»	1859	705	1860	76	1859	238
eaux.	21 juin.	Ch. de fer du Midi c. Chambrelent.	»	»	1860	41	1860	310	1859	187
tion.	23 juin.	Bressey et Atkinson.	»	»	1859	781	1860	109	1859	329
ellier	1er juill.	Ch. de fer du Midi c. Bardou et Prax.	»	»	1860	388	1860	185	1860	175
on.	6 juill.	Ch. de fer de l'Est c. Goutard et Parent-Parent.	»	»	1260	45	1860	750	1859	202
tion.	13 juill.	Gibiat c. Ch. de fer d'Orléans.	»	»	1859	841	1860	186	1859	394
tion.	26 juill.	Ch. de fer du Nord c. Veleine.	»	»	1859	838	1860	322	1859	307
tion.	18 août.	Leroy.	»	»	1860	297	1860	50	1859	474
is.	22 août.	Ch. de fer de l'Est c. Dethièvres.	»	»	1860	43	1860	407	»	»
is.	25 nov.	Assur. générales et l'Union c. Ch. de fer de Lyon à Genève.	»	»	1860	266	1860	1215	»	»
aine.	30 nov.	Le ministre d'État c. Ch. de fer du Midi.	»	»	1860	42	»	»	»	»
sar.	6 déc.	Ch. de fer de Lyon c. Royer.	»	»	1860	378	1860	97	1860	62
ion.	28 déc.	Ch. de fer d'Orléans c. Adminis. de l'enregist.	»	»	1860	140	»	»	»	»
cy.	1860 5 janv.	Comp. de l'Est c. Marillon et Martin.	»	»	1860	899	»	»	»	»
ion.	6 janv.	Tardieu c. Collas.	»	»	»	»	»	»	1860	144
çon.	16 janv.	Ch. de fer de Lyon c. Munier.	»	»	1860	382	1860	248	1860	63
ns.	3 fév.	Ch. de fer de l'Ouest c. Maréchal.	»	»	1860	75	1860	576	»	»

COURS.	ANNÉES.	NOMS DES PARTIES.	RECUEIL DES ARRÊTS du cons. d'État		SIREY.		JOURNAL DU PALAIS.		DALLOZ.	
			volumes	pages	volumes	pages	volumes	pages	volumes	pages
Bourges.	1860 20 fév.	Ch. de fer d'Orléans c. Damourette.	»	»	1860	265	1860	252	1860	155
Paris.	29 fév.	Ch. de fer de l'Ouest c. Rivière et autres.	»	»	1860	264	1860	1107	1860	71
Bordeaux.	5 mars.	Ch. de fer du Midi c. De Sevin.	»	»	1860	388	»	»	1860	176
Trib. corr. de Marseille Aix.	24 mars.	Frischkneckt c. Ch. de fer de la Méditerranée.	»	»	1860	473	»	»	1860	132
Cassation.	26 mars.	Ch. de fer de Paris à Orléans c. Barbezat et Comp.	»	»	1860	899	»	»	1860	269
Cassation.	28 mars.	L'Adminis. de l'enregist. c. Ch. de fer de l'Ouest.	»	»	1860	814	»	»	1860	215
Paris.	30 mars.	Ch. de fer de Lyon et de l'Est c. Delarsille.	»	»	1860	383	1860	250	1860	59
Cassation.	3 mai.	Leroy.	»	»	1860	823	»	»	1860	376
Cassation.	16 juill.	Goepfert c. Green et Comp.	»	»	1860	896	»	»	»	»
Cassation.	1er août.	Ch. de fer de l'Est c. Thirion.	»	»	1860	854	1860	1088	1860	329
Cassation.	22 août.	Boscq et autres c. Ch. de fer d'Orléans.	»	»	1860	856	1860	1090	»	»

TABLE ALPHABÉTIQUE

Pages.

D

E

Pages.

O

P

R

U

V

Paris, imprimerie Paul Dupont, rue de Grenelle-Saint-Honoré, 45.

Décisions publiées et intervenues pendant le cours de l'impression de l'ouvrage.

TITRE DEUXIÈME.

Des concessions et de l'approbation d'un tracé des chemins de fer.

IV. — Du droit de céder à un tiers la concession.

1. Une Compagnie de chemin de fer peut donner à des tiers le droit d'établir des voies d'embranchement de leurs propriétés à la voie ferrée, pour le transport non-seulement des marchandises faisant l'objet du commerce de ces tiers au moment de la concession du droit, mais encore de toutes autres marchandises dont ils feraient ultérieurement le trafic.

Une semblable concession ne constitue point une cession du monopole exclusivement accordé à la Compagnie concessionnaire, alors que, sur ces embranchements, les transports s'effectuent et doivent s'effectuer à l'aide du matériel de la Compagnie, par ses agents et aux mêmes conditions que sur la voie principale, et que les embranchements ne sont pas plus que les autres accès à la voie ferrée soustraits à la surveillance de la Compagnie et de l'Administration supérieure.

Elle ne constitue pas davantage un traité de faveur, car le fait d'un accès spécial à la voie ferrée, en supposant qu'il pût constituer un avantage au profit de celui auquel il est concédé à l'égard d'autres entrepreneurs de transports, n'aurait évidemment ce caractère qu'autant que la gare à laquelle conduirait l'embranchement aurait été fermée à ceux-ci.

Cour de Cassation, 14 novembre 1860. — Chemin de fer de Lyon contre Gonon. — Sirey, année 1861, 1re partie, page 629.

TITRE QUATRIÈME.

De la construction des chemins de fer et suites.

CHAPITRE II.

Du droit à des dommages-intérêts. — Par qui sont-ils dus? — Devant quelles juridictions les demandes doivent-elles être portées?

2. Les actes par lesquels un particulier vend à l'Etat diverses parcelles de terre qui devaient être expropriées pour l'établissement d'un chemin de fer, sont des actes ordinaires de transmission de propriété, ayant les mêmes caractères que les actes qui interviennent entre personnes privées. La forme administrative qui a été donnée à ces actes n'en a pas changé la nature. Ainsi, les difficultés auxquelles l'inexécution de ces actes peut donner naissance sont de la compétence des tribunaux civils, chargés de statuer sur les questions de propriétés qui s'agitent entre l'Etat, partie dans l'acte de vente, et l'autre partie.

Cour de Cassation, 30 janvier 1860. — Préfet de la Creuse contre Leblois. — Sirey, année 1861, 1re partie, page 91.

3. Au n° 36.—Adde, Conseil d'Etat, 8 mars 1860, chemin de fer d'Orléans contre commune de Saint-Etienne et autres. — Sirey, année 1861, 2e partie, page 40.

4. Lorsque, postérieurement à la construction d'un chemin de fer, des lézardes se sont produites dans les murs d'une maison, et qu'il résulte de l'instruction que ces dégradations, qui n'ont pu être prévues par la décision du jury d'expropriation, sont la conséquence de l'ébranlement causé par le passage des trains sur la voie ferrée, ces dégradations constituent un dommage direct et matériel dont il est dû réparation.

Conseil d'Etat, 21 mars 1861. — Chemin de fer du Midi contre Becq. — Sirey, année 1861, 2e partie, page 234.

5. L'action en dommages-intérêts par suite d'une blessure reçue par un ouvrier employé aux travaux d'un chemin de fer, doit être portée devant l'autorité administrative lorsque l'administration d'un séquestre a été substituée par le Gouvernement à la Compagnie.

Mais l'autorité judiciaire est seule compétente, quand l'action est formée contre les entrepreneurs des travaux.

Conseil d'Etat, 16 août 1860. — Passemar contre chemin de fer de Béziers. — Sirey, année 1861, 2ᵉ partie, page 318.

6. Au nº 58.— Adde, Cour impériale de Lyon, 28 juillet 1860.— Chemin de fer de Lyon contre Compagnie des Mines des Combes et d'Egarande. — Sirey, année 1861, 2ᵉ partie, page 197. — Conseil d'Etat, 22 mars 1861, entre les mêmes parties. — Sirey, même année, 2ᵉ partie, page 231.

TITRE QUATRIÈME.

De la construction des chemins de fer et suites.

CHAPITRE IV.

Des ouvrages d'art.

7. Les maisons établies à plus de deux mètres de la limite d'un chemin de fer, se trouvant ainsi hors des limites des terrains soumis aux règlements de grande voirie, peuvent être bâties sans autorisation préalable.

L'existence des jours directs pris sur la voie par les maisons construites dans ces conditions ne constitue pas une contravention prévue par les lois et règlements sur la grande voirie.

Mais l'écoulement des eaux pluviales et ménagères de ces maisons, dégradant les talus de la voie ferrée, constitue une contravention de grande voirie, prévue et réprimée par les articles 1ᵉʳ de la loi du 29 floréal an x, 3 et 11 de la loi du 15 juillet 1845.

Conseil d'Etat, 13 décembre 1860. — Ricard, Sirey, année 1861, 2ᵉ partie, page 363.

TITRE CINQUIÈME.

De l'exploitation en général et de ses suites.

TROISIÈME PARTIE.

De la responsabilité en matière de transports.

8. Au n° 148, sur le droit du destinataire de vérifier l'état intérieur comme l'état extérieur des colis qu'on lui présente, Adde, Cour de Cassation, 20 novembre 1860, 16 janvier 1861. — Chemin de fer de l'Est contre Haas, le même contre Perrin. — Sirey, année 1861, 1re partie, pages 451, 454.

Et le voiturier ne peut exiger que la vérification soit faite par experts, dans la forme prescrite par l'article 106 du Code de commerce. — Mêmes arrêts.

Même titre.

CINQUIÈME PARTIE.

De la compétence.

9. Au n° 167, Adde, Cour de Cassation, 16 janvier 1861.— Arrêt Perrin.

10. Au n° 175, Adde, Cour impériale de Poitiers, 12 février 1861. — Chemin de fer d'Orléans contre Bernard. — Sirey, année 1861 2e partie, page 332.

TITRE SEPTIÈME.

De la police en matière de chemins de fer.

DEUXIÈME PARTIE.

Contraventions, délits, etc.

11. Au n° 214, qui traite d'un fait de contravention à l'article 7 de la loi du 15 juillet 1845, concernant les dépôts de matières inflammables à une distance moindre de vingt mètres d'une voie ferrée, Adde. Conseil d'Etat, 1er septembre 1860. — Guiraud. — Sirey, année 1861, 2e partie, page 425.

Et il résulte de cette décision que lorsque ces dépôts, établis antérieurement à la construction d'un chemin de fer, sont le résultat d'approvisionnements successifs, quoique sans cesse renouvelés, leur suppression ne peut être exigée que moyennant une juste indemnité, conformément aux termes de l'article 10 de la loi précitée.

12. Au n° 217, Adde, Cour de Cassation, 29 décembre 1860.—Iffla et Brunet. — Sirey, année 1861, 1re partie, page 556.

13. Le jet d'une pierre sur un mécanicien dirigeant un train constitue le délit d'attaque avec violence et voie de fait envers un agent de chemin de fer dans l'exercice de ses fonctions, prévu par l'article 25 de la loi du 15 juillet 1845, et non la simple contravention réprimée par l'article 61 de l'ordonnance du 15 novembre 1846, qui ne concerne que l'encombrement de la voie par le jet ou le dépôt de matériaux et objets quelconques.

Cour impériale de Bourges, 29 novembre 1860.—Jeannet.—Sirey, année 1861, 2e partie, page 305.

TITRE HUITIÈME.

Des droits fiscaux.

I. — Timbre et enregistrement.

14. L'article 27 de la loi du 5 juin 1850, qui a frappé d'un timbre de 1 0/0 les titres *d'obligations* souscrits à compter du 1er janvier 1851, par les départements, communes, établissements publics et compagnies, et dont la cession, pour être parfaite à l'égard des tiers, n'est pas soumise aux dispositions de l'article 1690 du Code Napoléon, ne s'applique pas aux renouvellements des titres d'obligations souscrits avant le 1er janvier 1851. Ces renouvellements ne sont assujettis qu'au timbre proportionnel de 5 centimes 0/0, comme les renouvellements des titres ou certificats *d'actions* délivrés antérieurement au 1er janvier 1851 (article 21).

Cour de Cassation, 29 avril 1861. — Administration de l'enregistrement contre chemin de fer de l'Ouest. — Sirey, année 1861, 1re partie, page 461.